抗辩博弈

刑事诉讼技巧与典型案例分析

雷彦璋 / 著

Defense Game

criminal procedure skills and typical case analysis

中国法制出版社
CHINA LEGAL PUBLISHING HOUSE

序

——刑事诉讼中的黑天鹅推论

很小的时候就知道《天鹅湖》这部史诗般的经典舞剧，碧波荡漾的湖边，绿草葱葱，蓝天白云，悠然的天鹅翩翩起舞，浑然觉得天鹅不仅楚楚动人，且是世界上最懂得爱情的生命体，浑身洁白，让人遐思。在《天鹅湖》韵律的熏陶中，逐渐养成了一看到白色，就想到天鹅，一看到天鹅，就想到纯情、洁白与忠贞爱情的思维习惯，几乎成了一种潜意识的条件反射。后来读了一生专注于研究运气、不确定性、概率和知识的美国作家纳西姆·尼古拉斯·塔勒布（Nassim Nicholas Taleb）的《黑天鹅》一书，才知道澳大利亚栖息着很多黑天鹅。黑天鹅的存在相对于人们习以为常的白天鹅来讲寓意不可预测的重大稀有事件，它在意料之外，却又极易改变一切。人类总是过度相信经验，而不知道一只黑天鹅的出现就足以颠覆一切。而且很多事情不仅不可预测，还很难通过数据统计来改变世界，因为很多数据的作俑者低估了数据解读者的智商，认为他们根本不懂得什么叫数据的统计口径与统计子项解释。

故事还是从漫步随笔中开始：

某农场主在三年多的时间里养殖了2000只黑天鹅，但时常发生黑天鹅丢失、死亡事件，由于黑天鹅价值较高，每只都在10万元以上。当地与黑天鹅有关的刑事案件就有近百起。

案件五花八门，有盗窃案，有抢劫案，有故意杀人案，有员工渎职案。这样案件的证据无不与黑天鹅丢失与死亡有关，一旦犯罪嫌疑人确定，检察院就要提起公诉，当然就会有辩护律师参加辩护，为便于分析，也就不严格区分什么司法指定与犯罪嫌疑人委托了。

如果说检察机关提起的公诉案有100件，则法院对其中的95件裁决有罪，有5件裁决无罪释放。95件有罪判决中，其中有完全支持公诉意见的，也有部分确认需要减刑的，还有免予起诉的。

无罪释放中当然包含检方总找不到重要物证，如黑天鹅尸体或杀害黑天鹅的凶器而按照疑罪从无释放犯罪嫌疑人结案的。其推测可能是黑天鹅的尸体被犯罪嫌疑人享用了，别说血迹了，可能连骨头也没留下，或者是犯罪嫌疑人根本就没使用凶器，徒手作案，刑侦或检方走入了证据收集的误区。

这样如果按照统计数据来分析律师的胜败，律师的胜诉率是5%，败诉率则是95%。

按照法律的正义原则来讲，律师的满意率是100%，不满意率为零。因为律师胜诉的极限也才是5%，无论谁都会感到这是一绝佳的不可超越的战绩吧。

为什么有这样的观点呢？因为本应获罪的，如果在律师的辩护下而没有获罪，那不是对法律正义的践踏吗？

如果该获罪的获罪了，不该获罪的释放了，这样的辩护不是最让人满意的辩护吗！

还有判案结果与公诉意见是否完全一致（这也许是所谓胜诉、败诉的参照点吧），主要取决于以下几点：一是控方的技能水平，职业素质；二是法官的职业素质与业务水平；三才是律师的作用。

如果控方能够保证办案质量100%准确，法官的判案准确率达到100%，那么律师的胜诉率是否就永远定格为零呢？

如果控方能够保证办案质量95%准确，法官的判案准确率达到100%，那么律师尽100%努力的胜诉率为5%，因为律师努力的结果是其纠错被法官采纳。

看来律师的胜诉率不仅建立在检方失误或业务水平不足之上，还取决于法官的判案水准，而绝非光凭律师的技能水平。显然，律师的胜诉也具有一定的运气，这一运气或多或少地取决于控方与法官的职业水平。

为了说明这一简单的道理，还是先演示一个简单、通俗的统计抽样试验吧。

我们做一个模拟现场：将95只白天鹅与5只黑天鹅放到一个黑屋子里，由毫无关系的公证人员捉给控方人员确定天鹅的色泽（如果说是，表明其立场是坚持白天鹅），再让律师来纠偏（如果说反对，表明其立场为黑天鹅），最后让法官来评判，支持哪一方，反对哪一方，并评述谁对谁错，在辨别中让律师来帮助纠偏，纠偏过程是不准律师用眼看的，只能用心去体会，用声音去感受……

这样，如果控方捉的黑的说成是白的，律师将黑的说成是黑的算胜诉，否则，其他种情况就是败诉。这样律师的胜率不就永远定格在低于5%吗？是否真的可推论出95%的败诉律师都应当受到谴责或责难呢？

如果你要做律师，你就要有被谴责的勇气。

你要做好律师，你就要下决心去探寻黑天鹅，研究黑天鹅，但生活中的黑天鹅是不可能在一夜之间按照你的想象就能变成白天鹅的，而白天鹅是完全有可能被误判成黑天鹅的。律师的责任就是要不厌其烦地向别人诉说什么是白天鹅，什么是黑天鹅，黑天鹅与白天鹅之间有什么本质的区别。

试图找到让人们能够理解的真相，揭示事物的真相，还原事物的真相，最后环环相扣，因果必然，向人们呈现事物的真相，这才是控辩法律人的本职所在。

是以为序！

前言
——刑事控辩博弈的思维观

自《民事诉讼博弈与律师技能突破》《风险博弈——非诉业务技巧与公司法务精要》与读者见面后，作者一直在思考刑事控辩的思维模式问题，终于完成了《抗辩博弈——刑事诉讼技巧与典型案例分析》一书的定稿。这样就形成了“民事诉讼、非诉博弈与刑事控辩”的法律工作三剑客。作者力争做到法律工作集“实务性、案例性与博弈性”于一体。

法律工作是一项实践性很强的法律技能，似乎与深奥的博弈论难以沾边，但代表着一种新概念、新方法论、新思维模式的博弈论确实影响着法律工作者的行为。有时，司法人员与企业法务工作者及律师自觉或不自觉地将博弈理念植入自己的诉讼与非诉活动之中，使之法律技能更加精湛，其应对疑难案件的能力陡增。作者就深得其益，深深感受到法律工作的实质就是一种高境界的博弈。无论对手是谁，法律事务每涉及一宗具体的案件处理，就如同下一盘棋，都是一场实力、耐力的博弈。

作者之所以将博弈理念植入刑事控辩活动之中，是因为每一个具体案件中，对于检察官与犯罪嫌疑人的代理律师来说，所接触的客观事实与经法官认定法律事实是不完全一致的。事实需要有力的证据来证明，在证明的过程中还需要控辩双方的证据把握技巧、释疑技巧、庭辩技巧和诉讼战略等来支撑。而证据把握技巧、释疑技巧和庭辩技巧又无不包含着博弈的思维理念。在整个诉讼中我们还要对每一诉讼程序加以把握，在把握中去研究冲突各方具体情境中的策略选择，如管辖权的选择，追诉时效的利用，认罪与坦白的决断等，无不与控辩者的思维模式有关，而这些都能够用博弈理论来解读。我们在指控或抗辩代理过程中如果能够主动应用博弈理念，能够固化自己成熟的思维模式，代理的水平就会自然提高，作者感触甚深。

刑事诉讼与民事诉讼及行政诉讼存在很大的差异，单就证据的举证责任而言，民事诉讼遵循“谁主张，谁举证”。行政诉讼遵循“行政被告机关对具体行政行为的合法性负举证责任”。而刑事诉讼遵循“公诉方应当对包括被告人犯什么罪，犯的是一罪还是数罪，以及有无应当从重、从轻或减轻处罚的情节等所主张的事实承担举证责任，犯罪嫌疑方仅能就犯罪主体适当性、犯罪嫌疑人不在现场及对于合法收入、财产来源等负举证责任，但犯罪嫌疑人不能自证其罪”。通过应用博弈论的思维方法分析甚而解决刑事控辩中的复杂问题，无论是从信息的角度看待证据的收集整理，还是从得益的角度看待刑罚的适当性，以及从策略的角度看待庭审辩护技巧，都让人思维清晰，抗辩水平再上台阶。

目　录

第 1 章
基本理念：刑事诉讼博弈的辩证观

博弈论“研究决策主体的行为在直接相互作用时，人们如何进行决策以及这种决策如何达到均衡”。通俗地说，博弈论就是研究不同情境下战略、战术选择的一种理论。

开展刑事诉讼博弈的基本前提是控辩双方诉讼参与人就犯罪嫌疑人是否有罪，是否应当受到刑罚，刑罚是否恰当，以及犯罪嫌疑人是否具有减轻或免除刑罚的法定情节等所涉及的法律及事实问题发生了争议，而争议的解决要依赖于人民法院的公正裁判。

一、善于思考：用博弈理念指导刑事控辩

综观刑事诉讼的冲突各方，如犯罪嫌疑人及其辩护人、受害人及其代理人、附带民事诉讼指控方及其代理人、控方及支持控方的公安机关（含控方要求出庭的证人及司法鉴定人员），为了获得最大的诉益，为了让对方心服口服，总是要设法与冲突对方进行博弈，在博弈中总是要通过事实的澄清、法理的应用、举证与质证、立论指控与抗辩反驳，来均衡各方的诉益，在失衡中寻找平衡，从而获得最大的诉益。

用博弈理念来研究刑事诉讼有四点值得注意：

第一，博弈论是一门显学，很多理念有其不周延性，利用博弈论研究刑事诉讼，探讨刑事诉讼实务技巧，并不是为了利用人性的弱点、法律的不周延、诉讼程序中信息的不对称，使用非法手段替犯罪嫌疑人开脱罪责以攫取不当利益，或恶意构陷。相反，任何法学理论与实务技巧都应当用于弘扬公平、正义

与效率兼顾的主流价值观，为完善我国社会主义法治理念增砖添瓦。

第二，博弈是一种人与人之间的对峙状态，但只是一种行为状态，或者说是一种战略的谋划，而不是一种持续的过程或价值观的严重冲突。因为博弈的规则是国家的相关法律或司法解释，而不是各自的观点与理念，博弈的核心价值观应是刑法和刑事诉讼法的立法宗旨和目的，而不是博弈人的具体诉益。每一宗刑事案件的案情不可能完全相同，各有具体的情境或状态，用博弈理念来研究诉讼，尤其是辩护律师代理刑事诉讼案件，只能根据具体的案情发展审时度势，具体问题具体分析，再提出具体的解决方案。在追求诉益的过程中，目的还是要依法查清案情，而不是有意让犯罪嫌疑人逃脱应有的刑罚，更不能有“摆平”指控方或居中裁判者等庸俗化的想法或做法。

第三，在刑事诉讼的博弈过程中，各方无论是合作性博弈，还是非合作性博弈，都会选择最有利于自己的战略、战术去执行，以求本方的诉益最大化。刑辩律师在刑事诉讼中具有独立的辩护人地位，要有独立的判断能力，不能一味地迎合犯罪嫌疑人的诉求与要求而丧失立场，更不能为了“捞人”而失去法律人的良知与正义之举，否则就可能偏离自己独立辩护人的地位。对于指控方来讲，更应以事实为依据，以法律为准绳，而绝不能为了某种非法目的，有意掩饰或销毁对己不利的证据，更不能为了迎合上级意志而罔顾事实。

第四，博弈应用到刑事诉讼之中，更多的是一种策略与社会资源的合理利用，对诉讼信息的合理解读，而非对于法律条文的滥用或使用非法伎俩来破坏法律的正常秩序。任何诉讼的博弈行为都必须在法律规定或许可的范围内展开，否则就可能触犯法律，也就是说博弈者本身也应遵守博弈规则，规则就是刑法与刑事诉讼法及其相应的司法解释，这是博弈者时刻应当提醒或告诫自己的，正所谓“法网恢恢，疏而不漏”。

有些案件经初步分析，无论是犯罪嫌疑人及其家属，还是专业律师都认为己方有理，认为其辩护意见一定会被法官所接受，可是判决下来，该赢的案件怎么打输了？辩护律师有时也觉得刑事官司难打，尽管庭下准备充分，把握十足，但一到开庭，就会出现抗辩上的被动，无论如何辩护总是无法打动对方和法官。

这里抛开封建司法残余思想影响案件胜败等其他因素不谈，以博弈思维作为一种抗辩的方式、方法，找到抗辩的切入点和抗辩的特定模式，寻找辩护或代理中的最佳效果，减少辩护与代理中的不利因素，既能保证办案质量，又能够提高自己的业务水平，何乐而不为呢！

经历大量案件代理实践，笔者对于刑事诉讼抗辩有三个方面的体会比较深刻：

1. 关于法律事实的认定

刑事案件事实与法律事实之间总会存在差异。案件事实是基本的事实，也可以说是案情的前前后后，这些事实并不一定都能被控、辩、审三方一致认定。一般来讲，案件事实只有经过控辩双方的一致陈述或经过证据证明并被审判人员采信才能成为法律事实。法律事实有时与案件事实存在很大的差异。有些法律事实是法官根据证明推断的，所以，有时会出现控、辩双方或单方不服审判而上诉、抗诉、再审的情形。

法律事实就是依据证据证明规则认定的案件事实，而不是各方收集的毫无关联的资料与笔录。法律事实有以下几种特点：

第一，是客观存在的事实。客观存在的事实能够用特定的时空方位、顺序、状况、形式、存在方式等界定或描述。或者说留存于一定介质，能够被特定的介质记录、记载，具有可视、可听、可感等被感知的属性。

第二，是人类认知范围内能够释明的事实。如果不能在人类认知范围内依据现有的自然规律、定理、定律等科学地进行解释或阐述，即使能够被人感知且确实存在，也不可能成为法律事实。如已被破坏或已难以正常读取的数据系统，就不能算有证明力的事实。

第三，是控、辩任意一方依法提交法庭的事实，或是裁判机构依职权收集、调取的事实，而不能凭空臆造或违法提交。

第四，是审判人员依法通过证据开示、质证等程序，在法庭确认的事实。还有一点值得注意的是，刑事诉讼事实与民事诉讼事实不同之处是刑事诉讼事实受时间、空间、自然因素或当事人人为因素的影响，指控方所提供与揭示的事实往往比民商诉讼证据具有更大的盖然性。例如通过犯罪嫌疑人的指纹、脚印、血迹、体液等特殊遗留物等来证明犯罪嫌疑人到过现场，并不能完全说明或还原犯罪嫌疑人某时间一定到过现场，也就是说刑事诉讼事实在一定程度上也存在事实的推理，而非事实的全貌。有时只是事实的局部，通过局部的推理达到对事实全部的认定。这种推理主要基于事实的盖然性，甚至受收集犯罪现场证据成本与时效性的影响而具有或然性。除非犯罪嫌疑人能够证明推理的事实的虚假的或能揭露其不符合逻辑或自然规律或科学原理，该事实即可被认定为法律事实。

2. 关于对客观事实的自认

依照一般的证据质证规则，犯罪嫌疑人对案件事实的陈述，被害人不持反对意见或有证人确认或有相应证据佐证的称为自认。自认的案件事实并非完全不需要其他证据证明，法官对于有相应佐证的陈述才可直接认定为法律事实。对于被害人提出的案件事实，犯罪嫌疑人持反对意见的称为否认，经犯罪嫌疑人否认的事实，需要指控方提出相关的证据来证明或澄清所陈述的案件事实。

对于刑事诉讼案件来讲，自认一般有以下特点：

一是自认不能必然被法官直接认定为法律事实。如控方在没有明确案件事实的情形下，单凭辩方的口头陈述，是不能被认定为法律事实的，因为刑事诉讼还有一条重要的规则就是“疑罪从无”。如某市公安局在一公园角落发现一具女尸，没几天一男青年到公安局自首，自认该女子为其所害，随后还查明该男子与该女子属恋人关系，但警方通过男青年的口供与提供的线索却找不到杀人凶器，该男子供认穿到现场的鞋，与现场印迹比对也完全不相符合。在该种情形下审判人员是不会将其单方面的陈述认定为法律事实的。对于刑事诉讼案件来讲，由于犯罪嫌疑人不能自证其罪，因此，法官不能单凭犯罪嫌疑人的陈述就判定犯罪嫌疑人有罪，需要得到其他证据的佐证，能够形成犯罪嫌疑人有罪的证据链，才能判定犯罪嫌疑人有罪。

二是自认必然是自认者真实的意思表示。无论是指控方，还是抗辩方都不能通过非法手段获取证据，不能违背自认者的意思表示而诱其作虚假的陈述，或者通过非法手段逼自认者承认本不属实的事实或者与案件无关的事实，违法手段获取的供述一般是不会被审判人员认定为法律事实的。当事人及其辩护人、诉讼代理人有权申请人民法院对以非法方式收集的证据依法予以排除。

三是对于指控方通过非法手段逼自认者承认了本属实的事实且与本案有关，是否会被审判人员认定为法律事实的问题，目前还存在较大争议，但只要不影响案件的公正，一般都会被审判人员采信，当然还需要由其他证据来佐证，而非孤证。如果只是孤证，依照现行法律是应被排除的。

四是自认不能出现前后不同时期的自相矛盾。在刑事案件中，对于犯罪嫌疑人的口供，对不同的口供不能选择有利于形成判决意见的口供。

3. 关于程序合法的问题

刑事诉讼不同于民商诉讼，指控方对其指控（包括罪名和罪状）、诉因要承担完全的举证责任。一般来讲，为了不影响举证，在案件移交法院之前，抗辩方不能主动收集抗辩证据，特别是与案发现场有关的证据。如果抗辩方违背了这一规则，则会被认定为对证据完整性的破坏，进而就会被认定为对犯罪证据的故意损坏，不仅需要承担败诉的责任，还要承担额外的被指控破坏证据完整性的责任。在开庭之前，抗辩方所要做的只能是对犯罪嫌疑人身份的核实与查证，或者是对指控方开示证据的摘录、复制与解读。抗辩方务必要自觉将取证行为隔离于犯罪现场之外，这是很多抗辩方容易忽视的问题。

开庭前被指控方所能收集的证据材料仅限于：

第一，有关犯罪嫌疑人身份的证明材料，如年龄、职务、亲属关系等。

第二，不在犯罪现场或没有作案时间的证据材料。如异地的住宿证明，与其他人在一起的证明材料，生病住院证明等。

第三，犯罪嫌疑人所经手的民商事行为证据，用以证明非刑事犯罪行为。

典型案例一：张某抢劫致人重伤罪

入选理由：犯罪嫌疑人作案时间不在作案现场的证据效力

某地曾发生一起抢劫杀人案。张某作为犯罪嫌疑人被公安机关捉拿归案后，招供其与陈某等三人共同抢劫杀人的事实。法院判决张某抢劫致人重伤罪成立，判决有期徒刑 8 年。张父一直为之申诉，并努力寻访受害人。从被害人的口中，张父得知案发时间为 4 月 7 日，并非侦察时认定的 4 月 10 日。案发时间认定错误的原因是受害人报案时记错了日子。可是张父知道，4 月 7 日张某不可能实施抢劫杀人行为，因为案发当年 4 月 6 日至 9 日，张某因妨碍公务被公安机关拘留在了拘留所。张父得到张某不在犯罪现场的关键证据后，随即向当地法院申诉。最终张某被判无罪。

典型案例二：某律师涉嫌辩护人妨害作证

入选理由：律师不能为了胜诉违法制作证据

某地曾经发生一起强奸案。法庭上，被害人金某当庭“翻供”，说自己没有被强奸，而是自愿与犯罪嫌疑人发生性关系。对于强奸罪而言，被害人一旦承认自愿发生性关系，即属罪与非罪的案件定性问题。因为强奸罪的本质特征是违背妇女意志，强行与其发生性关系。

由于金某的陈述至关重要，因此指控方对金某及犯罪嫌疑人的辩护律师是否涉嫌作伪证、妨害作证展开调查。调查结果显示，被害人改口的原因，一方面是担心得罪犯罪嫌疑人及其亲属，另一方面是辩方承诺被害人改口后可以获得一定的补偿费。

最终，辩护律师在为他人辩护的博弈中锒铛入狱。辩护律师应切记在法律规定的范围内开展刑事抗辩博弈，切忌知法犯法。

二、基本概念：加深博弈理论的理解

为加深对博弈应用的理解，下面重点谈两个重要的博弈概念和两个重要的经济原理。

1. 纳什均衡

约翰·纳什于1948年作为数学博士生进入普林斯顿大学，主要研究合作博弈与非合作博弈的区别。他对非合作博弈的最重要的贡献是阐明了包含任意人数局中人和任意偏好的一种通用解概念，也就是不限于两人的零和博弈。该概念后来通俗地被定义为纳什均衡。纳什均衡，是指博弈中存在这样的局面，对于每个参与者来说，只要其他人不改变策略，他就无法改善自己的状况。纳什证明了在每个参与者都只有有限种策略选择并允许混合策略的前提下，纳什均衡一定存在。

个人最优策略可能依赖于也可能不依赖于他人的战略，从而使自己利益最大化。所有局中人的策略构成一个策略组合（Strategy Profile）。纳什均衡指的是这样一种策略组合，这种策略组合由所有参与人最优策略组成。即在给定他人策略的情况下，没有人有足够理由打破这种均衡。实质上是一种非合作博弈状态。

囚徒困境（Prisoner's Dilemma）是完美的纳什均衡，也是博弈论的非零和博弈中具代表性的例子，揭示了个人最佳选择并非必然是团体最佳选择。

囚徒困境的博弈模式如下：

警方逮捕甲、乙两名犯罪嫌疑人，但没有足够证据指控二人入罪。于是警方分开囚禁犯罪嫌疑人，分别和二人见面，并向双方提供以下相同的选择：

若一人认罪并作证指控对方（相关术语称"背叛"对方），而对方保持沉默，此人将即时获释，沉默者将被判服刑 10 年。

若二人都保持沉默（相关术语称互相"合作"），则二人同样被判服刑 1 年。

若二人都互相检举（相关术语称互相"背叛"），则二人同样被判服刑 8 年。

纳什均衡数阵表如下：

	甲沉默	甲背叛
乙沉默	二人同服刑 1 年	乙服刑 10 年，甲即时获释
乙背叛	甲服刑 10 年，乙即时获释	二人同服刑 8 年

如同博弈论的其他例证，囚徒困境假定每个参与者（"囚徒"）都是利己的，即都寻求自身最大利益，而不会关心另一参与者的利益。参与者选择某一策略而有所得益。如果在任何情况下都比其他策略低的话，此策略称为"严格劣势"，理性的参与者绝不会选择。另外，没有任何其他力量干预个人决策，参与者可完全按照自己的意愿选择策略。

囚徒到底应该选择哪一项策略，才能将自己的刑期缩至最短呢？两名囚徒由于隔绝监禁，并不知道对方选择；而即使他们能交谈，也未必能够相信对方不会反口。就个人的理性选择而言，背叛对方所得刑期，总比沉默要来得低。试想困境中两名理性囚徒会如何作出选择：

若对方沉默，选择背叛者会获释。

若对方背叛，被指控者也要指控对方才能得到较低的刑期，所以也是会选择背叛。

二人面对的情况一样，所以二人的理性思考会得出相同的结论——选择背叛。背叛是两种策略之中的支配性策略。因此，这场博弈中唯一可能达到的纳什均衡，就是双方参与者都背叛对方，结果二人同样服刑 8 年。这也印证了如果没有书面的约束，口头协议各方一般都会选择违约来获得较大的得益。

这场博弈的纳什均衡，显然不是顾及团体利益的帕累托最优解决方案。对全体利益而言，如果两个参与者合作都保持沉默，二人都只会被判刑 1 年，总体利益更高，结果也比二人背叛对方、判刑 8 年的情况较佳。但根据以上假设，二人均为理性的个人，且只追求自己个人利益，均衡状况会是两个囚徒都选择背叛，结果二人获刑均比沉默为高，总体利益较沉默为低。这就是“困境”所在。

纳什均衡说明了一个问题，在刑事诉讼博弈过程中控辩各方是适度谨慎的，且严格占优，否则就不可能使期望的利益最大化。同时行动一方也希望或预期对方是严格占劣的，或希望对方按照自己的意愿出错，否则就不能有事先的谋划或预案以保证可期利益的最大化。

2. 帕累托效应

1897 年，意大利经济学家维弗利度·帕累托在从事经济学研究时，偶然注意到在 19 世纪英国人财富和收益模式的调查取样中，大部分所得和财富流向了少数人手里。他发现了这个非常重要的事实：某一族群占总人口数的百分比和该族群所享有的总收入或财富之间，有一项一致的数学关系。帕累托感到兴奋的就是这种不平衡的模式会重复出现。他在对不同时期或不同国度的考察中都发现了这种现象。不管是早期的英国，还是与它同时代的其他国家，或是更早的资料，他发现相同的模式一再出现，而且有数学上的准确度。

由此他提出了所谓“重要的少数与琐碎的多数原理”，大意是：在任何特定的群体中，重要的因子通常只占少数，而不重要的因子则占多数，因此，只要控制重要的少数，即能掌控全局。帕累托指出这样一种资源配置状态，即任何形式的资源重新配置都不可能使至少有一个人受益而同时又不使其他人受损害。后来，福利经济学通常把使至少一个人的状况变好而没有任何人的状况变坏的资源重新配置称为帕累托最优。

帕累托效应告诫控辩双方，博弈者应用较多的时间去收集那些极个别具有关键作用的证据。而对于多数无关紧要的证据应予忽视，充分考虑收集的成本与对集中精力的影响。在抗辩过程中，优秀的辩护律师往往注意用绝大多数时间来研究最关键的反驳点，而不是采取“全面开花”的方法对指控方形成狂轰滥炸。

下面用一个故事来说明它的含义。

一个村庄里有两个猎人，他们主要的猎物只有两种：鹿和兔子。（事实上不可能只有这两种，这样假设是为了简化问题。）我们可以假设，两个猎人一起去猎鹿，才能猎获 1 只鹿；如果一个猎人单独打猎，他只能打到 4 只兔子。假设每打到 1 只兔子只能让猎人维持 1 天，1 只鹿却差不多能够解决半个多月的生计。这样，两个人的行动决策就可以写成以下的博弈形式：要么分别打兔子，每人得 4；要么合作，每人得 10（平分鹿之后的所得）。

两个纳什均衡，就是两个可能的结局。那么究竟哪一个会发生呢？是一起去猎鹿还是各自去打兔子？

比较（10，10）（第一个数代表猎人 A 的满意程度或者得益，第二个数代表猎人 B 的满意程度或者得益）和（4，4）两个纳什均衡，明显的事实是，两人一起去猎鹿的得利比各自去打兔子的得利要大得多。按照两位博弈论大师——美国的哈萨尼教授和德国的泽尔腾教授的说法，猎人 A、猎人 B 一起去猎鹿的纳什均衡（10，10），比两人各自去打兔子的纳什均衡（4，4）具有帕累托优势。猎人博弈的结局，最大可能是具有帕累托优势的那个纳什均衡：猎人 A、猎人 B 一起去猎鹿得（10，10）。

比起（4，4）来，（10，10）不仅是总额的改善，而且每个人都得到很大的改善。这就是（10，10）对于（4，4）具有帕累托优势的意思；关键是每个人都得到了改善。

在“猎人博弈”中，两人合作猎鹿的收益（10，10）比分别猎兔（4，4）具有帕累托优势，这样是因为如果比较原来的境况（4，4），现在是（10，10），所以我们说境况得到了帕累托改善。但是作为定义，帕累托改善的前提是各方的境况都不受损害。

		猎人 A	
		抓兔	打鹿
猎人 B	抓兔	（4，4）	（0，4）
	打鹿	（4，0）	（10，10）

可是上面的情况是假设双方平均分配猎物，也就是说，前提是两个猎人的能力和贡献值差不多。但实际上并非如此，如果一个猎人能力强、贡献大，他就会要求多一点，这样分配的结果就可能是（13，7）或（15，5），但有一点是可以确定的，那就是能力较差的猎人的所得，至少要多于他独自打猎的收益，否则他就不肯合作。如果合作的结果是（18，2），相对于分别猎兔（4，4）就没有帕累托优势。这是因为2比4小，B受到损失。这样，我们就不能说境况得到了帕累托改善。虽然18比4多，改善了很多；18+2也比4+4大很多，改善了很多，但是2比4小，B没有改善，利益反而受损，所以站在B的立场上出发（18，2）没有原来的（4，4）好。如果合作的结果如此，那么B一定不愿合作。可见，帕累托改善是一种各方都认同的改善，不是要求任何一方作出牺牲的改善。

至此，原来想走出“零和”的帕累托效应又回到了“零和”的起点。为什么呢？因为帕累托效应描述的是一个总值恒定的线状平面空间，游戏是在一个猎物数量一定的空间里进行的，所以帕累托优势在现实世界无法形成。可是，假设空间改变了呢，假设空间里有了第三种猎物呢？

帕累托所辛苦经营的“帕累托”并未出现，是因为在“猎人博弈”的过程中，假设的前提是A、B两人的精诚合作。在控辩博弈的过程中，这种情况更加不可能。要想让它可能，就必须改变前提环境——在一个多层法律环境下，由于对社会危害性理解的不同，而使抗辩的空间变大，“共赢”乃至“多赢”是有可能的。而实际上，犯罪嫌疑人对社会的危害无论如何改变，也不可能影响到法官对其他案件中犯罪嫌疑人的审判。

假如一个猎人，在和同伴制定好“共赢”游戏规则后一同去捕猎时，忽然发现身边跑过一只野猪。这时他面临着这样一种诱惑：猎杀野猪，在遵循已制定好的猎杀鹿和兔子的游戏规则基础上，给自己多捞一点便宜的机会。对这位猎人而言，与同伴合作的收益是固定的，况且分配方案事先已制订好，而此时猎杀野猪的收益归自己所有，显然，只要不影响合作大计，顺手搞点副业也是正常的。说不定这位猎人事后分点野猪给同伴，会让同伴格外高兴称赞他有头脑、有智慧。在经济学上，这叫“搭便车”。

这场博弈的纳什均衡，显然不是顾及团体利益的帕累托最优解决方案。以全体利益而言，如果囚徒困境中的两个参与者都保持沉默，两人都只会被判刑1年，总体利益更高，结果也比二人背叛对方、判刑8年的情况较佳。但根据以上假设，二人均为理性的个人，且只追求自己个人利益，也就是人性本恶。均衡状况会是两个囚徒都选择背叛，结果二人获刑均比沉默为高，总体利益较沉默为低。这就是“困境”所在。上述例子漂亮地证明了：非零和博弈中，帕累托最优和纳什均衡有时又是相冲突的。关键在于你如何去选择有利点，正如抗辩策略的选择一样，同样每一策略都并非只有最佳，而只有更佳，每一方式、方法都隐含其双刃性。

笔者在这里还要强调的一点是资源不仅具有客观性，有时也反作用于人的主观能动性。人们之所以会参与博弈是受到利益的吸引或驱动，预期将来所获得利益的大小直接影响到竞争博弈的吸引力、参与者的关注程度和博弈者的预先付出（包括时间成本）。经济学的效用理论可以用来解释这个问题，凡是自己具有强烈占有欲的对象肯定就意味着资源稀缺，反之亦然。在刑事诉讼博弈中，此罪与彼罪问题，有罪与无罪问题，罪重与罪轻问题，减罪与免罪问题，起诉与不予起诉问题，一罪与数罪问题，主要责任与次要责任问题，故意与过失问题，刑罚适当与不适当问题都将成为博弈者争辩的话题，其可利用的证据资料就会成为博弈各方争抢的证据资源。

上述例子说明：非零和博弈中，帕累托最优和纳什均衡是相冲突的。在诉讼博弈的论辩中要学会控制时机，学会转移论题，对自己不利的论题要及时回避，对自己有利的要抓住战机，形成集中优势。作为抗辩方从帕累托效应中感受的刑事诉讼悟性就是要集中大多数精力做最有利的事，这最有利的事就是使案件性质发生根本性转变的着力所在，而不是全身心地对指控方实施全面的反击，只要针对控方指控的某一重要的方面展开有力的抗辩，就可达到取胜的目的。因为，刑事辩护并不要求辩方对指控方的每一指控都能够驳倒，而只要驳倒犯罪构成其中之一不成立或驳倒指控犯罪成立的证据链其中一环不牢固，就能够达到拧断证据链的效果。就会对控方指控的罪名和罪状产生有力的破坏，就可达到摧毁指控方罪名和罪状成立的目的。这也是打破某一刑事辩护过程中的纳什均衡的最有效方法。

3. **博弈中的两个重要经济原则**

在博弈过程中，行为主体总会考虑各方面的因素，但不可否认的是博弈各方时时都处在“适度谨慎”和“严格占优”的影响之下。

（1）适度谨慎原则

在刑事诉讼博弈的过程中，博弈主体总是有着利益最大化的预期。但这种预期也会伴随着相应的风险，因为，博弈行动者总是要保持适度谨慎，而不是对诉讼风险预期承担100%的损益。也就是说行为不会是最坏的打算，但也不会选择对己方最为有利的行为。因为最为有利也意味着风险最大，而适度谨慎才是行动者的最佳选择。

利益最大化暗示当事人会对激励做出反应，即如果一个人的环境发生变化，而他通过改变其行为就能增加他的满足，那他就会这样去做。在刑事诉讼中，诉讼成本总是随着诉讼程序的延伸而增加，而诉讼成本也不同于民商诉讼，对法律规则的破坏可能招致的惩罚也应列入其中，这些是不可回逆行为且风险必然在增加。因此，适度的谨慎就是要假设指控方（尤其是受害人）、证人、抗辩方在诉讼的过程中都是“风险中立”的人。

“风险中立”是相对于“偏好风险”和“回避风险”而言的。现实生活中的大多数人是回避风险的（偏好风险的人只占少数，因此这里不作论述），如犯罪嫌疑人的亲属在犯罪嫌疑人被拘留期间，总会托人打听拘押的地点、拘留所的熟人，总是希望托关系对犯罪嫌疑人以适当照顾，让其免受皮肉之苦等。犯罪嫌疑人的亲属大多会选择讨好法官或证人，而相对于较为严重的刑事处罚（主要指刑期）来讲更愿意接受罚没款、代理费用的额外支出。这也是犯罪嫌疑人的亲属有时承认法院判得适当，因支出过大，对辩护律师的作用持怀疑态度的主要原因所在。

个人偏好是基于偏离一个相对的参照水平的程度而变化的，而非取决于一个绝对量。相对于这个参照水平，“得”带来快乐，“失”导致痛苦。这说明：人们对损失的感受性要大于对收益的感受性，即我们平时所说的损失厌恶。因此，人们经常的行为反应就是回避损失。如果不能回避损失，博弈者就可能选择对风险的放纵，犹如沙漠中的鸵鸟遇到危险时，把头埋在沙漠里一样。这就是很多刑事案件犯罪嫌疑人选择沉默，答非所问或为免受皮肉之苦或为亲属开脱罪责而一味地承认所有指控的原因。这就要求辩护律师能够打开犯罪嫌疑人心灵的窗口，如实陈述。

按照传统经济学理论“经济人”的假设，人们应该是风险的回避者。但事实上，人们往往对收益持风险回避的态度，而对损失持风险偏爱的态度。

（2）严格的占优原则

在动态博弈中，纳什均衡的要义在于：即使在对抗条件下，双方也可以通过向对方提出威胁和要求，找到双方能够接受的解决方案而不至于因为各自追求自我利益而无法达到妥协，甚至两败俱伤。稳定的均衡点建立在找到各自的“占优战略”（dominant strategy），即无论对方作何选择，这一战略均优于其他战略。

刑事诉讼当事人的任何一方都会选取一个严格的占优战略，并且总是不会选取任何严格的占劣战略。这是博弈者的共同心理。在预测对方的行为中，他们还会假设任何一方不仅自己选取严格的占优战略，同时还会预测对方也将选取占优战略并从而相应地采取对策。被预测的对方也会预测对方也将选取占优战略，从而相应地选择自认为有利于己的对策。

严格占优原则无论是在举证中，还是在法庭辩论中，控辩双方时刻都会思考到。例如，抗辩方律师总会猜测指控方是否会有不利的证据没有向法院提交，对方所提出的罪名或罪状是否会被法官认同，如果法官利用释证权突然改变罪名或罪状怎么办等。因此，辩护律师在改变自己策略时，同时也要假设对方会以什么策略应对。对于指控方来讲，在指控的过程中，还会为防止律师串供，不利于指控方指控策略的实施，而针对代理律师的行为提出新的指控，从而达到最佳的指控目的，也就是检方发起的反干扰策略。

三、情感类聚：
“陈真”与“去伪”的控辩思维模式分析

俗话称“物以类聚，人以群分”。从古典经济学派的理性人，到行为经济学派的半理性人，经济学家们从心理学、行为学角度来研究人的经济行为，取得了较为丰富的成果，尤其是行为经济学领域，经济学家的研究成果更是硕果累累。但人们忽视了一个简单的问题，就是人类在从低级动物进化到高级动物

的过程中，其情感流与情感类聚在引导人们的经济行为过程中发挥着不可忽视的作用。笔者在研究行为经济与刑事诉讼控辩过程中，建立了情感类聚理论，认为人们的思维、决策习惯不仅受框架效应及路径依赖的影响，更主要的是受情感类聚效应的影响。

（一）情感类聚的定义与内涵分析

所谓情感类聚，就是个体在决定做什么或不做什么时，总要受个体心理与情感的支配，无形中就把自己划归于某一群体，然后根据群体的行动方向来修正自己的冲动，从而忘记了事先理性的行为指引规则而武断地选定行动路径，做出非理性的行为。情感类聚的关键是个体思想总要受个体所认定的群体思想的影响。个体本人无形中会受情感流的支配把自己归于某一类。当然对于类的划分与类聚方式受到情感类聚个体的学识、经验、阅历、修养与个人情感思想的影响较深。

情感类聚效应理论认为在不确定状态下，行为人的选择不仅与不同的行动方案的预期效用有关，更与提出这一问题的起点与方向有关。例如，刑事控辩过程中，控方总是以指控罪名和罪状来归纳控点，来组织证据，来强化控点，形成牢固的证据链。相反辩方总是以指控罪名和罪状为反驳辩点，来质证、举证，来强化辩点，达到斩断指控方证据链的目的。

刑事诉讼中，以罪名和罪状为起点，当行动方案代表的是“陈真”时，行为人是“去伪”的厌恶者，是“陈真”的偏好者；当行动方案代表的是“去伪”时，行为人是“去伪”的偏好者，是“陈真”的厌恶者。因此，决策者在进行控诉时，应该将之与“陈真”而不是“去伪”联系在一起，可以说指控方的一切行动方案因“陈真”而设计，而抗辩者的一切行动方案因“去伪”而设计。情感类聚理论说明同一信息的不同“形式”对解读行为人有不同影响。它体现出行为人的有限理性，同一个选择的不同表达方式可能会引导我们关注问题的不同方面或角度，致使我们在寻找真实的、潜在的偏好时可能事与愿违。

人们在思考问题的过程中，受非理性思维的影响，会沿着两条截然相反的方向去思考与把握问题的发展，提出问题的倾向决定了选择证明的倾向，如对于任何事物的思考，总是围绕“是与否”“真与假”“对与错”“支持与反对”

“正义与邪恶”等，这样人们就具有两种思维模式，一旦选择，就很难改变，除非别人提出了具有权威性的相反意见。

从情感类聚的角度来看，在刑事诉讼过程中，存在两种思维模式：一种为“陈真”思维模式，另一种为“去伪”思维模式。

所谓“陈真”思维模式，是指人们提出某一问题真时，就会努力寻找与提供肯定该问题的证据，其陈述证明始终指向证明真的方向，而忽略对问题否定的证据的收集，即使依职权收集到了否定的证据，也会向对方秘而不宣，也不愿意向证明假的方向偏移，同时也难以接受假的意见。相反的是“去伪”思维模式，如果某人提出某一问题假时，就会努力寻找与提供某一事物假的证据，其陈述证明始终指向证明假的方向，而忽略对问题肯定的证据的收集，也不愿意向证明真的方向偏移，同时也会排斥接受真的意见。

在刑事控辩过程中，指控方路径会对犯罪嫌疑人有罪、罪重起到正反馈的作用，证据的组织与指控都会围绕其发展。

孔子曰：“少成若天性，习惯如自然。”在刑事控辩过程中，司法人员有时无法摆脱这种思维路径依赖，一旦选择了某一思维模式，办案的轨迹就会受到先期假定的影响。以后即使会对定性不满意，但是却很难由自己来亲自改变它了，除非比自己更权威的人或组织来强行修正自己的决定。这就是经过公安、检察人员与法官多人、多部门经手的案件，还有可能存在错案的内在原因之一。

（二）“陈真”与“去伪”两种思维模式的比较分析

众所周知，民事诉讼中，代理人可以不针对对方的主张进行抗辩，可以只依其主张陈述证据。刑事辩护不同于民事代理的逻辑特点就是刑事辩护的每一代理意见都必须有针对性地直指控方的指控，努力揭露其假，否则，就会被认为辩护存在硬伤。

刑事辩护的逻辑特点：

1. 指控方“陈真”式逻辑真值表：

指控罪名和罪状（真）＝法律指向（真）AND 控诉事实（真）AND 程序合法（真）AND 犯罪构成（真）

如果右边有一项假，则可判定左边假。

这实质上是所谓的联言判断，即同时对几种事物情况予以肯定或否定的复合判断。组成联言判断的各个判断，叫联言支。一个联言判断至少有两个联言支。联言支可以是简单判断，也可以是复合判断。各联言支之间，可以是并列关系，也可以是递进关系、转折关系。联言判断的真假，取决于各个联言支是否都真；只要有一个联言支是假的，联言判断就是假的。

对于指控方来讲，如果指控犯罪嫌疑人罪名成立，就要有正确的法律指向，同时要有指控的事实，还要有合法的程序，最终通过证明犯罪嫌疑人的行为符合犯罪构成，只有这样才能说服法官给犯罪嫌疑人作出有罪判决。否则就要无罪释放，或者被要求退回补充侦查。

2. 抗辩方“去伪”式逻辑真值表：

推翻指控罪名和罪状（真）＝犯罪构成（假）OR 证明控方法律指向（假）OR 证明控方事实（假）OR 程序违法（假）

只要右边的一项真，左边则真。

这实质上是所谓的选言判断，即同时对几种事物情况予以选择性地否定的复合判断。组成选言判断的各个判断，叫选言支。一个选言判断至少有两个选言支。选言支可以是简单判断，也可以是复合判断。各选言支之间，可以是并列关系，也可以是递进关系、转折关系，还可以毫无关系。选言判断的真假取决于各个选言支是否有其中之一为假；只要有一个选言支是假的，选言判断就是真的。

对于抗辩方来讲，如果主张犯罪嫌疑人罪名不成立，就要指出法律指向不正确，或者指控的事实不真实，或者没有遵循合法的程序，最终证明犯罪嫌疑人的行为不符合犯罪构成，只有这样才能说服法官给犯罪嫌疑人作出无罪判决。否则就要有罪服判，或者要求减轻或免除处罚。

上述两种思维模式，还受到晕轮效应与首因效应心理因素的影响与强化。

当认知者对一个人的某种特征形成好或坏的印象后，他还倾向于据此推论该人其他方面的特征，这就是晕轮效应。好恶评价是印象形成中最重要的方面，在知觉他人时，人们往往根据少量的信息将人分为好或坏两种，如果认为某人是“好”的，则被一种好的光环所笼罩，赋予其一切好的品质；如果认为某人“坏”，就被一种坏的光环所笼罩，认为这个人所有的品质都很坏。后者是消极品质的晕轮效应，也称扫帚星效应。人们常常从个人具有的一种品质去推断他的另一种品质。尤其当存在"核心"品质时，人们更具有这种推论向，这使得在社会中人们对他人的评价往往具有很高的一致性，即认为好者十全十美、坏者一无是处。这容易导致有过犯罪前科的犯罪嫌疑人否认犯罪的陈述更不易被检方所相信。

晕轮效应是一种"以偏概全"的评价倾向，严重者可以达到"爱屋及乌"的程度，即只要认为某人不错，便认为他所使用的东西、跟他要好的朋友、他的家人都不错。近年来流行的"追星族"有时也是青少年因喜欢某位歌星的某一特征（唱的歌、长相、头发、行走姿式等）而盲目崇拜、模仿歌星，甚至不惜代价去收集歌星使用过的物品。有些人利用晕轮效应作用，刻意将自己打扮成某种人的外表，投其所好，从而行骗屡屡得手。

在心理学中，首因效应也叫"第一印象"效应。第一印象，是在短时间内以片面的资料为依据形成的印象，心理学研究发现，与一个人初次会面，45 秒钟内就能产生第一印象。这一最先的印象对他人的社会知觉产生较强的影响，并且在对方的头脑中形成并占据着主导地位。某猎聘资深顾问就曾经指出："保持和复现，在很大程度上依赖于有关的心理活动第一次出现时注意和兴趣的强度。"并且这种先入为主的第一印象是人的普遍的主观性倾向，会直接影响到以后的一系列行为。但是，"路遥知马力，日久见人心"，仅凭第一印象就妄加判断，"以貌取人"，往往会带来不可弥补的错误！

首因效应本质上是一种优先效应，当不同的信息结合在一起的时候，人们总是倾向于重视前面的信息。即使人们同样重视了后面的信息，也会认为后面的信息是非本质的、偶然的。人们习惯于按照前面的信息解释后面的信息，即使后面的信息与前面的信息不一致，也会屈从于前面的信息，以形成整体一致的印象。在生活节奏如同飞快奔驰的列车的现代社会，很少有人会愿意花更多的时间去了解一个留给他不美好的第一印象的人。

无论是晕轮效应，还是首因效应，对于代理律师来讲，都要以博弈的心态面对指控方，而不是一味地情绪性对立。更不能给指控方留下"蛮横无理""死猪不怕开水烫"的第一印象，否则，就会很难改变指控方对于你的不良情绪。

第 2 章
变和博弈：刑事诉讼博弈的均衡观

当事人在刑事诉讼中，不可避免地要与指控方打交道，这是一个利益争夺的过程，也就不可避免地要面对各种矛盾和冲突。每个博弈者在决定采取何种行动时，不但要根据自身的利益和目的行事，还必须考虑到自身的决策行为对其他人的可能影响，以及其他人的反应行为反过来对自己产生的可能后果，通过选择最佳行动计划，来寻求收益或效用的最大化。

一、要素分析：弄清刑事诉讼博弈的基本内容

通过前面的分析，不难看出，刑事诉讼博弈的对象必须满足以下四个基本内容：

一是行动者的相互影响。只要不是鲁滨逊的世界，人们的行为总表现出一定的群体性。也就是说博弈必须有博弈的对象。个体不能单打独斗，必须选择合作伙伴，必须选择合适的对方。有时，对方无须你来选择，而由对方发起，你来应战，双方就构成了博弈的相互影响性。

二是行动者的互动性。在博弈中，博弈的最终结果取决于博弈双方的行动，彼此都是互动的。如果一方行动，另一方保持静默，也不会构成博弈。像前文所说的强奸案博弈中，抗辩方在让受害人作相反陈述后，指控方也会因此而改变策略，从而让案中牵出新案。行动者的互动性简单来说就是行动者在行动的时候也会影响或左右对方改变其预先确定的行动方案，从而也反过来影响行动者的行动方案。

三是行动者的策略性。博弈中，每个人都要认识到自己的行为会诱发对方

下一步的何种行为，自己的行为会产生什么样的结果，且要考虑到彼此行为的相互依赖性。策略往往是环境与对方行动结合的综合反映。策略往往会做出两种假设，正面影响的假设与负面影响的假设。正面影响就是坚定自己的行为，负面影响就是改变自己的行为。

四是行动者的理性。社会经济学认为，每一位博弈思想的践行者都是理性的经济人，所以每个人选择行动的时候要针对对手的可能行动而选择一个最优对策，该最优要么是经济成本支出最小，要么是收益最大，要么是时间付出最少，要么是心灵所受创伤最小，也就是说博弈的利益不仅仅是用金钱来衡量的，关键是行为者的理性思考。

我们知道刑事诉讼控辩双方争辩的问题基本满足上述条件，这决定了博弈理论在刑事抗辩中的适用性。

笔者之所以将博弈理念植入刑事诉讼活动，用博弈论来研究刑事诉讼行为，是因为刑事诉讼双方当事人的控辩点总是对立的，一方的失必然是另一方的得（实质上犯罪嫌疑人最终所得到刑事惩罚就是控辩双方所追求的得益）。双方相互的行为战略会影响法官对案件的裁决，双方在庭内、庭外策划的目的就是说服法官去接受自己的观点，或者希望法官公正执法而不损害己方的切身利益。

值得一提的是在刑事诉讼博弈中，作为辩护律师来讲，不能将自己的辩护行动理解为与指控方工作人员的敌对行动（尤其是在提前介入阶段），要摆正位置，站稳立场，端正态度，与司法机关工作人员做好配合、沟通与必要的合作，确保辩护工作顺利展开。

如果辩护人不注意与其他博弈对手的合作与配合，一味地对抗与斗争，有时会使博弈效果受损。如果辩护者本人一味对抗与斗争，在开庭之时就可能被法官驱逐出庭，更别说维护犯罪嫌疑人的合法利益了。“合理博弈”是控辩双方利益最大化的期望所在。

二、特征分析：把握刑事诉讼博弈的基本理念

一般来讲，在刑事诉讼过程中，双方都不知道对方是否采用了程序法所规

定的其他行为，从而不知道法官的公正裁决是否会受到影响，即使法官的思想不受任何当事人的左右，也存在各方当事人在法庭上说服方式、方法及专业水平的表现问题，这就使得刑事诉讼行为具有了博弈的特征。

1. 刑事诉讼参与人与博弈参加者

一个零和博弈需要设定以下几个方面：

第一，每一个基本的博弈都有两方或两方以上的参加者，且各方都必须按一定的规则行事，并且博弈的规则确定以后，各参加方都具有平等的人格，行为的机会均等。

第二，博弈方各自可选择的全部战略或行为的集合。战略不仅至关重要，而且具有相互依存性。

第三，进行博弈的次序十分重要。在博弈中，一方做出选择后，另一方必须有相应的回应，而且各方不止一次地选择。虽有先后之分，还是要规定必要的秩序。

第四，博弈的得益，也就是说博弈最后总有一个结果。得益即收入、利润、损失、量化的效用、社会效用和经济福利等。在具体的刑事诉讼中，犯罪嫌疑人获得相应的刑罚，被告人向附带民事诉讼原告赔偿、补偿、返还等都属于具体的得益，得益可以是正值，也可以是负值。

不难分析，刑事诉讼的控辩双方就是零和博弈中的参加者，他们各有得益（犯罪嫌疑人得到应有的刑罚，也是一种社会效用）。诉讼参与人在整个诉讼的过程中，各方为追求得益最大化的相互攻击。

人民法院受理一宗刑事案件，必须弄清楚控方指控的罪名与罪状，犯罪嫌疑人的身份问题（包括年龄、血型、身高、相关纹印、职业、工作责任、行为能力、集团犯罪中的分工等），社会危害性问题，产生社会危害性的情节与犯罪动机，产生社会危害性的地点与时间等。任何一宗刑事案件，对于法院来讲，起码要查清以下几个事实：

第一，该案件的犯罪嫌疑人是否具有法定的受刑事指控的行为能力，是否需要指定代理人帮助其辩护。

第二，该案件的犯罪嫌疑人是否具有法定的抗辩行为能力。

第三，该犯罪嫌疑人是否为适格的犯罪嫌疑人，也就是刑事实体责任的承受者。刑事诉讼的主体要素具有博弈论中的参与者特征，而这一点不是其他人能够替代的，必须由犯罪嫌疑人独自承担。

2. 刑事诉讼追责与博弈的得益

刑事诉讼程序作为一种确认犯罪嫌疑人有罪与无罪、罪重与罪轻、此罪与彼罪、一罪与数罪以及量刑是否适当的手段，其特点是法院在诉讼程序中始终处于相对被动和消极的中立地位而就指控与抗辩产生的争议进行审理，公正地作出裁决，并保证其裁决的社会效果。这种在刑事诉讼中予以审理和判断的对象就是犯罪嫌疑人应获得的刑事处罚（包括经济上的赔偿、补偿或罚金、没收财产，剥夺政治权利等）。刑事处罚是刑事诉讼的客观要素，也叫诉讼目的，可以认为是指控方在起诉书中所明确提出的具体的处罚要求或权利主张。刑事处罚的实质是实体法的一种请求权，而这种请求权一般由检方代表国家或社会公众利益来行使。刑事诉讼每一具体的诉讼请求，在零和博弈中也就是博弈双方的各自得益，它是各方在诉讼中所追求的根本目的所在，也是他们行为和判断的参照点或行为尺度，可以具体地体现在指控方的公诉请求之中，也可以是犯罪嫌疑人的抗诉申诉或受害人的自诉追加。对于不同的诉讼来说，得益情况也会不同，而得益的差异和不同的特征也会影响博弈方的行为方式选择。

刑事诉讼处罚的极小化行为不符合博弈者得益最大化的特征。因为在刑事诉讼中，一方的收益必定是另一方的损失，不管诉讼双方如何举证、质证，最后的社会得益即诉讼双方得益之和为零，但是如果考虑双方诉讼成本的情况（尽管刑事诉讼一般由检方代表国家来行使，证据收集成本由国家来承担），意味着不同的诉讼战略下各诉讼方的得益和一般是不相同的，因此，就可能转化成变和博弈，这样对双方都是不利的，争斗的结果是两败俱伤。

3. 诉讼证据与博弈的信息

在刑事诉讼的程序中，举证、质证是重要的一环，从我国诉讼证据的规范来看，一方面规定了某种事实的存在与否需要确定时（真伪不明的状态），由一方当事人承担其不利法律后果的一种负担，即举证责任；另一方面规定当事人在诉讼的过程中，要按照法律设定的规则（包括举证程序、举证时限、举证责任分配）进行举证，并进行证据释明，否则，就要承担败诉的风险。

由此可见，在刑事诉讼过程中，掌握证据较多，并不能保证诉讼结果就一定满意，有时举证过多，给对方透露的信息也较多，更易面临被质证的不利因素，从而使自己处于不利地位。相反，对于证据较少的一方来说，对诉讼风险了解甚少，因用不着顾忌后果反而掌握了主动，从而能够放手反驳，也就是我们常说的光给指控方挑刺，也能达到推翻指控的目的。

在各种博弈过程中，后行为方更有优势。因为他们可减少决策的盲目性，有针对性地选择合理的应对行为。但是，具有较多信息就一定有较好的结果这个结论却并不总是成立的。从诉讼角度来讲，无论是指控方还是犯罪嫌疑人，都可能认为自己是最优化的决策，他自己可能认为获得的信息越多收益就越大。然而，博弈双方都千方百计地收集证据，却可能忽略了取证成本，更为严重的是可能忘了证据也会起到反证的不利作用。事实上正是因为能够揭示诸如“信息多反而得益少”等表面上不合常规的现象存在其根源，才使得诉讼过程中引入博弈的恰当性问题。

4. 争议焦点与博弈的战略

在刑事诉讼双方的初始条件完全平等的诉讼中，战略选择也就显得十分重要，当然如果说是结果的唯一决定因素就有点夸夸其谈了。在诉讼过程中，无论是举证、质证过程，还是双方的论辩过程，我们认为各方的战略是有限的，但对于争议焦点的归纳就是博弈战略的线索所在，这一点不容置疑。

所谓争议焦点是主审法官通过阅卷、双方陈述后总结出的辩题，也是双方应当围绕其展开举证、质证和法庭论辩的辩题，也可说是控方与犯罪嫌疑人及其代理律师论证的对象，其将制约着整个诉讼的进程和发展态势。它又是控辩双方组织论据材料即提供证据，反驳对方证据的红线或尺度，在整个庭审中博弈方的战略都是围绕双方争议焦点展开的。

任何一宗具体的刑事诉讼案件，总有具体的争议焦点。在实际的庭审过程中，主审法官归纳争议焦点花费的时间虽少，但它在整个庭审中的作用却不容忽视。因为争议焦点的归纳对于诉讼双方论辩的集中，举证责任的分担，甚至对于胜诉与否都起到了举足轻重的作用。所以，刑事诉讼中，无论是指控方、抗辩方，还是受害人（自诉案件的原告）及其辩护律师，在向法庭阐述意见时，总是争取法官归纳出利于己方举证与质证的争议焦点，并围绕该争议焦点进行举证、质证和法庭论辩。也就是说争议焦点的归纳，能够引导诉讼博弈者拟定博弈的战略，从而在诉讼庭审中掌握主动权。

从冰壶比赛看刑事辩护的攻防意识

冰壶比赛被称作冰上围棋，双方队员主要通过战略与战术的结合获得胜利，具有较强的博弈性。一般来讲，冰壶比赛共十局，由于先手具有被后手清壶的不利地位，所以先手一般选择防御性打法，抢占得分区前沿中心线保护区占位；而后手由于具有选择后发制人的攻击与偷分优势，一般选择破坏对方占保护区位的攻击性打法或者清除得分区位的保守性打法，无论选择何种打法，总体较为占优。在冰壶比赛中，每一壶都要考虑攻与防的效果。攻就是直接攻占得分位或将对方的得分壶或占位壶打掉；守就是防御性打法，主要是抢占位区，防止对方轻易得分或偷分成功。优秀的冰壶运动员的每一掷都要考虑攻防结合。例如，在 2010 年第 21 届温哥华冬奥会中日女子冰壶比赛中，前九局中国队以 6∶5 获得暂时领先，最后决胜局进入第二垒后，先手方日本队冰面上形成了前方占位壶一只，中心白色区得分壶一只，中国队与日本队一直以“打掉保护区占位壶再抢保护区占位”的战略，在第三垒后，局面还是日方在保护区留有占位壶一只，中心白色区域得分壶一只，如果中国四垒再按前三垒战略执行下去，最后中国只能认输，让对方净获三分。对于中国队的四垒来讲，面临巨大挑战，所以队长王冰玉果断叫暂停，通过与教练交流，改变了二、三垒确定的攻打对方保护壶的战略，而是改为通过旋壶直接进得分区，清打对方的得分壶。结果十分奏效，打掉对方得分壶后，日本队最后一壶只能再次通过旋壶直接进得分区。从位置上来讲，冰面得分区日本队一壶比中国队占位要优，这样，王冰玉还是选择通过旋壶直接进得分区并清打对方得方壶。战术上攻防配合，王冰玉的完美一击，将日本队略优的一壶清出得分区，自己的冰壶占据得分区，最后净得三分，轻松以 9∶5 战胜日本队。

从博弈角度来看，刑事辩护律师就应树立攻防意识。特别是在选择无罪辩护时，既要在法律许可范围内力争犯罪嫌疑人的有效配合，也要努力了解控方的意图，同时，还要时刻注意自身法律风险的防范，不要急功近利，更不能冒险蛮干。

三、法理思考：刑事抗辩选择植入变和博弈的时机

刑事诉讼是一个信息不完全状况下的多重博弈竞局，每一轮博弈的结果都是对犯罪嫌疑人犯罪行为的社会危害性逐渐认识与降低的过程，最终的效果是走向变和，消除犯罪嫌疑人行为的社会危害性和其行为的社会危害性对其他人的影响。犯罪嫌疑人通过接受教育、受到应有的惩罚而不再危害社会。当然，刑事诉讼的博弈目的是揭露、开示证据，还原案件本质，让犯罪嫌疑人认罪、服罪。因此，变和博弈的提前应是犯罪嫌疑人具有认罪与服罪的表现，如果一味地否认犯罪，那就不可能出现变和的问题。

犯罪嫌疑人在抵触揭露犯罪的过程中，还可能伪装、隐瞒犯罪事实与证据，努力向减轻罪责的方向发展，而犯罪行为产生的社会危害性已经存在，双方不能完全达成共识是因为犯罪嫌疑人试图大事化小，小事化了，从而逃脱最严厉的处罚。有时检方为尽快平息犯罪对社会造成的不良影响，会加快办案进程，可能忽略枝节，可能不会考虑犯罪嫌疑人作认罪的减刑、免刑因素或刑事罚金及赔偿受害人损失等因素。

从一定程度上讲，认罪时机的选择有赖于对检方指控证据开示后的解读。刑事诉讼博弈涉及公安、证人、受害人、犯罪嫌疑人等不同诉讼参与人，对犯罪嫌疑人行为的社会危害性认识与认知的过程，也是各方博弈的过程。在检方诉讼程序发展的过程中，作为辩护律师既要充分与犯罪嫌疑人沟通，弄清其对社会危害性的认识，促使犯罪嫌疑人有悔罪之心，同时也要充分了解检方对犯罪嫌疑人行为的掌握程度，以考虑选择说服犯罪嫌疑人认罪服法的时机。

▶典型案例三：焦某军偷税案

入选理由：检察院变更罪名的时机与形式

2013 年 3 月，某市人民检察院针对法院对焦某军此前作出的无罪判决提出抗诉，认为法院在审理该案时程序违法，有可能影响公正判决。检察院在抗诉书中称，法官应当按照《起诉书》指控的虚开增值税发票的罪名进行审理，但

是其在审理过程中，在没有收到检察机关书面变更起诉罪名的情况下，违反有关程序规定，按照“偷税罪”对此案进行了审理，而对《起诉书》指控的“虚开增值税发票罪”没有进行审理，在《判决书》中也未就此罪是否成立进行分析认定，属于程序违法，适用法律错误。

实际上，这是检察机关第二次对焦某军的无罪判决提出抗诉。第一次，是在 2011 年 5 月，当时法院刚刚于 5 月 20 日对焦某军作出了无罪判决，但是尚未生效。县检察院从实体上对判决提出了抗诉，理由之一为本案有足够证据证实焦某军偷税的犯罪事实。此后，案件因第一次抗诉，而由中院再次审理，在审理过程中，市检察院认为抗诉不当，提出撤诉。中院于 2011 年 12 月 16 日裁定准许撤诉，焦某军的无罪判决同时生效。此次，是检察机关第二次提出抗诉，抗诉机关是之前撤回抗诉的市检察院。此次抗诉的与第一次不同，是市检察院依照审判监督的权力，对生效判决提出的，理由是县法院在没有收到检察机关书面变更起诉罪名的情况下，按照“偷税罪”进行了审理。然而，在县法院作出的无罪判决中，可以看到，判决的第三页第三行明确记载了“审理中公诉机关将该指控罪名变更为偷税罪”。原来庭审时，公诉机关只是口头变更了罪名。所以，才会出现第二次抗诉中强调的“没有收到检察机关书面变更罪名”。对于这一点，辩护律师就要注意提醒法官将有关口头变更的事项记录在庭审记录中。

一般来说，庭审中举证、质证程序终结后，指控方是不再被许可变更起诉罪名的，除非法院驳回补充侦查，要求就相关证据补充完善。

典型案例四：胡某寻衅滋事罪

入选理由：辩护意见逻辑顺序与让步性辩词的巧妙利用

某辩护律师的辩护提纲。

依据事实和法律规定，为犯罪嫌疑人提供如下辩护意见，请法庭在量刑时予以考虑。

1. 本案公诉机关指控犯罪嫌疑人胡某的行为造成“车身部分被砸坏”的证据不足，且与庭上查明事实不符。

2. 犯罪嫌疑人胡某具有自首情节，可以从轻、减轻或免除处罚。

3. 犯罪嫌疑人胡某系初犯、偶犯，且主观恶性不大。

4. 犯罪嫌疑人胡某有悔罪表现，已充分认识到本案的发生与其冲动和不冷静有很大的原因。

5. 本案的发生，完全系由身为卫生院的职工胡某，以及身为甲市某公安局协警员的乙某（也即所谓的民事原告人之一）等人的犯罪行为所致。

6. 本案的发生，也与公安机关的不积极作为及不依法公正办案有着不可推卸的原因。

综上所述，鉴于本案的发生系由胡某等人的犯罪行为所致，与公安机关的不积极作为及不依法办案也有关联，且犯罪嫌疑人胡某具有前述法定和酌定的量刑情节，主观恶性不大，恳请合议庭能够对其从轻、减轻或免除处罚。

显然，胡某寻衅滋事罪的辩护词就存在明显的秩序混乱：

一是没有确定具体的罪名或者从犯罪构成上说明指控罪名不成立就要求法院在量刑时考虑，这不是无罪自认有罪吗?

二是辩护词的第1、5、6点是想说明犯罪嫌疑人没有构成犯罪或属于正当防卫，而第2、3、4点又主张犯罪嫌疑人有罪，如果无罪何来自首、初犯、悔罪之说。

三是本案的发生与当时事件的发生出现了混乱。因为本案是指胡某被控犯寻衅滋事罪，而本案发生的事件是相互的殴斗，与之不能一概而论。

显然该辩护词存在明显的秩序混乱，最终导致了逻辑上的混乱。这样的辩护词，不能给法官提供任何可供借鉴的判决思路。

第 3 章
抗辩质疑：刑事诉讼博弈的方法论

在我国历史上，“诉”和“讼”开始是分开使用的。西汉和西汉以前的律文和有关文献资料中，均只用“讼”，而无“诉”。自东汉起，在一些文献资料中陆续出现了“诉”和“讼”的连用，如《后汉书·陈宠传》中说：“西州豪右并兼，吏多奸贪，诉讼日百数。”但诉讼一词正式入律则始于元朝，元朝的《大元通制》第十三篇的篇名即为“诉讼”。

自“诉讼”一词出现后，诉乃告，讼乃争或者争辩。但是，无论是告还是争或争辩，都得有双方，告者和提出争或者争辩者。在欧洲一些国家，诉讼一词的原始意义是发展和向前运动的意思，即从诉讼案件的提起至法庭审理、制作判决及其执行的逐渐运动的整个过程。这个过程当然也是以司法机关、当事人及其他诉讼参与人的诉讼行为作为其内在动力而得以运行的。

也就是说，刑事诉讼历史上自从有了真正意义上的诉讼，便有了刑事诉讼上的诉讼指控与对诉讼指控的抗辩质疑。

一、特征分析：理解刑事抗辩质疑的基本概念

刑事抗辩质疑是相对刑事起诉主张而言的。刑事起诉主张，是指公诉人或自诉人针对犯罪嫌疑人的犯罪事实依法向人民法院提起诉讼，并希望人民法院经过审理、查清事实后，判处犯罪嫌疑人有罪，使其受到应有的刑事惩罚。起诉主张就是立场、态度或者特定的诉求。需要说明的是，在我国诉讼历史上，整个封建时期没有专门的法院，几乎都是政司合一的形式，即由地方行政长官代行审判职能。那时也没有专门的提起公诉的检察机关，指控一般由自然人因

涉案而向地方行政长官提起或称为告官。

刑事抗辩质疑针对控诉方的起诉主张进行抗议和辩解，以说明犯罪嫌疑人无罪、罪轻或应减、免其刑，并对起诉有罪、罪重的主张提出质疑。抗就是反抗、抗争，辩就是辩解、申辩。

从上面的解释来看，提起诉讼的主张是主动的，首先提起，具有进攻性与设疑和立论的特点；抗辩质疑是被动的，随后应对，属防御性的。质疑是针对主张而驳斥或反驳。抗辩的原因是被人怀疑或涉嫌犯罪，需要澄清或洗清，以还清白，抗辩的质疑在于解疑，而非设疑让他人来解，也不能提起对他人产生的指控来减轻自己的罪行。

也就是说，刑事诉讼抗辩就是针对提起诉讼方的指控进行抗议或辩解，以说明犯罪嫌疑人无罪、罪轻或应减轻或免除刑罚的理由。

抗辩自始至终都是相对于指控的，它不能独立于指控而存在。从实际的诉讼过程来看，指控与抗辩具有以下特征：

（1）指控是主动的，抗辩是被动的。刑事诉讼博弈往往是由指控方首先发起的。

（2）指控是进攻性的，抗辩是防御性的。抗辩方往往是被动地应战。

（3）抗辩是针对具体的指控而驳斥或反驳；抗辩很少出现对检方的指控，或者对受害方的指控，即使在抗辩中说明受害人有过错或者受害人侵犯了犯罪嫌疑人的利益，也只能是以对方也存在过错作为抗辩而要求减轻或免予处罚的理由，目的是求缓求轻，形成罪责减免，而非指控。

（4）抗辩的原因是抗辩方被怀疑触犯了刑法的相关规定，而不是因为其他原因去对其他人的行为代为指控。

（5）既然是质疑，就不能立论而让指控方或审判方来反驳，也不得设疑来让指控方或法院来解答。

质疑有特定的语境，针对指控方的设疑来理解与解释。质疑要与指控事项在时间、空间位置上与设疑相适应，通过抗辩对设疑语境的理解来说明、分析、修正或解释，而不能离开指控设疑的特定语境。

针对指控的目的是要说服法官不要偏听偏信指控方，是要说服法官按照自己的质疑意见依法裁判，而并不是要说服提出指控的检方人员。

刑事抗辩质疑就是针对指控方的主张进行抗议和辩解，以说明犯罪嫌疑人无罪、罪轻或有罪而请求减免的理由，或对有罪、罪重的主张进行辩解。

指控、抗辩和司法裁判构成诉讼的基本行为框架，这三者之间形成了特定的博弈状况，符合博弈的特点：

第一，有特定的主体。第二，有博弈战略与技巧。第三，各方具有博弈的指向性，即诉讼的角色、立场和态度都有所不同。第四，思维方式也存在差别。指控是发起立论，抗辩是奋起反驳，而裁判是居中释明。

二、结构分析：明晰"法官中立、控辩对抗"的诉讼模式

在三大诉讼中，行政诉讼是由认为行政执法不法侵犯其合法权益的行政相对人提出，而行政相对人相对行政执法机关而言为弱者；刑事诉讼是由认为犯罪行为主体的犯罪行为具有社会危害性，并应受到刑事处罚的强者提出；民商诉讼是由平等的民商主体提出。

刑事诉讼活动，以指控、抗辩、司法裁判形成诉讼的基本行为框架模式，这三者之间形成了诉讼的特定主体，有各自的博弈战略与技巧，其博弈行为各有博弈的指向性。

就刑事诉讼来分析：必然要求法官中立，控辩对抗，才能构成博弈的态势。

1. 法官中立

法官中立包括三方面的含义：一是公开听证、依法释证和公正裁判；二是不得徇私枉法和有意偏袒某一方，为保持中立还要自觉遵守回避的程序性规则；三是其证明标准有法可依，具有较强的说服性。

2. 控辩对抗

控辩对抗包含四层含义：一是控辩各方当事人地位平等，主要是指诉讼地位上的平等；二是各方的指控或抗辩需要得到充分的尊重；三是充分暴露争议、焦点或矛盾，不能阻止另一方提示矛盾或质疑其虚假性；四是各自通过事

实、法律与证据来支持主张或反驳对方的主张。

控诉方的利益是通过证据来指控犯罪嫌疑人有罪、应受刑事追究，其证明标准具有可信性。

抗辩方的利益与控诉方的利益正好相反，无论是犯罪嫌疑人的陈述，还是辩护律师的辩护，都是要求法院裁定犯罪嫌疑人无罪、罪轻或者应当减、免相应的刑事处罚，其证明标准是具有质疑性。

需要指出的是，对于公诉案件来讲，侦查是为指控方提供有力的信息保障，而绝非单独的博弈请求。因为是否向法院提起诉讼，是否真正能够与抗辩方形成博弈，需要检方的最终判断、确定，只有检方向人民法院移交案卷，法院向犯罪嫌疑人发出立案通知，博弈才算真正开始。也就是说侦查阶段并非博弈的形成阶段。侦查机关要客观公正地收集犯罪嫌疑人有罪的信息，通过强制措施约束犯罪嫌疑人防止其继续犯罪，但并不能决定对犯罪嫌疑人如何实施刑事处罚。公安机关不具有独立的刑事博弈地位。在侦查阶段，犯罪嫌疑人只能解释、陈述、说明是否实施了犯罪，公安机关并不能确定定案，也无权确定定案。

从博弈的角度来讲，博弈发起方为先手方，防御方是后手方。从博弈的实质来讲，法官如同裁判，而非博弈的参加者，能够裁判胜负，但不能偏袒某一方，甚至可以复盘推演，释明规则，但绝对不能偏袒示意让博弈方采取何种行动。

从博弈的动态过程来看，举证过程是从信息的保密到信息的公开过程，是从信息的不对称到信息的对称过程，是从信息的出示、质疑到信息的解读、释明的过程。

抗辩博弈过程是以冲突消解为目的的诉讼过程，是争议展开、线索发现、争议解决的过程。在消解冲突的过程中，法院必然关注各博弈方的主观态度、立场和要求，并尽可能地为博弈各方创造和提供发表意见、表明态度或提出要求的条件和机会，在此基础上，才能恰如其分地应用法律、释明法律，依照博弈规则裁决胜负，从而解决冲突。

在刑事诉讼博弈中，指控方主观上要以立论为主，抗辩方要以质疑反驳为主，博弈任何一方要想使其诉求获得裁判的认同和接受，就必须将其诉讼要求建立在客观基础之上，要能够为其诉求提供可靠的事实基础、法律依据或者逻辑方法。

因此，刑事诉讼博弈的方式与手段主要是逻辑的、事实的、语言的、法律的与程序的。

三、目的分析：了解刑事诉讼博弈各方的指向所在

在刑事诉讼博弈中，法院、指控方与抗辩方的行为都有其特定的诉讼目的。

指控方是设疑为立，立要依刑事法律而立，依客观事实而立。抗辩方是质疑为驳，驳要针对立而指出其违法或不合法而驳，指出立的事实虚假而驳，指出立的证据不牢靠、不扎实为疑。疑罪从无为驳。裁判方是释疑为证。证是通过求证达到公正。通过事实的证据解释达到对案件的明晰是为证。这样才能达到“无疑为公，心证为公”的目的。

依程序应成为博弈方的自觉行为，违反程序，也不可能得到公正的结果。程序是规则，而非从中获得得益的手段或技巧。

对于抗辩方来讲，其抗辩模式不外乎以下几种：

完全否认指控；承认指控，但希望宽大处理；部分承认，部分否认；提出新的意见和观点反驳指控，或者希望法官通过释法权的使用，改变指控方的案件定性，朝有利于抗辩方提出的较轻量刑方向发展。最后一种主要是因为指控过重，不利于抗辩方，从而提出新的事实承认另一可以接受的指控。在刑事诉讼博弈中经常出现的案例就是控诉方指控犯罪嫌疑人犯贪污罪，抗辩方则否认犯贪污罪而承认其行为属于侵占。也就是此罪与彼罪的问题。自证其罪的目的就是博弈得益的最大化，即获得较轻的刑事处罚。

法院的裁判实际上有三种情况：

支持指控立论成立；支持抗辩质疑成立；通过释证，既不支持指控立论，也不支持抗辩质疑，而是提出新的控诉立论。

法官对法律的解释也是对公开信息的理解。“法官无臭棋，法官无败着”。法官能够通过释明权，来间接支持某一方从而让各方接受自己的裁判。法官的裁判地位，决定了法院的中立，但中立不是“公说公有理，婆说婆有理”。法

官裁判有时间限制，即使争议不能解决，也不能无期限拖延下去，将争议搁置一边，而是要根据庭审情况，拿出自己的裁判意见，而该意见还要建立在控辩双方已举证、质证的事实上，从而通过心证原则来解决争议。

指控立论一般是实体上的，不能从程序上立论对方有罪，因为“罪刑法定”的法，是指刑法，而非程序法，即使诉讼参与人或其他相关人员因违反刑事诉讼法的规定需要检方指控有罪，也得依刑法而指控立论，而不能单依刑事诉讼法来指控某人有罪或应受刑罚。

对于事实上的立论，一般以充分必要条件为主要形式，而对于驳论来讲，是以选择性条件质疑为主要形式的。

法律是依据，是准绳，如果准绳不准，依据无据，那事实也就不实了，在路径选择上就存在虚假的问题。

从路径选择上来讲，立论一般为单一路径的、唯一空间的，而驳论可以是多路径的、多空间的。

犯罪是对社会公平、正义、公理的侵害，这对犯罪嫌疑人来讲是一种得益，而对于受害人或公众社会的利益是一种负值。对犯罪嫌疑人刑事处罚就是对社会公平、正义与公理的补偿，也是犯罪嫌疑人应有的惩罚。因此，“罪”与“罚”是各博弈方所追求的最终的实体目标。

控诉方的指控是通过证据指认犯罪嫌疑人有罪，应受刑事追究。被指控方的抗辩利益与指控方的利益正好相反。控诉方所要做的就是依据事实与法律，利用法律三段论来论证、说明犯罪嫌疑人有罪、罪重，并应受到刑事追究，而抗辩方要做的是要求法院裁判犯罪嫌疑人无罪、罪轻或者应当减免。

立论只能从实体法上得到支持，而不能从程序法上获得支持以此认定犯罪嫌疑人因违反程序而有罪，除非实体法已证明犯罪嫌疑人有罪。而驳论既可从实体法上着手，也可从程序法上找到着力点。

立论用并列结构，即“和”（AND）结构，而驳论是选择性结构，用的是“或”（OR）结构。如果条件是并列，那立论成立的语群语句就是“既是……，也是……，同时也是……，才可确认是……。……立论成立”。如果条件是选择，那驳论成立的语群语句就是“不是……，不是……，不是……，只要其中之一成立，……反驳成立”。

居中裁判就要侧重于查清犯罪行为的有无，是谁，何时，何地，如何实施的犯罪等情况，以事实情况为主要内容，而且要分析立论与驳论的语群意境是否成立。如果一方不成立，那另一方必然得到法官的支持。而一方成立，对另一方是否一定能够得到支持，不能妄下结论。

在刑事诉讼中，常用的质疑方法就是 5W1H，即 Who，When，Where，What，Why ，How 。作为辩护律师一定要掌握该种质疑的方法：

Who——谁

犯罪现场有谁？要弄清谁是犯罪嫌疑人，谁是受害人，谁是目击证人，谁是利害关系人；如果涉及共同犯罪，还要弄清谁是主犯，谁是从犯，谁是胁从犯，谁是教唆犯，谁参与包庇了罪犯，谁参与了犯罪，谁是幕后的，还有谁没有到案等。

When——什么时候

犯罪行为是什么时候发生的？与时间有关的还涉及相关人员的出生年月，工作时间，相互之间交往、认识的时间等，以此决定案发时间，犯罪嫌疑人是否有作案的时间，是否过了追诉时效等。

Where——哪里

要弄清犯罪现场所在地（如涉及案发多地的，要一同查清），犯罪嫌疑人住所地、经常活动地，持续犯罪行为所在地等，以及犯罪嫌疑人的活动空间是否符合运动的相对轨迹。

What——发生了什么

犯罪现场发生了什么行为？从方位上、时间上、顺序上、逻辑上进行推演，有时还要对案发前、案发后、案发时的状况进行描述（过去态、现在态、正常态），以找到差距，分析出疑点。

Why——为什么

为什么会发生犯罪行为？要弄清动机是什么，目的是什么，当事人犯罪行为所期望的结果是什么，而实际结果又是什么。

How——什么样的方式

要分析犯罪行为及其他现场人都采取了什么样的方式，包括使用了什么样的工具，什么样的言语。如果涉及犯罪金额的，应弄清楚资金的流向，给受害人或单位造成的损失大小。

作为辩护律师从接受委托之日起，就要追求指控方指控的目的所在。不外乎以下几种情形：

犯罪不成立（犯罪构成的四要素至少其中之一不符合）；犯罪情节较轻，对社会危害较小，无须追究刑事责任；犯罪所侵犯的客体应由行政法规或其他民商事法律来调整；指控的证据不足；指控的证据存在疑点，又没有足以定性的证据。

第 4 章
运筹帷幄：刑事诉讼博弈的战略观

刑事诉讼博弈战略的制定和构思是刑事诉讼过程中最首要的任务。无论在庭前准备阶段和准备开庭阶段，还是在庭审阶段，战略的本质是一样的。指控方具有各式各样的应对手段，而抗辩方的辩护主张与辩护理由也可在许多目标和实现它的道路面前做出选择，从中寻找最佳方案。善于制定战略并坚定不移地使之实现是成功辩护的可靠保证。在拟定某一目标时，就必须对目标的阻碍进行分析。尽管情况随时会发生变化，但不制定好战略来指导辩护行为则无法达到令当事人满意的结果。

一、辩护战略的构思

怎样才能制定出一个切合实际且可行的抗辩战略呢？我想应当先从什么是战略开始。

在刑事抗辩中，战略的定义应从以下几点把握：

第一，刑事诉讼战略就是如何进行案件定性。辩护律师接手案件后，应首先根据掌握的资料和委托人的介绍对案件进行定性，分析犯罪嫌疑人的行为是否具有社会危害性，是否构成对刑法的根本性触犯，是否仅属于治安管理、民商法等其他法律约束或规范的行为。

第二，刑事诉讼战略就是如何选准抗辩方向。抗辩方向，即主张犯罪嫌疑人无罪，还是准备做罪轻抗辩。确定犯罪嫌疑人的行为无罪或有罪，应根据罪名、量刑、情节等确定抗辩方向。

第三，刑事诉讼战略就是如何把握抗辩重点。战略方向确定后，应把握抗辩的重点。是准备采取实体辩、证据辩，还是程序辩，并确定各类抗辩的要点。可能的争议焦点往往就是抗辩的重点。

第四，刑事诉讼战略就是如何进行证据取舍。分析辨别哪些证据对己方有利，哪些对己方不利，并确定相关的补强或反驳措施。

一句话，战略就是遇到难点问题时如何决策，使事态向有利于自己拟定的方向转变。

制定出一个好的刑事诉讼抗辩战略，得按照下列思考程序：

第一，要客观地分析犯罪嫌疑人或委托人的陈述，针对当事人一方（既可能是犯罪嫌疑人，也可能是犯罪嫌疑人的亲属）的情况并根据指控方所指控的罪名或罪状，分析委托人的心理特征，弄清当事人不服指控方指控的理由，搞清委托人所持证据对辩护请求或辩护理由是否有足够的支持力，并能准确把握委托方陈述与控方指控的差异。

第二，根据具体指控罪名的犯罪构成要求的可能情况及委托认为可能持有的证据做出某种假设，粗略地判断出双方的差距，并能拟定出一个大概的辩护框架。

第三，选择合适的抗辩路径与辩护模式。考虑选择无罪抗辩或者按照罪轻辩护。从罪轻辩护的角度来讲，可按照此罪与彼罪进行，也可依照一罪与数罪来梳理，还可通过量刑不当来抗辩。总之要选择合适的抗辩路径。

第四，假设法官可能归纳的争议焦点，并根据案情与被指控的罪名，抽取适当的关键词。

第五，做好证据方面的思考工作。需要申请法官调取证据或自己在法律范围内尽自己所能收集证据。

第六，选择适合当事人的辩护请求及辩护理由，并选出最有利或最有说服力的证据，或最有利的法条、法理与控方相抗衡。设想控方可能提出的相反或不相同的诉讼理由，做好反驳与让步的双重战略。

对于辩护战略有了较深的理解，就会明白辩护战略构思的重要性。辩护战略构思就是一个辩护律师的辩护思路。这不仅包含从现实的局势出发去确定一定的目标，而且包含方法，特别是后者要进行详细的分析。如果目标选择不正确或者模糊不清，那么这一构思就不够具体，恐怕其结果注定是要失败的。

1. 战略构思分析

一个好的辩护战略构思一般要从战略的程序上着手，通过战略的阶段划分掌握战略的核心，从而谋划出具体的战略构思。

这是因为既然指控方是以公安、检察等力量来指控犯罪嫌疑人涉嫌犯罪，自然有其强有力的证据，通过指控方所指控的罪名或罪状，基本可判断该案控方所应掌握的证据，作为犯罪嫌疑人的辩护律师，应估计出控方认定所涉罪名和罪状应具有的关键证据或控诉理由。在诉讼程序不断完善，证据要求不断严格，诉讼理论不断丰富的今天，我们知道在开庭前，辩护律师所掌握的信息是十分表面的、暂时的，在庭审阶段随着庭审程序的纵深发展，就可能会出现这样或那样的变数，还有可能控方会提出补充侦查，改变罪名和罪状，一个好的辩护人在发表辩护意见时就应设想好几种可能的局势，并对各局势确立应对方案。

具体构思可以分为战略构思和战术构思。战略构思是总的计划，战术构思则是实现计划的独立行动。具体的战略构思是在某一阶段的总任务，它以当时的局面为依据，并据之拟定解决面临任务的办法。辩护律师在战略构思策划时就要思考哪些是他发表抗辩意见时所预料到的，哪些是他不希望看到的，而且他所关注的也一定是他制胜战略的出发点或归属所在。

2. 辩护战略的初步形成

对于辩护律师来讲，战略的构思从接案就已经拉开了序幕。一般要思考以下问题：

辩护人要考虑罪名是否独立？该案是否会牵涉其他罪名？犯罪嫌疑人是否唯一、是否有其他同案犯？如果还有其他同案犯，犯罪嫌疑人在共同犯罪中所处位置如何？是属于主犯，还是从犯是否涉及教唆的情节？

从犯罪主体上思考，犯罪嫌疑人的基本情况是否翔实、具体，如年龄、职业、特定职责等。

从犯罪主观方面考虑该罪名成立是属故意，还是过失，还要通过与委托人交谈获知周围有哪些其他的证人，以及与案件有利害关系的人，如受害人，刑事附带民事原告。

发案时间与追诉时效问题也是需要结合案情考虑的问题，因为有些发案时间与具体的证据相关联。

要分析该案的社会影响程度及当地媒体的反应。社会舆论对案件的走向往往会起到一些引导作用，辩护律师要有所心理的准备。

随着开庭的深入和不断进行，战略的重要性会越发清晰，是按照无罪辩护模式，还是按照罪轻、减轻或免罪模式进行辩护也会越发清晰，战略也会随着辩护阶段的转变而有所修正，但其辩护模式是相对稳定的。

二、辩护战略的分类

一般来讲，辩护战略可分为战略性战略与战术性战略两类。战略性战略是方向，是满足辩护意见的诉讼行为指导性原则，辩护律师一定要做到按照既定诉讼战略付诸行动，不能够轻言放弃。战术性战略是围绕辩护请求根据诉讼环境的变化对诉讼行为所做的不断修正，这些修正对战术实施人来说，总是最优的。

1. 战略性战略分类

战略性战略按辩护律师对时间的要求可分为：持久性战略和程序性战略。持久性战略，是指从接受代理到案件终结都需要围绕犯罪嫌疑人被指控的罪名把握抗辩方向与总体原则。程序性战略，是指结合案情与诉讼程序的展开，围绕持久性战略所需要应用的抗辩技巧与灵活性思路。

辩护战略按辩护律师根据自己所选辩护模式可分为：重罪求减战略，有罪求轻战略，罪轻求免战略，无罪制胜战略。

重罪求减就是根据犯罪嫌疑人的犯罪程度、量刑标准，找准最适宜的轻罪罪名，并适用法定减轻条款，提出具体的适用轻罪判决的要求与适用的法律规定，从而达到判决较轻罪刑的目标。

有罪求轻就是在犯罪嫌疑人最适宜罪名的基础上，通过法定情节的梳理，提出具体的减轻处罚要求与适用的法律规定，从而达到判决较轻刑罚的目标。

罪轻求免就是在认定犯罪嫌疑人罪刑较轻的基础上，通过梳理犯罪情节和适用的免罪条件，从而提出免予刑事处罚的要求与适用的法律规定，从而实现判决免予处罚的结果。

无罪制胜就是根据强有力的证据链与法律规定，提出犯罪嫌疑人无罪的请求与相应的法律规定，从而实现无罪判决的结果。

2. **战术性战略分类**

辩护律师在辩护一开始时就要拟定最佳辩护模式，并且预测最坏、最好的诉讼结果。如果预料最坏的诉讼结果，就要考虑辩护路径是否存在问题，就要重新组织、认识自己的辩护意见甚至梳理案情。如果预料最好的结果，就要思考制胜的关键因素，进行有效防御，将取得的战果保持到让法官写进判决诉讼文书之中。

战术不能脱离战略，但辩护战略也不能时时束缚战术。代理律师要在战略、战术的应用中既有所关联，又有所拆分，目的就是要用最合理的方式达到最佳的辩护效果。

战术性战略主要可分为证据制胜性战术、法律适用性战术、法理应用性战术和悲情性战术四种。

典型案例五：张某故意杀子案

入选理由：亲属间犯罪的悲情性战略应用

张某 37 岁得一子，其子从小娇生惯养，20 多岁仍不务正业，整天在村里偷鸡摸狗，无恶不作，还时常调戏本家女人，闹得村里很多男人都不敢外出打工。有一天张某之子还打了其母，次日张某召集同村几位长辈，按照乡约村俗，将其沉入自家池塘，致其子溺水身亡。不久张某到公安派出所投案自首。

检察院以故意伤害罪将张某起诉到人民法院，后辩护律师适当采用悲情性战术，联名村里众多村民写了求情信，几乎全村的人都在求情信中按了手印。最终张某被判有期徒刑 3 年，缓期 4 年执行。

三、辩护战略的内容分析

辩护律师在制定诉讼战略时，一般要对其内容进行分析。诉讼战略一般包括诉讼证据链分析、控辩双方的争议焦点分析、控方证据链分析和诉讼风险提示等几个方面的因素。

1. 诉讼证据链分析

当事人要想打赢官司，就必须具备对证据解读的优势。抗辩人的诉讼请求要想得到人民法院的支持，必须有充足的证据，或者对检方提供的证据有不同的解读。在刑事诉讼过程中，举证责任主要在指控方，指控方承担举证不能的后果。因此，对于抗辩方来讲，举证范围是有限的，主要是涉及当事人的身份问题的证据，犯罪嫌疑人所经手的事或所保管的单据资料，或与案件有关联的及案发前与犯罪嫌疑人有关的材料、作案工具，以及犯罪嫌疑人案发前后的活动轨迹与可证明其不在案发现场的相关证人证言或案件线索。

通过证据链的分析，初步形成事实证据链，一般按照时间先后顺序对基本事实进行梳理。通过证据链分析确定指控方的指控是否合法，是否有足够的证据支撑。

2. 控辩双方的争议焦点分析

在庭审过程中，主审法官总要用三五分钟的时间对控辩争议焦点进行分析，辩护律师就要在庭前弄清楚可能产生的争议焦点：事实认定可能产生的争议焦点、法律适用可能产生的争议焦点、当事人及证人指认争议可能产生的争议焦点、相关证据解释和理解上可能产生的争议焦点等。最后一点，尤其应关注对于证人证言的解读或询问方式上将会产生可能的冲突。

3. 控方证据链分析

在刑事诉讼战略制定过程中，辩护律师应当抽出时间会见犯罪嫌疑人，并查阅控方向法院提交的卷宗材料，要重点分析控方的证据链是否牢固，证据是否真实可信，证据是否唯一，是否还有需要补充的证据，案发现场的证人是否进行笔录，是否有证人根本不在事发现场，几个人的证言来源是否同一。如果认为指控方证据链不牢，或者还有对于犯罪嫌疑人有利的证据没有收集，辩护人应建议法庭补充收集或者通过法院退卷到检察院要求补充侦查。对于证明犯罪嫌疑人在犯罪现场的证据或证明作案工具的证据也要特别留意。还有就是对于发现有其他非犯罪嫌疑人在现场的痕迹时，一定要要求指控方对此有合理的排除，避免控方以与本案无关为由而搪塞。

4. 诉讼风险提示

辩护律师不对当事人进行诉讼风险提示是十分有害的，也有违律师的职业道德准则。我们要根据案情的进展情况不时地提醒当事人诉讼风险存在的可能性。这一战略就是要弄清如何向当事人提示诉讼风险，提示哪些诉讼风险。并不是所有风险一发现就要提示，也不是要对诉讼风险和盘托出。辩护律师必要时要谨慎地做出提示，从以下几个方面加以提示，并努力去化解风险：

第一，向犯罪嫌疑人及其家属解释目前辩护模式可能产生的后果，如坚持无罪辩护，可能会影响法院对犯罪嫌疑人认罪态度的衡量。

第二，要向犯罪嫌疑人及其家属解释退赃与不退赃对定罪量刑的影响；特别要说明退赃数额确实是赃款，而非通过所谓的交钱替犯罪嫌疑人赎罪来假象退赃，这是十分拙劣的花招，弄不好会影响公正审判，也会影响法院对犯罪嫌疑人认罪态度的衡量。

第三，如果有受害人要求提起附带民事诉讼的，要向犯罪嫌疑人及其家属解释对于民事赔偿与对方达成和解与否对定罪量刑的影响，这种影响只能证明犯罪嫌疑人的认罪态度，并不能改变实质的定罪量刑。

第四，要向犯罪嫌疑人解释法律有关自首、立功的规定对定罪量刑的影响。

第五，要向犯罪嫌疑人解释是否还有未交代的罪行，如果以后被发现与现在主动交代对定罪量刑的影响有重大差异。

第六，要向犯罪嫌疑人及其家属解释上诉不会加重上诉人的刑罚，不上诉意味诉权的放弃，在指控方不提出抗诉的情况下，一审判决会在上诉时效法定期间的第二天生效。

第七，要向犯罪嫌疑人讲解翻供的法律后果，并重点解释翻供与提供新证据、新事实的区别。

四、辩护战略的构思评估

辩护战略构思完成后，要对战略构思进行评估，从而更好地把握战略构思，分析实施过程中的难点所在。刑事诉讼博弈的战略构思是否科学，是否符合诉讼目的的整体计划，我们要从以下几个方面进行分析：

1. 具体性分析

具体性分析就是要分析具体的罪名、犯罪构成。分析具体的犯罪事实是否与之相适应，如犯罪主体资格、主观要素、主客观是否一致、客体是否属受我国刑法明确保护的对象、犯罪主体是否属于未成年人或精神病人、客观方面是否确实形成对社会的危害性等。

2. 关联性评估

诉讼的关联性表现为经常不断地在诉讼过程中作重要更替，其内在表现则为“以统一的具体计划构思为背景而实现一系列创造性思想”。诉讼的关联性是与思路的具体性密切相关的，正如思路的具体性同样在很大程度上取决于关联性一样。

关联性既不是等同，也不是连接，更不是一一对应，而是要用证据链将引用的法条或法理与认定的事实串联在一起，使之成为不争的法律事实。

关联性所包含的内容是：作为抗辩方要找到反驳控方的途径和最有效的手段，将相关联的证据、犯罪嫌疑人的行为及法律的具体规定有效地串联起来，使之成为可接受的法律事实。

一般来讲，刑事诉讼抗辩方相对于指控方来讲，更多地属于反驳。反驳不同于立论，立论必须都为真，而反驳只要证明立论的某一点为假即可成立。因此，抗辩方进行关联性分析就是为了找到一个立足点，做到以点带线，以线带面，提纲挈领，从而驳倒指控方的有效路径。

3. 协调性评估

在诉讼博弈中，除了具体性和关联性之外，诉讼主体间的相互协调也是十分重要的。

理解诉讼中的“协调”的概念，有助于我们在战略的构思中创造性地发挥各诉讼参与者的最大效能。但是各方的协调应服从于总的行动战略，服务于特定的作战目的。一旦离开了局面的具体需要，诉讼主体之间的协调也就失去了价值。在证据均衡的局面中，双方主要是在诉讼庭审中的协调上较量，哪一方忽略了这一点，即刻就会陷入被动，甚至直到最后的结果出来其被动的局面也难以挽回。如在二审庭审中，主审法官要对双方的争议焦点进行归纳，并指出是否有新的不同看法，作为诉讼当事人及其代理律师就要和主审法官协调，尽量肯定法官归纳且符合自己的主张的焦点为不争的事实，同时要将对自己有利的焦点归纳出来并能被法官所认同，从而有利于下一步庭审的展开。

在诉讼博弈中，有关协调性应从诉讼参与人之间的协调与证据的协调两方面加以理解：

一方面是诉讼参加人之间的协调评估。诉讼参加人之间的协调就是诉讼参与人之间如何协商与对手及其他诉讼参与人之间的关系问题。

（1）抗辩方与控方的协调。抗辩方与控方的协调主要是在开庭前辩护人与公安机关、检察机关的协调，控辩双方虽然在指控与辩护方向上是对立的，但不能就此认定辩护人与指控方就是绝对的对立，应当认识到他们之间还存在合作与共同的关注点，如“依法办案，按程序办案”就是双方的落脚点与期望所在。辩护人在刑事诉讼中具有独立辩护人地位，辩护人要充分协调好与公安机关及检察机关的关系，特别是不要产生对立情绪，这样会影响办案效率与办案精力。要学会低调做人，精益办案，要善于应用指控方的证据，不要认为指控方的证据就对辩方不利，有时也可拿过来较好地作为反证证据。

（2）抗辩方与受害人之间的协调。作为辩护人首先应当同情受害人，在与受害人的接触中要表示同情，特别是对于涉及隐私方面的一定要让受害人相信你是可以依赖的律师。不能指责受害人，要让受害人如实陈述，防止受害人带有报复情绪而不顾事实作虚假陈述，要告诉受害人他的虚假陈述同样要受法律制裁。如某位律师在办理一起强奸案的过程中，在为了求证其代理的犯罪嫌疑人的行为没有违背妇女意志时，设计一套较为缜密的谈话笔录：如指出在发生强奸行为前，犯罪嫌疑人与受害人是如何认识的，存在恋爱关系，并确认了受害人以前到过犯罪嫌疑人的住所，此次是相约而去，并说明是受害人主动要求去的，还特别提到了受害人在犯罪嫌疑人提出发生性行为时，受害人提出放一些卫生纸垫到身下。显然这一行为说明受害人对于性行为的许可，属自愿，非强迫。最终犯罪嫌疑人无罪释放。

（3）辩护人与犯罪嫌疑人之间的协调。辩护人在刑事辩护过程中要保持与犯罪嫌疑人的相对距离，对于犯罪嫌疑人的陈述要进行多方位的分析，对于犯罪嫌疑人有新罪的要鼓励他自首，鼓励他要有立功表现，不能有对立情绪。不能与犯罪嫌疑人称兄道弟，没有原则地担保什么事都能够去完成。要多思考《刑法》第306条的规定，不要触犯法律的底线。在开庭前要多做法律宣传，让犯罪嫌疑人认知自己罪与非罪，罪轻与罪重的事实，多做法律层面的沟通工作。

（4）辩护人与犯罪嫌疑人家属之间的协调。犯罪嫌疑人有的经过家属委托辩护，有的是通过法院所在地司法局的委托，还有的是自行委托。对于通过家属或司法局委托的，一定要在第一次会见犯罪嫌疑人时得到他的书面委托认可，同时不要将通过司法系统掌握的案情材料通报给家属或犯罪嫌疑人。对于犯罪嫌疑人家属提出还有其他对犯罪嫌疑人不利的证据时，千万不要动员家属毁灭证据。对于家属做受害人的工作要求犯罪嫌疑人翻供的，辩护律师不要参与出主意，不要直接授意受害人“翻供”事宜，更不能亲自将受害人的陈述意见直接提交法院。

（5）辩护人与证人之间的协调。对于辩护人来讲，在法庭没有开庭之前，最好不要直接会见证人。如果发现控方没有让对犯罪嫌疑人有利的证人作证，可以申请法院传唤证人到庭，也可通过其家属动员直接到公安机关作证。对于欲出庭作证的证人，辩护律师千万不要单独去做笔录，更不能单独将所做笔录直接以证据形式提交法庭，防止证人的笔录与公安机关采集的陈述不一致，那样可能引起公安机关对辩护人的立案调查。

（6）辩护人与法官之间的协调。辩护人与法官的协调主要是指辩护人在庭审过程中要服从诉讼程序，积极配合法官开展法庭调查，而不能任意打乱诉讼程序，影响诉讼程序的正常进行。尽量不要发言或打断对方及法官的发言，这样很容易造成法官的反感。在论辩阶段，一定要围绕法官归纳的争议焦点展开，在法官提示自己注意发言节奏时，要尽快结束发言，对于确实需要说明又没来得及说明的问题可以看准机会再行发言。对于约见法官，一定要按照程序办事，可以通过提交法律文书的时间与法官进行充分交流，不要专门为案件的事去约见法官。辩护人在法庭上的所有陈述、举证、质证及辩护意见，都是讲给法官听的，展示给法官看的，提示法官注意的，无论如何，也不能与法官产生对立情绪，更不能让法官感觉辩护人就是一个“搅屎棍”，而不是来法庭为法官释疑的具有法律专业的工作人员。

另一方面是证据之间的协调。证据之间的协调也叫证据之间的相互印证。就是要分析同种形式证据、不同种形式证据及他们之间的相互关系，看是否存在相互矛盾的关系。要不时地根据逻辑的同一律、排中律来梳理证据中是否存在违反逻辑或不合理的地方。通过梳理明确下一步还应当补充哪些证据，同时要弄清楚哪些证据应当被剔除，从而使证据更有说服力，使己方的证据链更加牢固。同样也可通过证明对方的证据不具有协调性而取得制胜的机会。

证据之间的协调，还包括基于事实的实证，基于法律的法证与基于法理与阅历的心证之间的协调。

通过战略评估，作为辩护律师应当清楚辩方掌握的关键证据和关键法律条款，明确从什么角度去辩护对辩方更有利，目前控方最有利的证据是什么，其指控是否恰当。还有一点就是应当清楚按照目前的指控，刑法分则规定的最高刑期和最低处罚标准是什么，犯罪嫌疑人是否有加重情节 ，是否有减、免情节等。理解了这些，就知道下一步所要采取的辩护措施了，包括应采用哪种辩护模式。

五、辩护战略的路径优化

制胜战略目标是要最终赢得抗辩，使委托人满意。但它绝不仅仅是侦查阶段的介入，也不仅仅是案件提交法院前与检察机关交锋、开庭应诉、举证、质证、庭辩等简单的诉讼程序问题，更不是辩护律师如何暗示犯罪嫌疑人按照自己的辩护意见去翻供。制胜战略更重要的是以最小的代价，选择最优的战略路径。要做到这一点，辩护律师绝不能仅仅为短期与犯罪嫌疑人的一次会见，或者与法官的一次约见，或一次证据的质证有利就意气用事，必须要有经历漫长的诉讼过程的准备，充分认识诉讼的多变性，建立起诉讼战略路径，并优化选择最佳的制胜战略组合。在法庭还没有通知开庭时间前，辩护律师一定要有狙击手的耐心与耐力，要战胜自己的浮躁，不能感情用事。在还没有开庭时千万不要与控方办案人员、公安机关办案人员发生正面冲突，过早地暴露自己的实力。特别是不能随便提出公安机关具有通过刑讯逼供取得证据的行为，更不能将自己掌握的其他犯罪嫌疑人的口供材料或证人的陈述材料透露给犯罪嫌疑人，从而诱导犯罪嫌疑人推翻口供。即使存在上述因素，辩护律师也一定要沉得住气，这些最好在开庭时通过交叉询问的语气巧妙地让犯罪嫌疑人当着控方、法官的面表达出来。尤其不能通过律师讯问笔录的形式向法院提交，否则，一旦犯罪嫌疑人否认，辩护律师就可能被公安机关传唤，甚至招致逮捕。辩护律师自己都被限制了人身自由，如何去完成自己的诉讼战略目的呢？还有一点要注意的就是，在开庭前，就想将犯罪嫌疑人从控方手里“捞出”，上蹿下跳，不惜让犯罪嫌疑人的亲属跑前跑后，甚至动用人力、财力贿赂相关人员，做一些无谓而违法的事，甚至亲自挥剑上阵，质问控方抓错人，或者到法院门口采取不理智的方式、方法给司法人员施压，无理要求赶快放人等，这些都是辩护律师辩护战略不成熟的表现。

我们认为，制胜的战略路径至少包括“庭前准备战略”“庭中诉讼战略”“庭后补救战略”三个环节，每一个环节都有制胜的机会，代理律师要敏锐地捕捉，寻找制胜的机会。

（一）庭前准备战略

庭前准备战略，是指辩护律师从接待当事人开始到开庭审理前所做的策划工作。包括立案要件审查、庭前在承办司法人员协调下的证据交换、补证、与当事人交换意见等。一般来讲，包括弄清诉因、确定当事人、提交证据、准备法条等基本工作。在庭前阶段，代理律师最好不要轻易对案件性质进行定性分析，更不能向当事人吹嘘案件一定会如何如何。只能做一些释疑性咨询工作，因为在没有完全获得案件的全部信息之前，辩护人的任何意见都显得唐突，意料不到的事情随时会给案件增加变数。

一般来讲，代理律师在庭前做好了充分准备，在开庭时就会表现得游刃有余，能够充分发挥专业水平和实战技能。庭前准备战略主要从以下几个方面开展实施工作：

第一，梳理案情。注意一个中心，即受指控的罪名。一切事实（包括证据组织）都是围绕受指控的罪名这个中心进行准备的。通过当事人的陈述，了解案件的基本性质和相关当事人；要去粗取精，提炼与诉讼有关的事实，这一事实必须是与基本证据相印证的事实。

第二，确定一个主线。最好以时间顺序为主线，把握案件事实的基本脉络；还可通过犯罪对象的相对位置来还原案件的真相。

第三，做好一个链条。要通过对基本证据的分析，弄清证据链的关键环节何在。

第四，针对案件中的法律关系和争议要点，及时检索法律、法规及相关行业标准与司法解释，从中抽取适用的法条，以确定适用的罪名和刑罚范围。

第五，提出疑问。抽出一定时间，细听当事人对案件的认识，适时地向当事人提出问题并求证，以获得对案件全面的了解。对于细节和背景问题要追根溯源；对于当事人的一些隐私问题，代理律师要静听其说，并给对方以诚信观感，建立律师与当事人之间的信任，并从中更深层次地了解受害人、犯罪嫌疑人及证人之间的背景关系、纠纷产生的主客观原因，以及形成纠纷前后的行为状态和行为差距。这些都是从当事人提供的材料中反映不出来的。这就需要律师敏锐地发现问题。

第六，补充收集证据。在诉讼进行案前准备分析后，代理律师完成对当事人材料的审核及对当事人的进一步询问，就要着手收集补充证据。该过程有代理律师的主观判断，是按照律师专业水平的高低对案件的感性理解，加入了一定的专业技术含量。在这一过程的战略中要注意举证时效与举证成本的限制，并要切记“细节决定成败”，要有敏锐观察细节的能力。

检方向法官提起公诉或自诉人立案后，法院会进行诉讼风险及证据的举证时限提示。代理律师要从战略上考虑证据的组织、整理、提交，哪些是关键证据，哪些适宜出示原件，哪些证据还需要补充等。同时要分析对手可能持有哪些强势证据，估计对手是否会申请证人出庭作证等。对于证人出庭问题，要考虑证人是否绝对可靠，是否会临场退堂，是否会被对方说服等，要综合分析，并做好预案分析。对于刑事附带民事案件来讲，胜诉不只是一个“理”的问题，有“理”还得有“据”，当事人不能举证或延迟举证也可能导致有“理”而败诉；有“理”还得守“时”，如果纠纷超过了诉讼时效，即使有理也得不到法律的保护；有“理”还得遵守法律的程序性规定，如不出庭应诉，有理官司照样会输。另外，当事人选择诉因不当，也是造成有“理”败诉的一个重要原因。

第七，法庭阅卷。法庭阅卷的首要目的是了解指控方提交的证据。不能忽略“知己知彼”的重要性，这对形成代理思路很有影响。另外，在阅卷的过程中，不仅要重视对自己有利的细节，更要重视对自己不利的细节。为了使对方尽量少、尽量晚地了解己方的战略和思路，自己的证据要在阅卷之后提交，尽量晚地提交。还有一点要注意的是在阅卷过程中，要根据已有的证据推测应有的证据，并预测指控方不出示应有的证据是难以收集，还是有意延迟提交。

第八，借“他山之石”，优化制胜的战略路径。代理律师要及时与主审法官联系，分析对手提交的证据，要分析对手的证据，是否形成完整的证据链，是否存在反证，要学会借“他山之石”，来优化制胜的战略路径。分析证据时要分析直接证据与间接证据，主证与反证，证据强弱、证据的可靠性等方面引发优化战略路径思维。有时候要通过“外部发掘”思考是否存在相关的第三方可加以利用，是否能够从相关第三方获得难以收集的证据，是否有同类型案件的制胜良方可供借鉴。有时候要通过“头脑风暴”提供线索，把己方证据做足做强。

（二）庭中战略

庭中战略，是指代理律师在庭审过程中，根据庭前掌握的信息，针对庭审情况所采取的一系列临战手段或技巧。

1. 制胜思路

经过庭前战略的规划，辩护律师应当结合总体制胜战略路径，确定庭中战略，并勾画出制胜思路，这一制胜思路总体应该从多点出发、多角度把握、多方面分析。这一思路犹如工程设计的蓝图，让法官一听就明，并能够很快与其思路产生共鸣。

2. 找准切入点

代理律师有了清晰的制胜思路，还要学会恰到好处地掌握案件的切入点。弄清楚所代理案件的薄弱环节、命门、死穴。任何复杂的案件，都有其突破口，即使看似将败的案子，也可能从对手的漏洞中寻找切入点，达到制胜的目的。这就要求律师不遗余力地去寻找案件的切入点。

典型案例六：邵某涉嫌诈骗罪

入选理由：在庭审论辩中提出“不能将主张不安抗辩权认定为没有实际履约能力”这一法理切入点

邵某开办的 A 公司与张某开办的 B 公司从 1998 年 3 月开始有业务往来，至 1998 年 6 月，共办理了 7 个批次的托运业务。后 B 公司直接到港口托运，A 公司由于还有部分运费没有与港口结清，就通知港口对 B 公司的单证进行质押，经查证 B 公司确实存在拖欠 A 公司运费的事实。A 公司拖欠港口运费，且 A 公司应支付给港口的费用大于 B 公司的欠付运费，A 公司主张差额是其应收取的合理利润。

辩护意见：A 公司邵某因 B 公司拖延运费而对其失去信任，对其产生不信任感在先，提取自己的合法所得行为在后，显然其行为符合民法典规定的不安抗辩权。至于其后港口结清运费，完全是由于 B 公司违约拖欠 A 公司运费导致 A 公司无能力支付所致。此案分明是商务活动中运费结算过程中的纠纷，即经济纠纷，不是诈骗行为。诈骗罪的显著特征是犯罪嫌疑人虚构事实或隐瞒真相。所谓虚构事实，就是指捏造不存在的事实，从而骗取被害人的信任。在本案中，A 公司是合法存在的，邵某不仅负责着 A 公司的实际业务，而且实际控制着 A 公司的财务账号、财务专用章、营业执照等。所谓隐瞒真相诈骗，就是对被害人掩盖客观存在的某种事实，以此哄骗被害人，使其交出财物。也就是说表面上看像是自愿地交出财物，实质上是违反其本意的。在本案中，受害人的本意是什么？本意就是委托 A 公司帮助代办海运，A 公司也确实尽到了自己的义务；从货物流程及资金流程来看，这些都在受害人的预料之中，与本案完全相一致。

A公司是经注册的代理公司，并与B公司一直存在业务往来，A公司通知港口质押B公司单证的行为完全属依法行使不安抗辩权，行使自己正当权利的行为为何称为诈骗呢？显然控方的指控违反法律的实质。

找准切入点的关键是对法律的规定、诉讼的技巧和法理的熟谙。

3. 如何配合法官的工作

庭审是在法官的主持下进行的，代理律师一定要记住自己所做的一切都要有利于配合法官的工作。开庭时，代理律师要配合举证、质证情况，及时调整自己的庭审辩论战略，分析哪些证据有疑问，哪些证人需要进一步质问，哪些证据需要申请法官协助调取，同时思考该案最容易制胜的因素是什么，弄清对手最大的漏洞在哪里，通过分析，确定最佳的制胜战略路径。其战略路径的实施一定要明白如何与法官有效沟通。庭审是代理律师诉讼博弈中最具表现张力的部分。庭审是代理律师的角斗场。任何一个代理律师都不会也无法忽视庭审这个阶段。但是，对于该阶段的操作技巧和战略设计，却不是每个律师都能有意识地加以注意的。要注意与法官的沟通，配合法庭调查。

要能够根据法官的审理节奏，及时、恰当地选择发言时机。如在补充陈述时，着重表达在起诉状或答辩状中故意遗漏的事实和观点（起诉状、答辩状往往只表达能够支撑诉讼请求的事实和理由），或者提出新的事实和观点，在现阶段的庭审中，最好避免采取突然袭击的手段，让对方措手不及，因为这样也会让法官措手不及，很容易造成法官的反感。必要时，要求向对方当事人询问，这是在事实调查阶段最好的狙击手段。

4. 举证质证

代理律师在法庭上不能轻易认可对方的证据，可从以下几点对实物证据（包括书证）进行质疑：

第一，质疑证据的客观真实性（是否是原件）。

第二，质疑证据的证明力（证据与本案的关系）——律师不是关心事实上发生了什么，而是要关心证据能证明什么。

第三，质疑证据的证明内容（时间、地点、人物、事件、各要素间的关系及事件发展的过程等）。

第四，质疑证据收集程序是否合法。

要明确证人证言主要询问的目的：

第一，寻找案件疑点的答案，并让法官听清楚。

第二，达到自己要证明的目的。

明确反询问的目的：

第一，暴露对方证人的证词矛盾、错误或不实之处，以降低其证据的价值。

第二，证明这个证人是不可靠的，使对方承认某些有利于本方的事实。要认真听对方对证人的主询问，敏锐地捕捉询问中的破绽。

5. 法庭辩论

如果说之前的工作是搭建高楼的钢筋，法庭辩论就是涂在上面的泥灰。法庭辩论的作用往往是锦上添花。律师在法庭辩论中要善于归纳总结，特别是要善于帮对方归纳总结（其间常常可以偷换概念）。在找不到具体规则时，可以上升到法律原则，以寻求有利地位。当庭辩论要针对双方争议的焦点，一一论证和反驳。要不断强化自己的观点，辩论要设计恰当的语气，并且在考虑法官的个人身份和特点的基础上进行。代理词需要具有感染力。法庭辩论应当展现律师的素质。

6. 局面评估

所谓局面评估，就是代理律师通过当事人陈述、举证、质证、法庭辩论后对案件情况进行判断，以确定是否能够达到诉讼目的，并在最后陈述中完善、补充相关事宜。评估局面的过程大致可以从以下几个方面展开：

第一，考虑证据的对比。

第二，考虑双方制胜的关键因素及庭审对哪方有利。

第三，研究战术组合的动因及是否达到战术目的。

第四，法官自由裁量权或行使释法权的可能性。

第五，法官释证权的应用。

（三）庭后战略

代理律师一定要记住：在没有亲眼看到判决书之前，不要轻言案件了结，因为什么事情都有发生的可能。

开庭后，一般来讲双方该出示的证据都已开示，该陈述的理由业已明了。但代理律师不能认为开完庭，向法官提交代理词就可高枕无忧了，应当从战略上分析庭审是否对己方有利，己方是处于绝对强势，还是绝对弱势，抑或不分上下，关键是要考虑如何扩大有利面，如何减少不利面。分析是否需要采取拖延与反拖延战术，是否需要申请调取新的证据，是否需要申请新的证人，是否需要向主审法官申请安排第二次开庭，或申请延后审理等。还有的代理律师从诉讼参与人的适格问题上做文章，达到预期目的，来弥补第一次开庭的准备不足。即使拿到了判决书，代理律师也要有战略地向当事人交代判决。

在申请执行期间作为代理人也应具备以下两个意识：

一是继续举证意识。应当向人民法院提交必要的文件和证件，包括向人民法院提供其了解的被执行人的财产状况或线索。这是民事诉讼中“谁主张，谁举证”责任制度原则的延伸。

二是风险意识。代理律师收到判决后，一定要认真研究，反复研读，并与自己的诉讼战略相对比。如果是一审胜诉，要做好应诉的准备；如果是二审胜诉，要明确下一步执行的方案。如果是一审败诉还要向当事人说明判决的不当之处，以及判决的合理之处，让当事人明白案件赢在什么地方，输在什么地方，是否需要上诉，并提醒上诉的合理期间；对于二审判决，代理律师还要预测对方可能采取的强制执行行为，以及对抗强制执行对当事人可能产生的后果及应负的责任，包括要向当事人说明有执行能力而抗拒履行生效的判决所应承担刑事责任的法律后果。

第 5 章 角色认知：刑事诉讼博弈的风险观

近年来，出现了一些刑辩律师被检察机关立案处理的案例，因此导致一些律师宁愿不接案，也不愿做刑辩的尴尬局面。有鉴于此，本章仅就刑辩律师的角色认知与职业风险谈点看法，以此提醒初入刑事诉讼代理的律师需要注意的地方。

一、角色认知：独立辩护人的法律地位

作为律师，如果选择以刑事辩护业务为突破口，就得对刑事辩护中律师的角色有明晰的认知，否则就会迷失方向。

所谓角色，就是指人或团体在司法社会关系中所处的地位或位置。辩护律师在司法社会关系中所处的地位，反映在刑事诉讼法上，就是辩护律师依照刑事诉讼法享有的权利和应履行的义务。当然，谈到角色，必须与其他诉讼参与人的位置相比较。

依照法律的规定，辩护律师是指接受犯罪嫌疑人委托或人民法院的指定，作为犯罪嫌疑人的辩护人，以诉讼参与人的身份参加刑事诉讼，帮助犯罪嫌疑人行使辩护权，依法维护其合法权益的律师。辩护律师的法律地位是刑事辩护活动中的根本性问题，它不仅决定了律师的辩护职责、任务，而且制约着律师辩护的性质和辩护律师的身份。

实际上，并没有任何一部法律（包括刑事诉讼法和律师法）对律师参与刑事诉讼时处于何种诉讼地位做出规定，学者们一般是从三个方面来剖析：第一，他不得对被代理人实施任何带有追诉性质的活动，因而独立于作为国家刑事追诉官员的检察官；第二，他不得将个人对犯罪嫌疑人刑事责任问题的判断

作为进行辩护活动的准则，因而独立于裁判官；第三，他不得为追求对犯罪嫌疑人有利的诉讼结局而不择手段，以至于违背了法律和正义，因而独立于作为其委托人的犯罪嫌疑人。通过这样的分析，不难得出辩护人具有独立的诉讼地位的结论。

其独立性主要表现在以下几点：

1. 独立辩护人地位

在刑事诉讼中，辩护律师的独立地位表现为：依据事实和法律，独立提出自己的辩护意见，其辩护行为除违法应受刑法追究外，不受其他机关、团体和个人的非法干涉，也不为犯罪嫌疑人的意见所左右。如果犯罪嫌疑人不如实陈述案情，辩护律师可以拒绝为其辩护。辩护律师既不是犯罪嫌疑人的“代言人”“传声器”，也不是司法机关的陪衬。在诉讼中，辩护律师与公诉人、法官一样是依法执行职务，与犯罪嫌疑人虽同为辩护一方，但只是依法执行辩护职能，与控诉职能、审判职能交织，共同推进刑事诉讼的依法进行。

2. 法律服务地位

辩护律师的地位不依附于谁，也不受谁左右，只依靠自己的专业法律知识为犯罪嫌疑人提供法律帮助。主要表现在两个方面：一是律师参加刑事诉讼，履行辩护职责，是基于犯罪嫌疑人的委托为其提供法律服务。这种服务需要征得犯罪嫌疑人同意，反过来这种服务也需要律师的独立判断，不是犯罪嫌疑人要求什么，就满足什么。律师在辩护活动中不能做不利于犯罪嫌疑人合法权益的事，否则就是失职。二是犯罪嫌疑人认为辩护律师工作不得力，不能维护其合法权益的，有权拒绝律师继续为他辩护。虽然辩护律师对犯罪嫌疑人的服务有一定的依赖性，即无论是证据质证，还是对公诉人的指控，都以犯罪嫌疑人的意见为准，帮助犯罪嫌疑人行使辩护权，但整体辩护过程都是律师通过自己的专业知识为犯罪嫌疑人释证、释法，对法律专业术语进行解读，以此提升犯罪嫌疑人的法律理解能力。

3. 特定诉权地位

在法律规定的辩护人中，律师是最主要也是最有能力来保障犯罪嫌疑人合法权益的。法律赋予了辩护律师相对于其他辩护人的特殊诉权。《律师法》第 33 条规定："律师担任辩护人的，有权持律师执业证书、律师事务所证明和委托书或者法律援助公函，依照刑事诉讼法的规定会见在押或者被监视居住的犯罪嫌疑人、被告人。辩护律师会见犯罪嫌疑人、被告人时不被监听。"第 34 条规定："律师担任辩护人的，自人民检察院对案件审查起诉之日起，有权查阅、摘抄、复制本案的案卷材料。"第 35 条规定："受委托的律师根据案情的需要，可以申请人民检察院、人民法院收集、调取证据或者申请人民法院通知证人出庭作证。律师自行调查取证的，凭律师执业证书和律师事务所证明，可以向有关单位或者个人调查与承办法律事务有关的情况。"第 36 条规定："律师担任诉讼代理人或者辩护人的，其辩论或者辩护的权利依法受到保障。"

可以看出律师享有依法执行职务受保障的权利、查阅案卷权、会见通信权、调查取证权、为犯罪嫌疑人申请变更强制措施的权利、司法文书获取权、提出证据权、质询权、辩论权、控告权、拒绝权等。其中，调查取证权是辩护律师特有的一项权利，其他辩护人不能享有。此外，对律师行使辩护权的限制相对于其他辩护人来讲是比较少的。如辩护律师自侦查机关对案件立案侦查之日起，可以同在押的犯罪嫌疑人会见和通信。根据最新的司法实践来看，除了危害国家安全犯罪、恐怖活动犯罪等一些特殊犯罪，代理律师会见在押的犯罪嫌疑人只需向拘押所出具律师执业执照，律师事务所函及当事人或当事人亲属出具的授权委托书即可，无须任何司法机关的许可。

4. 责任自负地位

还有一点，也是最重要的，就是辩护律师在辩护中的法律责任不同于民商代理。在刑事辩护中，律师应依法行使辩护权，其辩护观点由法官决定是否采纳，显然其在法庭上的辩护后果不能由犯罪嫌疑人直接承担，同时其辩护言行还要受到检察机构的执法监督。律师违反法律规定行使辩护权的，可能要受到法律最严厉的追究，包括涉嫌伪证罪、妨害作证罪等，其后果也由律师本人承担，一般不会加重或减轻犯罪嫌疑人的法律责任。相反犯罪嫌疑人检举律师诱证或要求其作伪证，可能构成立功情节，可能减轻自己的罪行。

二、个体认知错误：刑事辩护等同于民商代理行为

在刑事辩护过程中，很多律师都出现了认知上的错误，将刑事辩护等同于民商代理行为。这样就会在辩护认知中按照民商代理的习惯去组织证据、去质证、去辩护，甚至用对抗对方代理律师的言语来对抗公诉人，这样不仅不能保护好犯罪嫌疑人应享有的辩护权，还会损害犯罪嫌疑人的利益，如同引火烧身，值得刑辩律师深思。

刑事诉讼辩护与民商诉讼代理之间有相当大的联系，如都属于诉讼代理的范畴；都是律师业务的重要内容；产生的基础都是根据当事人的委托或者是根据法律援助制度；代理的目的都是维护被代理人的合法权益；律师的代理权限都受到委托人一定的制约。不过，尽管刑事诉讼辩护与民事诉讼代理有许多相似之处，但二者之间的区别也是显而易见的，主要表现在：

第一，性质不同。民商代理、行政代理与刑事代理三种诉讼行为属于三种不同的诉讼行为种类，分别归于刑事诉讼、民事诉讼、行政诉讼之中。

第二，规范二者的法律不同。律师的诉讼行为分别受刑事诉讼法、民事诉讼法和行政诉讼法的调整和制约。民商代理受民事诉讼法调整和规范，刑事代理受刑事诉讼法调整和规范。

第三，律师作为诉讼参与人在诉讼过程中承担的诉讼职能不同。刑事诉讼代理人不能代理犯罪嫌疑人在诉讼中行使控诉职能（除自诉案件的受害人的代理律师外），而民事诉讼、行政诉讼的代理律师可以代理原告，也可以代理被告，还可以代理第三人，不仅可以行使“控诉”职能，还可以行使“辩解”职能、反诉职能。

第四，代理所产生的后果也不太一样。刑事律师行使辩护权的后果并不都由被代理人一一来承担。而民商律师代理是一种最后由被代理人埋单的行为。在民商诉讼中，律师作为代理人，可以要求被代理人如何组织证据，如何固定证据，如何解释证据，如果出现前后对证据的解释不一致，由法官来判断、采信，而不会追究律师的责任。因为证据不足导致输了官司，完全由被告人来承担。但在刑事辩护中，律师作为辩护人，不能要求引诱犯罪嫌疑人翻供，不能

诱导其与先前矛盾的陈述，更不得通过贿赂等手段要求证人提供虚假证据，否则就要承担相应的法律责任。虽然法律赋予律师调查权，但这种调查权必须是依法进行的，而非完整的固证、取证权。在刑事案件没有被移交人民法院之前，这一行使调查权的行为很可能就是律师自寻烦恼的开始，特别是其制作的所谓讯问笔录，很有可能成为检察机关指控其构成辩护人伪证罪或妨害作证罪的最直接也是最有力的证据。

三、职业风险：善于辨识律师的执业底线

刑辩律师应在执业过程中自觉检讨自己的行为，以当心触犯法律，而受到法律最严厉的惩罚。

（一）辩护律师因职务行为可能涉及的刑事罪名

作为专业的辩护律师，一定要懂得职业风险防范，而辩护律师因职务行为可能涉及的罪名主要有以下几条：

1. 辩护人、诉讼代理人毁灭证据、伪造证据、妨害作证罪；
2. 妨害公务罪；
3. 诈骗罪；
4. 敲诈勒索罪；
5. 行贿罪。

以上罪名是悬在辩护律师头上的“达摩克利斯之剑”，作为辩护律师一定要有风险防范意识，时刻规范自己的言行，确保在法律框架下实施刑事代理行为。

典型案例七：刘某辩护人伪造证据罪

入选理由：代理律师因替当事人脱罪炮制证据获罪

陈某以谈恋爱为名，将本单位女同事张某引诱至郊外的公园，并实施强奸。次日张某向当地公安机关控告陈某，陈某被公安机关抓捕归案。陈某聘请刘某作为其辩护律师。刘某会见陈某时，教唆陈某让其在看守所里草拟多份陈

某写给张某的求爱信。其后在法庭审理过程中，刘某以所谓“多份陈某写给张某的求爱信”为证据，辩称女同事张某和陈某当时确实处于恋爱关系之中。在恋爱过程中，发生性行为是双方激情所致，属自愿行为；且陈某在犯罪嫌疑人席上也表示，只要法院不追究他的刑事责任，他就会娶张某。张某听说陈某要娶自己，信以为真，当庭表示不再主张对陈某追究刑事责任的要求。主审法官一头雾水，经审判庭合议后，陈某被当庭无罪释放。

显然，律师刘某的行为构成了辩护人伪造证据罪。辩护人帮助毁灭、伪造证据罪，是指在刑事诉讼中，辩护人帮助当事人毁灭、伪造证据的行为。所谓“帮助当事人毁灭、伪造证据”，是指为当事人就如何毁灭、伪造证据进行出谋划策、提供物资条件、精神资助等行为。在本案中律师刘某在陈某没有伪造证据的犯意时，“教唆”陈某秘密伪造了多份“写给张某的求爱信”，属于伪造证据，所以律师刘某应定辩护人伪造证据罪。

说得直白点，帮助、伪造证据罪侵犯的直接客体是简单客体，仅限于司法机关的正常诉讼活动。也就是说由于刘某的行为，影响了司法机关的正常诉讼活动。帮助、伪造证据罪既可发生在诉讼活动进行过程之中，也可以发生在诉讼提起之前。

从犯罪主体来看，本罪的主体是特殊主体，本案具备辩护人伪造证据罪的主体要件，即刘某是陈某聘请的辩护律师；从主观方面来看，是直接故意，律师刘某的目的是帮助当事人陈某伪造证据逃避法律制裁；从客观方面来看，律师刘某实施了帮助当事人陈某伪造证据的行为；从犯罪客体来看，本罪侵犯的是司法机关的正常诉讼活动。辩护人在刑事案件中的职责是根据事实和法律，提出犯罪嫌疑人无罪、罪轻或减轻、免除其刑事责任的材料和意见，维护犯罪嫌疑人的合法权益。但不允许辩护人违背职业道德和案件事实，向法庭提供虚假证明，毁灭、伪造证据，帮助当事人毁灭、伪造证据，威胁、引诱证人违背事实改变证言或者作伪证等，因为这必然会严重损害律师的形象，影响刑事诉讼活动的正常进行。本案中，律师刘某由于教唆陈某让其在看守所里秘密伪造了“多份陈某写给张某的求爱信”，其后在法庭上律师刘某以此为证据，称张某和陈某当时是在公园里谈恋爱，双方是自愿发生性行为的，导致犯罪嫌疑人张某被当庭无罪释放，逃脱法律制裁。由此可见，律师刘某的行为已严重影响了司法机关的刑事诉讼活动。

典型案例八：郑某犯行贿罪

入选理由：代理律师替当事人疏通关系而自毁前程

犯罪嫌疑人郑某于2005 年7 月到发案时止为使上海某食品有限公司等六家企业的商标能通过司法程序认定为驰名商标，先后向人民法院审理相关案件的法官王某等多名法官行贿，涉案金额49 万余元。

法院认为，嫌疑人郑某为谋取不正当利益，多次向司法工作人员行贿现金及购物卡，经审理核实其行为已构成行贿罪，判处有期徒刑4 年。

郑某原为某律师事务所主任，是当地较早开设个人律师事务所的巾帼女杰，知识产权保护的法律业务做得风生水起，并专业从事通过诉讼实施驰名商标的认定保护工作，在中原一带，乃至全国驰名商标认定业务方面小有名声。在案件办理过程中，郑某为当事人向法官说情送礼，甚至违法行贿办案人员，最终锒铛入狱，值得律师反思。无论何种情况，律师一定要通过自己的专业水平达到与法官的共鸣，使其代理意见能够得到法官的认同，而绝不能一味地追求案件的胜诉而受委托人之托向司法人员送钱送物。一旦触犯法律底线，将自毁前程。

（二）妨害作证罪的法律规定要素分析

依法作证是证人的一项法定义务。既然法律规定证人有作证的义务，那么就应该依法规定证人相应的权利，其中之一便是证人应该享有能够顺利及时依法作证的环境和条件，也即证人作证享有不受外界非法干扰的权利，享受人身不受侵犯的权利和依法自由作证的权利。对此，我国有关法律也作了规定，如我国《刑事诉讼法》第 54 条规定，人民法院、人民检察院和公安机关有权向有关单位和个人收集、调取证据。有关单位和个人应当如实提供证据。第 52 条规定，必须保证一切与案件有关或者了解案情的公民，有客观地充分地提供证据的条件，除特殊情况外，可以吸收他们协助调查。第 62 条第 1 款规定，凡是知道案件情况的人，都有作证的义务。

关于妨害作证行为的社会危害性，我国立法机关也有所认识，也认为对于妨害作证行为，构成犯罪的，应该依法追究刑事责任。例如，我国《民事诉讼法》第114条第1款第2项规定，诉讼参与人或者其他人以暴力、威胁、贿买方法阻止证人作证或者指使、贿买、胁迫他人作伪证，构成犯罪的，依法追究刑事责任。我国行政诉讼法的相关条款也作了相同的规定。可见，根据目前我国法律的规定，妨害证人作证的行为，只要达到相当的社会危害性，就构成犯罪，就应该追究刑事责任，为了便于司法实践准确适用刑事法律，及时有效地打击犯罪行为，《刑法》增设妨害作证罪。

对于妨害作证罪来说，有两点必须指出：其一，妨害作证罪发生的时间、空间较广，既可以发生在诉讼提起以后的诉讼活动中，也可以发生在诉讼提起之前，因为在这一阶段，行为人实施有妨害作证的行为，同样会影响以后即将发生的诉讼活动，也即实质上仍会侵害国家司法机关正常的诉讼活动，同样具有相当的社会危害性，在性质上与在诉讼提起后实施的妨害作证的行为和社会危害性及其程度没有两样。其二，妨害作证罪可以发生在刑事案件、民事案件中，也可以发生在经济案件、行政案件中，这里所说的案件皆是指法律诉讼上的案件，不包括没有进入诉讼的违纪案件、行政案件等。

（三）妨害作证罪的处罚

犯妨害作证罪的，处3年以下有期徒刑或者拘役；情节严重的，处3年以上7年以下有期徒刑。

那么，如何规避律师调查取证时的职业风险呢？现在一些律师为了规避风险已经较少亲自去调查，或是采用司法机关提供的证据，或是请求公安机关等代为取证，或是申请证人出庭作证。这些方式都比自己取证的风险要低。但关键还是如何自觉地把自己隔离于犯罪现场之外，并对所接触到的证据材料注意保密。在案件开庭前，不要与其他人员进行案情交流，这一点是与民事诉讼代理有截然不同的方式、方法的。

律师法规定，律师在参与诉讼活动中因涉嫌犯罪被依法拘留、逮捕的，拘留、逮捕机关应当在拘留、逮捕实施后的24小时内通知该律师的家属、所在的律师事务所以及所属的律师协会。这一点有利于保护律师的权益。

四、角色修补：从风险防范上思考“铁肩担道义”

众所周知，律师制度的产生首先就在于其程序价值，其次才是其服务意义。在刑事诉讼中，接受委托、得到授权的律师参与辩护的本质就在于以当事人利益为前提，站在犯罪嫌疑人的立场与代表公权力的公诉人进行对抗，以形成一种控辩平衡的架构，这样便于法官发现并判断法律真实，从而作出公正的决断。如果辩护律师在法庭上当庭倒戈，由辩护者变为控告者，那么法律规定的控辩平衡架构就被打破了，原本处于弱势地位的犯罪嫌疑人将因此失去基本的程序性权利保障，更无力抗击指控方的强势指控。在这种失衡的刑事诉讼架构中，不仅犯罪嫌疑人的法定权利被忽视，而且司法公正也失去了基本的程序保障平台。

律师的尽职尽责，通常被表述为“忠于委托人”或“尽职服务”。委托人将自己的自由、财产乃至生命等权利委托于律师，律师当然应当热情勤勉、诚实信用、尽职尽责地为委托人提供法律服务，努力满足委托人的正当要求，不得对委托人授权代理的法律事务无故拖延，玩忽职守，草率处理。对因律师懈怠或疏忽，致委托人受损害者，律师应承担赔偿的责任。

作为法律、正义的维护者，律师应当具有高尚的道德情操，应当具有机智高超的智慧。刑事辩护自产生以来，就是要对指控方所指控的犯罪事实进行反驳。由于犯罪嫌疑人在被证明有罪之前被推定为无罪，而指控方总是想方设法去证实犯罪嫌疑人有罪，犯罪嫌疑人、辩护人则应千方百计地依法进行辩护，使对方的有罪证据失去证明力。当然其最终目的是便于法官明辨是非曲直，维护司法的公平与正义。

在刑事诉讼中，辩护人的作用非同小可。一个认真负责、积极热心的辩护律师是自由的堡垒。辩护律师的任务正是对公权力行为进行监督。

“受人之托，忠人之事。”这是律师应恪守的最根本的职业道德，作为律师应明确自己的角色，在法律的框架内，尽心维护委托人的合法利益。《刑事诉讼法》第 37 条规定，辩护人的责任是根据事实和法律，提出犯罪嫌疑人、被告人无罪、罪轻或者减轻、免除其刑事责任的材料和意见，维护犯罪嫌疑人、被告人的诉讼权利和其他合法权益。《律师法》第31条规定，律师担任辩护人的，应当根据事实和法律，提出犯罪嫌疑人、被告人无罪、罪轻或者减轻、免除其刑事责任的材料和意见，维护犯罪嫌疑人、被告人的诉讼权利和其他合法权益。许多人可能不知道，在旧《律师法》的这个条文的“提出”后面还多了“证明”两个字。《律师法》之所以要作这样的修订，正是为了进一步强调对刑事犯罪嫌疑人一方的无罪推定。《律师法》第2条第2款规定，律师应当维护当事人合法权益，维护法律正确实施，维护社会公平和正义。在这里，法律不仅强调了律师与当事人之间的关系，更强调了律师担负维护社会公平和正义的神圣使命。

由此可见，如果哪位辩护人在法庭上“身在辩护席，言辞却站在指控一方”，那他就是一位不称职的律师。

五、提前介入：律师智谋的展示

犯罪嫌疑人自被侦查机关第一次讯问或者采取强制措施之日起，有权委托辩护人；在侦查期间，只能委托律师作为辩护人。被告人有权随时委托辩护人。辩护律师在侦查期间可以为犯罪嫌疑人提供法律帮助；代理申诉、控告；申请变更强制措施；向侦查机关了解犯罪嫌疑人涉嫌的罪名和案件有关情况，提出意见。律师在刑事诉讼案件中可在侦查阶段介入，也就是所谓的提前介入。从立法目的上来讲，提前介入既有利于促进侦查机关严格依法办事，防止刑讯逼供、诱供等违法乱纪现象的发生，又有利于律师收集掌握犯罪嫌疑人无罪或者罪轻的证据资料，提高办案质量，从而切实保护犯罪嫌疑人合法的诉讼权利。

（一）对律师提前介入的正确理解

提前介入，是指辩护律师从公安机关行使侦查权开始就介入案情的分析之中。其主要目的是对失去自由的犯罪嫌疑人提供法律帮助，为他们解疑释惑。其意义在于：

1. 提前介入是律师为社会提供法律服务的必然

犯罪嫌疑人在被侦查机关第一次讯问或者采取强制措施后就可以聘请律师，即提前介入。这种提前介入是律师为犯罪嫌疑人提供法律服务的必然。这一提前介入完全符合《律师法》第 2 条关于律师是为当事人提供法律服务的执业人员的规定。《刑事诉讼法》第 12 条规定：未经人民法院依法判决，对任何人都不得确定有罪。此条体现了“无罪推定”的思想。其法理意义在于明确了只有经过合法审判程序，方能确定犯罪嫌疑人有罪。在法院依法判决前任何机关都不能认定犯罪嫌疑人有罪。犯罪嫌疑人作为一名公民，当然有权获得律师提供的法律帮助。

无论是普通公民，还是犯罪嫌疑人都有获得法律帮助的权利，律师要一视同仁地给予法律上的解答、咨询服务，同时为正确行使辩护权利提前做好充分准备。律师在提前介入阶段，只能根据犯罪嫌疑人所涉及的罪名和犯罪嫌疑人所提供的案件情况依据法律作出咨询解答，而不能替其作无罪或者罪轻的辩解。原因是在这一阶段律师既不能向被害人、证人收集证据，也不能向公安机关了解案情，查阅有关案卷，只能通过犯罪嫌疑人单方面的陈述了解案情，无法对整个案件形成相对全面的认识。实质上犯罪嫌疑人被采取强制措施后，律师提供法律服务的目的在于使其更准确、更自觉地沿着法律轨道规范自己的言行，实事求是地陈述理由，不做虚假陈述或隐瞒案情；另外提前介入也是为充分保障犯罪嫌疑人的人身自由，使其财产权、人格尊严这些基本权利不受非法侵害。

2. 提前介入使律师办理刑事案件不仅具有工作的阶段性，更具有法律地位的层次性

律师提前介入刑事诉讼案件具有独立的诉讼地位，律师提前介入刑事案件不仅使刑事代理工作呈现工作阶段性（侦查阶段、审查起诉阶段和审判阶段），更使律师的法律地位呈现出层次性（律师称为受托人或辩护人）。

在侦查阶段犯罪嫌疑人主要享有知晓权，代理律师的作用是代理申诉、申请取保候审权，行使控告权。在这一阶段律师与犯罪嫌疑人之间属于委托代理关系，律师依据委托代理合同为犯罪嫌疑人提供法律帮助。这种帮助是有限制的，律师不得以独立诉讼主体的地位向公安机关阐述案件，也不得质问被害人，更不得进行质证，当然也不得为犯罪嫌疑人作无罪及罪轻的辩护，即使是代为申诉、控告也不得以律师名义进行，也就是说律师此时不具有相对独立的辩护人地位，而只能是一般的代言人。原则上律师不得引用法律及掌握的事实对案件进行定性、定质的分析，更不能像辩护词那样发表律师自己对案由、案情与法律引用的见解。律师在这一阶段还没有从委托代理关系中独立出来而成为诉讼参与人。

在侦查立案和提起公诉阶段，尽管律师可作为犯罪嫌疑人的辩护人介入刑事诉讼，但还不能完全作为辩护人被人民检察院所认同。律师在这一阶段只能查阅、摘抄、复制本案的诉讼文书，做技术性鉴定，与在押的犯罪嫌疑人会见和通信。人民检察院基本上排除了许可律师查阅公、检司法机关收集的有关指控犯罪嫌疑人犯罪事实的证据材料，如被害人的陈述、讯问笔录及证人证言。同时，律师也不得质问证人，更不得进行质证，原则上也不得替犯罪嫌疑人作无罪或者罪轻的辩护。人民检察院认为此阶段律师的介入是为下一步的庭审辩护做准备，律师应当以举证为主（该举证是有限制的），自行收集或申请人民检察院收集调取证据，向检察院陈述自己的意见，并力争得到人民检察院的采纳。

在审判阶段，接受犯罪嫌疑人委托的律师已成为独立的诉讼参与人，律师能够向指控方发表自己的建议，也可在法庭上发表律师意见，而不一定完全受犯罪嫌疑人委托合同的限制。这种独立性不同于民法上的代理关系，犯罪嫌疑人可以拒绝辩护人为他辩护；委托人利用律师提供的服务从事违法活动或者委托人隐瞒事实的，律师有权拒绝为其辩护，且不必承担违约责任。此阶段律师必须及时、灵活地充分行使自己的发问、举证、质证、申请权，并适时地阐述自己的意见。在这一阶段，律师工作的重心是举证、质证，使法庭调查从走过场向实质性调查转变，目的是维护犯罪嫌疑人的合法权益，在这一阶段律师也推定具有前两阶段的诉讼权利。在这一阶段律师具有相对独立的诉讼参与人地位，在审判阶段替犯罪嫌疑人说话的行为一般不会受到法律的追究。这一点不同于侦查阶段和侦查起诉阶段的诉讼代理人地位。

3. 提前介入是保护犯罪嫌疑人的合法权益不受侵犯，而不是控、辩权的平衡

刑事司法的国际标准从内容上看大都是有关犯罪嫌疑人在刑事诉讼过程中

所应享有的基本权利的标准。其中防御性权利即为对抗控诉方的指控、抵消其控诉效果所享有的程序性权利，如知晓罪名和理由，获得律师的有效法律帮助等，因此有人认为提前介入是一种控、辩权的平衡。综观整部刑事诉讼法，提前介入不是一种控、辩权的平衡。因为尽管刑事诉讼法具有从纠问式向混合式的转变，但控辩权始终是向指控权倾斜的，这一倾斜主要基于有利于打击犯罪，有利于减少犯罪的工具主义法律价值观念的考量，即整部刑事诉讼法的目的最终都是助力公诉机构和审判机构查明案件事实真相，正确运用法律，及时有效地惩治犯罪，并进而维护社会治安和公共安宁；同样司法机关也可能以妨碍事实真相为由而减损一些必要的司法程序，甚至以处罚犯罪为由而对犯罪嫌疑人的人格尊严、人身安全、财产权等进行不示（无公示、宣示等程序性行为）侵犯。那么，律师作为社会法律监督者提前介入也就成为必然，其法律意义在于对犯罪嫌疑人权益的基本保护，作为控诉一方往往以国家权力自居，而辩护一方必然显得弱小无力。因此，通过律师的提前介入来为犯罪嫌疑人提供法律帮助，打消他们思想上的顾虑，正确引导犯罪嫌疑人依法维护自身权益，保证诉讼程序上的公正、合法，以此来制约司法机关以非法对违法的现象，从而保护我国司法体制的完整性与严肃性。

犯罪嫌疑人申诉、控告的内容主要是侦查机关的违法侵权行为，包括：(1) 讯问时，侦查人员少于 2 人在场；犯罪嫌疑人是聋、哑人的，没有通晓聋、哑手势的人参加。(2) 侦查人员对犯罪嫌疑人实施了刑讯逼供和人身侮辱。(3) 传唤犯罪嫌疑人进行讯问，没有出示侦查机关的证明文件，传唤的持续时间超过 12 小时。(4) 侦查人员与案件有利害关系，应该回避而没有回避的。(5) 侦查机关违反刑事诉讼法主管和管辖的规定，越权管辖案件的。(6) 违反强制措施有关规定等。律师可以针对犯罪嫌疑人所申诉、控告的内容走访侦查机关及侦查人员。

此外从申诉、控告的目的来看，也要求律师对申诉、控告的内容调查核实。律师代理申诉、控告是为了有利于对侦查活动进行有效的制约和监督，及时发现侦查人员在办案过程中的违法侵权行为，并提出纠正意见，保证侦查工作从一开始就依法进行，切实维护犯罪嫌疑人的合法权益。

（二）律师提前介入面临的法律风险

《律师法》第3条规定，律师执业必须遵守宪法和法律，应当接受国家、社会和当事人的监督。因此，律师发现犯罪而予以纵容、包庇，显然有违法律规定。但若以发现犯罪、打击犯罪作为律师的义务，又有悖于律师的职能，从而使国家的辩护制度陷入名存实亡的境地。因而应区分情况，具体问题具体对待。若犯罪嫌疑人有严重危害国家主权和领土完整，严重危害社会治安的犯罪事实，不检举揭发就可能使国家和人民生命、财产造成重大损失，律师作为社会的一分子，有义务维护国家的领土完整和社会的繁荣、稳定，对这种情况，应当检举、揭发。除此之外，对于犯罪嫌疑人危害社会治安和人民财产安全的一般刑事案件，律师应当有权利不予检举、揭发。由于刑事诉讼法对律师保守职务秘密并没有规定豁免的权利，因而在实践中律师要慎重对待。

《刑事诉讼法》规定，辩护律师不得帮助犯罪嫌疑人隐匿、毁灭、伪造或者串供，不得威胁、引诱证人改变证言或者作伪证以及进行其他干扰司法机关诉讼活动的行为；违反规定的，依法追究法律责任。这一规定无疑是十分必要的，如果律师在调查取证时弄虚作假，明知犯罪嫌疑人有罪而串通犯罪嫌疑人、证人隐匿罪证，制造伪证，当然应该依法予以处理，但问题的关键在于何谓引诱？何谓威胁？律师工作是具体操作的行业，以什么标准来判断引诱、威胁较难把握。律师可以质证，但却不敢纠正原来的证词，否则就会追究法律责任。质证对于控辩或庭审非常重要，公诉人可以对证人质证，而律师质证时则必须小心翼翼，以免违反质证规则构成威胁、引诱。同时，在实践中，如何认定律师威胁、引诱证人及怎样界定律师是正常执行职务还是干扰司法机关的诉讼活动则是困难的。这里面涉及两个问题：

第一，律师的职务权利，也就是律师的职能活动如何依法保障；第二，律师个人的民主权利，具体来讲就是律师人身权利如何保障。律师依法履行职责应受到法律保护，对律师职业行为的法律保障，是一个社会法制完善程度的标志。在刑事诉讼活动中，律师的职责是保障犯罪嫌疑人的合法权益，如果律师职业行为没有法律保护，动辄被以“包庇罪”“伪证罪”追究法律责任，律师将无法完成法律赋予的辩护职责。如果将衡量律师行为是否合法的权力完全交由司法机关行使，由司法机关自由裁量，则律师的人身权利将难以得到有效的保障。

律师必须遵守刑事诉讼法所规定的律师在提前介入阶段履行的义务：

（1）在为犯罪嫌疑人提供法律咨询时，可以为其解释所涉嫌罪名的犯罪构成要件，但不得对本案事实发表任何倾向性意见。

（2）代理犯罪嫌疑人提出申诉、控告要重证据，不轻信口供。

（3）会见犯罪嫌疑人，在会见场所隔离不完善时，尽量安排两名执业律师在场。严禁犯罪嫌疑人的近亲属前往会见，严禁为犯罪嫌疑人夹带传递字条、物品或现金。

（4）收集的有关犯罪嫌疑人不在犯罪现场、未达到刑事责任年龄、属于依法不负刑事责任的精神病人的证据，应当及时告知公安机关、人民检察院。

（5）不得违反规定会见公安、检察人员，不得向公安、检察人员请客送礼或者行贿，或指使、诱导犯罪嫌疑人的近亲属行贿。

（6）不得提供虚假证据，隐瞒事实，不得帮助犯罪嫌疑人隐匿、毁灭、伪造证据或者串供，威胁、引诱证人改变证言，作伪证，或者提供虚假证据，隐瞒事实真相。

（7）不得进行其他干扰公安、检察机关侦查活动的行为。

相互尊重，相互理解，相互支持，相互配合，是正确处理律师的提前介入与公安、检察机关良好业务关系的关键。

相互尊重，相互理解，是为人处世的最基本的准则。律师与公安、检察人员交往也必须遵循这一原则。律师不可能试图去改变公安、检察人员的性格、品行和办案风格，也不可能采取不当方式、方法去说服公安、检察机关的办案人员非得赞同自己的观点，因而如何做到不亢不卑，以使工作顺利开展，律师在工作方式和方法上予以讲究是必要的。首先，应尊重公安、检察人员的人格。公安、检察机关是国家机构的重要组成部分，肩负着发现犯罪、打击犯罪、保障社会长治久安的重任。因而应充分地尊重他们的人格，理解他们的工作方式和工作作风。其次，不轻易否定公安、检察人员的劳动成果是很重要的。由于犯罪日益隐蔽给侦查带来的困难，公安、检察机关在突破重重困难发现犯罪线索并最终捕获犯罪嫌疑人后，此时证据可能并不是很充分，律师应当理解这种情况，不轻易否定他们的劳动成果，是对他们工作支持的最好保证。最后，应当在工作中相互配合，多交换意见和对案件的看法，不要留“杀手锏”，这样有利于公安、检察机关准确地适用法律。有的律师在发现案件事实有出入或适用法律有误时，并不是及时地提出，请求公安、检察机关予以核实，而是留到在法庭质证时抛出，给检察人员难堪或尴尬，这样做无非为了表现律师的水平，有违律师的职责，不利于维护犯罪嫌疑人的合法权益。

典型案例九：薛某辩护人伪造证据罪

入选理由：代理律师因为当事人脱罪炮制证据获罪

检察机关指控，2006 年 11 月 17 日，犯罪嫌疑人薛某（某律师事务所律师），为了使涉嫌犯强奸罪的犯罪嫌疑人陈某（已判决）逃避法律制裁，在海淀区看守所外引诱被害人辛某某书写了其与陈某互不知道对方年龄的虚假材料，并将该虚假材料递交给陈某案件的承办民警。后在犯罪嫌疑人薛某的提议下，犯罪嫌疑人陈甲（陈某的继父）、犯罪嫌疑人陈乙（陈某之弟，另案起诉）伪造了被害人辛某某案发时年龄超过 14 周岁的身份证，由犯罪嫌疑人薛某将该伪造的身份证递交给陈某案件的承办检察官。2007 年 3 月 7 日，犯罪嫌疑人陈甲被抓获归案；同年 3 月 9 日，犯罪嫌疑人薛某被抓获。

检察机关认为，犯罪嫌疑人薛某作为辩护人，伪造证据、引诱证人违背事实改变证言，其行为已构成了辩护人伪造证据罪；犯罪嫌疑人陈甲帮助当事人伪造证据，其行为构成了帮助伪造证据罪，故提请法院依法判处。

第 6 章
辩护构思：胸有成竹的沙盘兵演

收集、整理与分析证据材料的目的是支持自己的抗辩主张。辩护律师在开庭前就要分析哪些是用来支持无罪主张的，哪些是用来驳斥对方有罪指控的，哪些是用来对案情进行定性的，哪些是用来证明犯罪嫌疑人具有法定减免情节的。在出庭前辩护律师要形成自己的辩护提纲，这个辩护提纲要有异于辩护词或答辩词，与辩护词或答辩词有各自不同的目的。辩护词是在开庭后律师集中思维对案情的详细阐述与解释或主张或申辩。而辩护提纲是在开庭前律师对案情的简单描述，就相当于一张较为清晰的构思图，或者说是辩护律师对整个案情的把握与庭审中论辩的预测，但线条简洁，思维清晰。简洁的语言，习惯性的线条勾画就能反映出律师对案件的所思、所想，以及下一步的所作、所为。

一、法庭辩论前的准备工作

辩护律师在构思辩护框架前，应做好充分的准备工作，切忌“临时抱佛脚”，仓促上阵。辩护的框架构思一般安排在开庭前两三天，并做如下准备工作：

1. 做好时间安排

辩护律师应当提前对开庭时间做好安排，防止出现冲突，并根据安排做好备忘提示。

2. 倾听当事人陈述

辩护律师要不厌其烦地倾听犯罪嫌疑人或委托人对案情的叙述，并要善于提问，就其陈述中不清楚或不十分清楚的情节或案件细节反复询问，让其解答。有些证据线索就是从当事人认为无关紧要甚至完全无关的细节中挖掘出来的。当事人道听途说、街谈巷议的内容有时也不能放过。

3. 阅读和研究证据

辩护律师应当反复阅读、抄写、摘抄证人证言、鉴定结论、报案材料、被害人陈述，仔细研读指控方的指控指向，查阅书证，认真研究物证照片，查看原物，辨别真伪。争取把每个证据的基本内容与要点都熟记于心，不仅要研究关键性的证据，对不引人注意甚至被认为是枝节的问题，也应反复推敲，加深记忆，破绽往往就在这些地方。

4. 编写证据目录与说明

编写证据目录与说明是一项非常重要的工作，目录与说明应对每个证据的形式、证明对象、举证目的、证据来源、编号及各证据的内容摘要进行详细列举，逐一说明，末尾为“××辩护律师编制，××××年×月×日”这使人一目了然。事实上庭审法官、检方对编写证据目录及说明都很乐意接受，并给予肯定。

5. 吃透基本案情

辩护律师在占有大量证据的基础上，应当反复熟悉案件事实，吃透案情。弄清案件事实后方能给案件定性，确定指控方所指控的罪名是否确切，确定所涉案件中的人与事联系起来构成何种法律关系，对诉讼的胜败至关重要。法律关系与犯罪构成取决于法律事实和与之相适应的法律规定，所以，辩护律师必须培养其对事物的洞察力和高深的法学理论功底，并对之善于灵活运用，才能判断准确，恰当定性，正确适用法律、法规和司法解释。

6. 形成自己的诉讼观点和意见

诉讼观点是辩护律师经过认真研究、准确记忆和反复思考检索这样一个复杂的脑力劳动后所形成的对案件的基本看法，它将对委托人有利的证据和事实上升到法律的高度，得出犯罪嫌疑人行为合法或行为违法的主观意见，借以引导法官的裁判思路。

（一）构思辩护框架

在参加刑事诉讼庭审前，辩护律师一定要拟定好辩护框架，以便开庭后能够按照事先拟定的战略实施抗辩。辩护框架主要包括基本的辩护方向或辩护线索、证据清单与法律的适当引用。一般来说可通过以下线索构思辩护框架：

（1）按事情发生线索寻找案件当事人，推断当事人应有的行为，事情发展应留下的痕迹。

（2）按时间发生线索对事情进行还原，分析其中的漏洞和不合情理之处。如在某一故意杀人案中，办案律师通过时间线索，对证人的陈述进行分析，发现证人与犯罪嫌疑人所处的位置在当时的时间范围内是根本看不清犯罪嫌疑人的面孔的，并以此线索找到当天的月相资料及当地气象资料，进一步证明自己的推断，从而否认犯罪证人证言。

（3）按当事人提供的材料组成的线索。

（4）按照查阅控方提供的卷宗材料组成的线索。

（5）对案件的信息和细节进行仔细考证，分析、推理形成思维链。

（6）依据法理关键词来形成辩护构架。特别是对于己方绝对优势的法理关键词要及时抽取。

组织辩护框架前一定要分析本案应当具备哪些证据，而目前还缺少哪些证据；厘清本案适用哪些法律、法规、司法解释，哪些又是如何不适用，还要寻找哪些相关法律来支持自己的观点。而这些都是形成辩护框架的基础或支撑所在。

（二）制作证据清单

辩护律师在分析完已收集的证据材料之后，就要制作证据清单，对证据材料进行编号、分组、分类，简要说明证明方向。对于制作的证据清单在开庭前最好不交与法庭，在质证的过程中拿出来效果最好，这样法官就会感到你的辩护思路清晰，会很快产生认同感。

刑事诉讼证据清单与民事诉讼证据清单不同，主要是民事诉讼证据清单分为原告证据清单与被告证据清单两份，而刑事诉讼证据清单一般以检方提供的证据为主，抗辩方提供的是补充证据清单，如果脱离了检方的主诉证据清单，就难以达到抗辩的目的。也就是说刑事诉讼证据清单不能只局限于己方收集的证据资料，还要充分利用检方提供的主诉证据资料。

证据清单一般要有以下清晰的内容：

（1）分组、编号、简要证明方向；（2）证据的法理分析，主要是证据的真实性、合法性与证明性；（3）优势证据分析说明。

刑事诉讼的证据清单并不都是己方所收集的证据，也可包括检方提供的主诉证据清单中认为对己方有利的证据，以之作为反证比己方收集的证据更为有效。

优势证据规则是基于盖然性证明标准而形成的规则。依据现代刑法理论，刑事诉讼指控方负有举出所指控人所犯罪刑的事实材料的责任，即刑事诉讼一般由指控方负责提出“清楚和有说服力”的证据，以此成为法官认定事实的唯一标准。这也是为什么裁判犯罪嫌疑人有罪时，判决书一般引用指控方的证据，而忽略抗辩方所提供的证据。

辩护律师在向法庭提交证据时一定要对证据的优势程度十分明了。

（三）熟悉相关法条

辩护律师接手案件后，首要的事是把案件所涉及的法律规定都检索出来，穷尽法律之规定。主要是刑法总则中有关减、免、缓的法条，刑法分则中的涉罪法条，以及相关的刑法修正案及司法解释。

把可能要用到的法律条文和规定按照一定的先后顺序收集整理好，把相关的条文单独列出来，放在一个文件里。

笔者查找法律法规的顺序一般是：刑法及修正案，权威部门的司法解释，权威部门的相似答复意见等。

基础工作做好了，以后再遇到同类案件，只要搜索一下有没有最新规定就可以了，但是一案必须有一个单独的记载具体法律、法规条文的文件。这样就可以保证在法庭上不适用法律错误、不说漏法条、不闹出辩护律师不知该适用哪一法条的笑柄来。

将案件所需要适用的法律、法规及司法解释的条款摘录下来单列一页，作为开庭的备忘材料，注意注明出处、颁布时间、生效时间、颁布部门和法规性质、效力等级等内容，以备当庭引用，最好提前给主审法官也准备一份。

（四）完善庭审提纲

笔者一向倡导辩护律师要预先做好庭审提纲，庭审提纲的内容无非包括以下几个方面：

1. 事实和证据摘录或摘要

由于刑事案件的举证责任的重心在指控方，因此，辩护律师要重点研究控方的证据链是否牢固，要善于发现证据中对己方有利的点，能够形成反证观点的要显著标注清楚，同时要分析是否需要自己补充证据或申请法庭调查证据或申请特定的证人出庭作证。

对辩方自己提交的证据，案件中所有的事实与证据都必须按递交法院交付的证据顺序编号，并逐一作简要说明，对存在的问题和质疑重点予以说明，并用荧光笔作适当标记。

证据摘录或摘要是辩护律师在开庭前最重要的一项准备，往往直接决定庭审的效果。这是一项很细致也很烦琐的工作，但又不能不做，尤其是对案情复杂，证据种类庞杂、数量繁多的，不做此准备在法庭上根本无以应对。

2. 分析好案件的疑点

刑事诉讼与民事诉讼有着本质的差别，民事诉讼可以通过一方的让步达成和解，而刑事诉讼不存在一方的简单让步，但对于抗辩方来讲，能够找到指控方的疑点，而指控方又不能给予正确解释的，即说明抗辩有力。

3. 分析好犯罪构成

分析好犯罪构成，是辩护律师弄清案情的基础，如果连犯罪构成都没有厘清，其辩护思路就不可能正确。

在分析犯罪构成过程中，要重点围绕控方指控的罪名和罪状从犯罪主体、犯罪客体、犯罪主观方面与犯罪客观方面等进行分析，适当留意作案时间、地点、工具、情节、结果，犯罪嫌疑人的工作性质及年龄，同时弄清是否为初犯，在犯罪中的地位与作用等，要在构思图中作简单描述。

4. 界定双方争议的焦点

辩护律师应对起诉状和答辩状进行比较研究，将有争议的事实和理由罗列出来，以确定双方争议的焦点，并围绕该焦点筛选有关的证据，将原告起诉证据与犯罪嫌疑人答辩证据进行比较和鉴别，寻找事实上和法律上的突破口。在焦点界定的过程中，最好能够根据所涉及的法理问题抽取几组关键词，便于辩论时临场发挥。

在法庭辩论环节，法官会先讲："本案经过控辩双方的举证质证，已经清楚了，现在围绕着这样几个点我们来讲这些问题。"这时如辩方把法庭辩论的焦点问题提炼出来，就等于占领了法庭辩论的制高点。法律功底的深和浅，在相当程度上不在于他说了多少，而在于他提炼了多少。所以，归纳总结、提炼案件焦点是辩护律师一个非常重要的基本功。因此，辩护律师就要提前对争议焦点提炼几条，到辩论时使用。

5. 完善辩护提纲和辩护意见

辩护律师可根据案件基本事实，编写一个辩护提纲。辩护提纲主要是针对证人、鉴定人、对方当事人发问内容、举证顺序及与对方证据的质证要点和反击要点所形成的基本思路或辩护行动顺序。

辩护意见主要根据手头掌握的正反两方面证据所证明的案件事实，以及已经界定的法律关系，围绕双方争议的焦点，依据法律、法规及司法解释和法学理论形成。辩护意见不宜过细，因为辩护律师还必须根据庭审中出现的新情况、新问题及时充实内容、进行修改完善，过于具体详细反而会束缚手脚。

辩护词的主要内容和依据的法律、法规，以及事实的陈述，辩护律师庭前应该有个大概的准备，文书主要内容应该具备，只是枝叶细节要根据庭审情况予以调整。这样在辩论或辩护时，条理就会非常清晰，起码不会颠三倒四，给人以语无伦次之感。

还有一点就是与诉讼主张相关的一些数字性的请求，需要事先计算，特别是对于涉及经济数额的案件，在庭审前一定要做到心中有数。

6. 特殊的标记符号

在辩护提纲中，要有自己一眼就能明辨的习惯性标记符号，如共同犯罪嫌疑人之间的关系，现场的相对位置，证据之间的时间顺序，经济犯罪中金额收受情节等。这些符号能够说明哪些是重点，哪些能够代表先后发言的顺序，哪些能够代表关键的有利因素等。有的还能表明哪些是当庭需要强调的，哪些是要当庭向犯罪嫌疑人或证人发问的，哪些是绝对不能退让的。做标记根据个人习惯可以是问号，可以是三角形，也可以是联络号等。

7. 根据提纲临场发挥

辩护律师出庭 80% 以上的学问都在一张提纲中。这是保证辩护律师在法庭上应付自如的最好的工具。辩护律师最不好的习惯就是临场去翻证据、找条规、整理发言的内容或提纲。这样肯定会无暇顾及对方的意见和法官的意见，而且一旦找不到、找不准，自己就会心里发慌，乱了方寸。辩护律师更不能按照已写好的辩护词一字不差地在法庭上通篇一念。因为通过举证、质证后，你的辩护意见可能要发生变化，甚至有些观点要被推翻。

法庭上无论如何都要保证自己已经准备好的东西能够说出来、提出来与交出去。对对方的意见只记录与案件有关的，对案件定性和主张成立有影响的内容。对于无关紧要的话只能“左耳朵进右耳朵出”了，同时一定要给自己争取思考的时间，以发问或者让对方查找相关证据的方式，来为自己争取时间，所以辩护律师出庭前也要为自己准备一些发问的问题，哪怕是根本用不着，也要多准备几个。这往往是由被动到主动，为自己争取法庭主动权的有效手段。

并不是说临场发挥不重要，当然很重要，但是这其中一定有个熟能生巧的过程，刚做辩护律师不要太迷信权威，遇到重大问题一下子解决不了，最简单的方法就是申请延期开庭、申请新的证人到庭，或者申请法庭调查辩护方难以收集的证据，或者干脆找法定理由让主审法官决定休庭。

辩护律师在法庭上一定要有说“不”的勇气和能力，这也很重要，很多新手在法庭上不懂得如何应对法官的提问或安排，结果在法庭上死拼硬打，却出不了好的效果。

二、立足反驳：做好撰写辩护词这篇大文章

辩护律师最不负责的行为就是将早已打印好的辩护词当庭直接交给法官，而不根据开庭情况进行调整。这种行为既不够严肃也显得不够专业。因为辩护律师失去了一次通过提交辩护词与法官沟通的机会。一般来讲，提前准备好的辩护词总有不尽如人意的地方，特别是对于事实的认定、对于证据的确认总有要完善之处，需要开庭后有一个结合案情重新梳理的过程。有时还需要代理律师回去再总结、修改，最后完善，在与犯罪嫌疑人或其家属沟通一致后，再将一些在法庭上没有辩论清楚的问题以辩护词或补充辩护词的方式进行补充。辩护词定稿后，在规定提交时间前还要与主审法官或书记员预约提交时间，在提交时将自己的观点再次向法官阐述，以了解法官的判案倾向。

因此，辩护律师切忌当庭将辩护词提交法庭，要认真结合开庭情况，撰写好辩护词。

（一）辩护词的写作技巧

撰写辩护词，是辩护律师对前期各项辩护准备工作的高度概括与总结，也是从辩护前的准备工作到法庭辩护的必要环节。可以说从一篇好的辩护词当中不仅能够看出辩护律师的法理功底，还可看出辩护律师前期工作对案情的理解程度，以及辩护律师对控方指控的熟悉与认同程度。由于刑事辩护有异于民商代理行为，不像民商代理中既要反驳对方，又要有自己的主张，还要对对方的反驳进行回应。相对民商代理来讲，刑事诉讼不具有反诉的特征，辩护律师也

不具有主张罪名和罪状成立的义务。辩护律师主要是针对控方指控进行反驳，所以反驳是辩护律师做好辩护词这篇大文章的立足之点。也可以说，任何辩护工作的目的都是围绕反驳控方对犯罪嫌疑人的指控而展开的。

辩护词是辩护人为维护刑事犯罪嫌疑人的合法权益，根据事实和法律，在法庭辩论中，为证明犯罪嫌疑人无罪、罪轻或者要求减轻、免除其刑事责任发表的演说词，也是辩护人在法庭中与控方展开辩论，以书面形式说服法官裁定犯罪嫌疑人无罪、罪轻或者要求减轻、免除其刑事责任的法律文书，实质上属于辩护律师庭上展开抗辩的备忘录。

在通过质证、举证及交叉询问证人，听犯罪嫌疑人当庭发表陈述性意见之后，辩护律师会根据程序性要求，当庭发表辩护意见，也只有通过发表辩护词，才能实现其辩护职能，达到维护犯罪嫌疑人合法权益的目的。

辩护词虽然没有统一规定的内容和格式，但是在辩护实践中，大体上已经形成了一种较为固定的格式。

一般来说，辩护词有首部、正文和尾部三个组成部分，其中首部和正文是核心。

首部包括标题、称谓和辩护引言。

标题：写“关于×××（犯罪嫌疑人姓名）××案件的辩护词”或略写为“辩护词”。

称谓：一般以“审判长”“人民陪审员”或“审判长”“审判员”开头。

辩护引言：引言的主要内容有：

（1）写明自己出庭辩护的合法性。说明单位受人委托，本人受单位指派。比如，天津某律师事务所受某人的委托，指派某律师为某犯罪嫌疑人的辩护人。

（2）说明发表辩护意见前做了哪些具体的工作，一般会说明实施了阅卷调查、会见犯罪嫌疑人等。

（3）写明对法庭调查及本案性质的基本观点，特别是与指控方有明显分歧意见的观点，或自己对本案的定性认识。

在引言和正文的过渡部分，还可适当说明以下事项：

第一，向法庭说明出庭行使辩护权的根据；第二，简要但明确地概述辩护人对案件的基本看法。

正文：正文即辩护理由，是辩护词的核心内容，是辩护人为维护犯罪嫌疑人的合法权益所要阐明的主旨，应该从犯罪嫌疑人的行为事实出发，对照有关的法律规定，论证犯罪嫌疑人无罪、罪轻或应该予以减轻甚至免除其刑事责任的意见和根据。因此，通常围绕是否构成犯罪，属于何种罪名，有无从轻的法定条件以及诉讼程序是否合法等问题展开辩论和论述。

写好一篇辩护词，要选好辩护的主要方面。

1. 从犯罪事实方面进行辩护

通常有四种情况：

（1）起诉书指控的事实根本不存在，或者部分不存在，可作无罪或罪轻的辩护。

（2）起诉书指控的事实不清，证据不足，可作要求延期审理，退回补充侦查的辩护。

（3）起诉指控的事实虽然存在，但犯罪嫌疑人具有不负刑事责任的法定条件，可作不负刑事责任的辩护；或者指控的事实确已作过处理，可作不应再予判刑的辩护等。

（4）起诉指控的事实存疑，或者具有假设性前提，可主张疑罪从无。

2. 从适用法律方面进行辩护

辩护人应针对起诉书的不当之处，进行揭露和反驳。例如，援引法律不当，确定罪名不当，量刑偏重，犯罪嫌疑人具有从轻、减轻或者免除处罚情节未予考虑。

辩护人应当阐明怎样理解和援引法律才是正确的，并提出自己对援引法律的意见。特别是认为不应适用刑法法律时，应提出具体的民商法或治安处罚法的具体引用条款，从而引导法庭正确适用法律。

3. 从情理上进行辩护

这可以联系犯罪行为的一般表现和犯罪嫌疑人的一贯表现，包括犯罪起因、犯罪后果、认罪态度、悔罪表现等，紧紧抓住对犯罪嫌疑人有利的情节和条件全面地分析，充分地说理，认真维护犯罪嫌疑人的合法权益。情理往往在是否适用死缓、缓期执行及减轻或免除犯罪嫌疑人的刑事处罚上有较好的辩护效果。

情理在家庭纠纷引起的刑事案件、熟人之间因一时冲动引起的刑事案件，以及因环境污染引起的刑事案件上往往具有较好的抗辩效果。

4. 从科学推理上进行辩护

在辩护过程中，可能双方对事实的认识或认同存在较大的差异，形成诉讼争议焦点，这就可能引发控辩双方从科学推理上进行辩护。例如，在一宗杀人案的法庭辩论中，有一证人指认在离现场 15 米远的地方看到犯罪嫌疑人在案发时间出现在现场。庭后，辩护律师到气象部门调取当天的气象资料，说明在当时的气象条件下，证人是不可能看清犯罪嫌疑人的。当证人说是借着月光看清时，辩护人又进一步从证人与犯罪嫌疑人的相对位置，以及当时月亮的位置，通过科学分析，证明证人同样也看不清犯罪嫌疑人。在科学分析与推理面前，证人最后道出实情，只因与犯罪嫌疑人以前有过小的纠纷，加之犯罪嫌疑人平时在村民中的口碑不好，就出来指认。这样就将辩护立足于科学的推理上。

5. 从法理上进行辩护

在辩护过程中，可能双方会对法律的适用产生争议，形成对一些法律专业用语理解上的差异，从而形成争议焦点，这就可能引发控辩双方从法理上进行辩护。例如，在一宗以绑架罪指控的案件审理过程中，辩护律师就绑架罪与非法拘禁罪与控方展开了激烈的辩护，辩护律师认为由于受害人与犯罪嫌疑人之间涉及经济纠纷，犯罪嫌疑人为了达到让受害人还清债务的目的，将其骗入公司车辆后，强行拉回公司，并由专人看守，要求其在一定时间内还清债务。由于在司法实践中，有确实充分的证据证明犯罪嫌疑人与被害人存在债务关系的，一般都会定性为非法拘禁罪。因此，在此罪与彼罪的辩护中，从犯罪构成上解释绑架罪与非法拘禁罪的法理问题就成了双方辩护的中心。

6. 从犯罪构成上进行辩护

犯罪构成是最容易让指控方或法官认同的辩护模式，因为犯罪构成明了，对于案件定性具有十分重要的作用。

以上所述辩护理由的六个方面，并不是辩护词的全部内容，也不是每一篇辩护词都必须具备的，案件是千差万别的，辩护词的内容也是灵活多样的。辩护要成功，其关键就在于辩护的理由必须真实、充足、有力。写好辩护理由的原则是必须尊重事实和法律，善于有针对性地运用事实和法律，切忌模棱两可和提出无理要求，更不能颠倒事实，歪曲法律。

尾部：尾部即结束语，写明辩护人的最后要求和意见。一般应写两方面的内容：

一是对全部辩护词进行归纳总结，重申辩护的主旨。

二是向法庭提出请求和建议。请求法庭对辩护人的辩护理由给予充分的考虑和足够的重视，或者向法庭提出对犯罪嫌疑人如何定性量刑，适用什么法律条款的要求和建议。

（二）辩护词应注重的细节

从细节上来讲，写辩护词时，应从以下几个方面加以关注：第一，主旨突出、视角独到；第二，思路清晰、观点明确；第三，内容简洁、意见明了；第四，心态平和、语气平缓；第五，重在反驳，意在说服；第六，说出事实，点睛法理。

实践中，可以通过研究起诉书着手写辩护词。起诉书是指人民检察院代表国家或自诉人，依法将该追究刑事责任的犯罪嫌疑人，按照审判管辖的规定，向人民法院提起公诉或自诉，要求人民法院对犯罪嫌疑人进行审判而制作的一种诉讼文书。

由于起诉书是指控犯罪嫌疑人犯罪和对犯罪嫌疑人如何适用法律的报告性文件，作为一个辩护律师，在接受了委托或指定，并拿到起诉书之后，就应当认真地对它进行研究；同时，辩护工作应针对起诉书的指控而展开。辩护的观点只能从起诉书所指控的内容中反向引申出来，故不研究起诉书，不掌握起诉书指控的基本情况，辩护是不会有的放矢的。

起诉书中需要注意的基本内容包括以下几个方面：

（1）注意犯罪嫌疑人的特定事项、自然情况，尤其应注意犯罪嫌疑人的出生年、月、日及是否有前科。

（2）起诉书认定的犯罪事实是否清楚。包括：犯罪时间、地点，犯罪嫌疑人数，犯罪嫌疑人的犯罪动机、目的，犯罪方法、手段、工具，犯罪行为顺序，犯罪的重要情节，行为的危害、后果。

（3）起诉书所依据的证据是否确定、充分，证据来源和证明力如何，有什么矛盾和疑问。

（4）犯罪的罪状、罪名的认定是否正确，适用的法律条、款、项是否适当。

（5）是否有属于依法不应追究刑事责任以及依法应予以从轻、减轻、免除其刑事责任的情节，这些情节是否清楚。

（6）犯罪嫌疑人在犯罪中、犯罪后以及被收审前后的态度表现。

（7）如果是共犯，每个行为人特别是犯罪嫌疑人在共犯中的地位、作用和次序排列情况。

（8）被害人有关情况及犯罪嫌疑人与被害人之间的关系。

（9）有无遗漏罪行和其他应当追究刑事责任的人。

（10）有无附带民事诉讼。

（11）侦查活动是否合法。

三、从起诉书的案情中引出辩护观点，寻找辩护论据材料

研究起诉书，除掌握它所认定的有关犯罪和重要情节外，还要注意从中直接找出需要辩解的问题和内容。这样，可以使辩护人的工作得到简化，不必去做某些徒劳的工作。特别是发现起诉书认定的事实有错误或者不当时，律师就不必再去重新认定事实的存在情况，可以直接就起诉书认定事实上的错误，来运筹辩护方略。

反驳要找到反驳的要点。经济学中有一个“二八法则”，说的是 20% 的人掌握着世界 80% 的财富。后来经过延伸，说任何工作都要用 80% 的精力解决工作范围中 20% 的关键问题，而这 20% 的关键问题可能就占任务量的 80% 。在刑事抗辩中，针对公诉书提出抗辩同样可以只找到其中 20% 的内容作为重点，

而其他80%作为次要关注。而20%的内容你要集中80%的精力去研究，去发现突破口。

有的起诉书，在认定事实和性质上的错误、不当，可能是明显的，有的则不一定明显。像一些复杂的案件，很难直接地从起诉书上引出辩护观点，需要经过阅卷、会见犯罪嫌疑人，甚至调查之后，才能形成辩护观点。为了有利于辩护观点的形成，在研究起诉书的过程中，要注意寻找辩护的论据素材。可从以下几个方面寻找：

（1）假定起诉书认定的犯罪事实是真实的、可靠的，以此为基础，来研究这些事实本身是否构成犯罪。如不构成犯罪，则可组织材料直接作无罪辩护；如构成犯罪，再看定性是否适当。

（2）看其是否存在刑法上关于故意犯罪和应负刑事责任的情形。

（3）看引用的法律条文是否正确。例如，有的起诉书叙述的犯罪事实明明只构成轻伤害罪，但引用的法律条文却是关于重伤害罪的规定。这就是适用法律不当。

（4）看对犯罪嫌疑人行为危害性及从重情节的论述是否恰当。

（5）看起诉书认定的事实是否清楚、有无矛盾。例如，有的起诉书简单地认定几名犯罪嫌疑人将被害人致伤，究竟是哪个犯罪嫌疑人致伤，没有明确肯定，此为不清。又如，起诉书说犯罪嫌疑人持钝器伤害了被害人，但经鉴定被害人是由双刃刀致伤，此为矛盾。

（6）看起诉书对共同犯罪中每个犯罪嫌疑人的地位、作用认定是否适当。在一般情况下，起诉书对共同犯罪案的犯罪嫌疑人起诉时，都是按照犯罪嫌疑人罪行严重程度从重到轻依次排列的，我们要从认定的犯罪事实中看出这种排列是否合适，因为排列不当，就涉及犯罪嫌疑人在共犯中的地位、作用和刑罚轻重问题。

（7）注意起诉书直接认定的从轻情节，如犯罪嫌疑人自首、揭发同案犯及其他人的犯罪行为、犯罪中止、未遂、认罪态度等情节。如果有，可以把它直接作为辩护的依据。

（8）依据起诉书认定的犯罪事实，查阅和熟悉有关法律条文，核对指控与法律规定是否准确。

（9）依据起诉书的内容，拟定阅卷提纲。

在研究起诉书的过程中，对有关问题要做好记录，当把起诉书研究完之后，就应考虑下一步的工作——阅卷。因此，应拟定查阅案卷的提纲，以便逐一核实起诉指控涉及的问题。可采取以下做法：

（1）把起诉书上认定犯罪嫌疑人的犯罪事实、重要情节，分别罗列出来，如果认定犯罪嫌疑人犯有数罪，应按各罪分别列出，以便在阅卷或调查时，作为第一类问题进行核实。

（2）把起诉书认定的法定或酌定的从轻、减轻情节列出，把它放在第二类问题中，阅卷核实，以便确定是否更便于认定。

（3）把起诉书中的矛盾点，一一列出，留待阅卷、会见犯罪嫌疑人或调查时进一步核对。

（4）犯罪嫌疑人自然情况中有无特殊、需要注意的问题。对犯罪嫌疑人刑事责任年龄的划分，特别是对有可能判处死刑的，应重点核实其出生年月日。

阅卷对辩护律师来说，是了解案情的主要途径，是有针对性地确定辩护观点的基础，是搞好辩护工作的又一个关键环节。

辩护律师查阅案卷的目的，在于了解和核对以下情况：

（1）起诉书指控的犯罪事实是否存在。

（2）如果犯罪嫌疑人无罪，为什么被以有罪起诉。

（3）如果犯罪嫌疑人有罪，其犯罪性质和罪名是什么，犯罪是在什么时间、地点进行的，其动机、目的、手段、情节、危害后果怎样。

（4）认定犯罪的证据是否确实、充分，证据与案情、证据与证据之间有无矛盾。

（5）犯罪嫌疑人犯罪的主、客观原因和条件是什么。

（6）犯罪嫌疑人犯罪的表现怎样，是否有自首、立功。

（7）对于共同犯罪案件，各犯罪嫌疑人在犯罪中的地位和作用如何，认定主犯、从犯、胁从犯的根据是什么。

（8）侦查、起诉过程中，有无刑讯逼供、诱供等违法情况。

四、完美辩护抗辩模式一二三

对于代理律师来讲，一定要总结出自己常用的抗辩模式，这样可以节省很多办案的时间，同时也可固化自己的抗辩思维，从而减少差错率。

几种基本的辩护理由模式：重罚辩轻；免罪辩护；无罪辩护。

以重罪辩轻的模式来讲，可以从以下几个方面展开：第一，此罪与彼罪的辩护；第二，一罪与数罪的辩护；第三，共同犯罪中次要地位、次要作用的罪轻辩护；第四，未完成形态的罪轻辩护；第五，社会危害轻的罪轻辩护；第六，法定或酌定的罪轻辩护；第七，自首与立功方面的罪轻辩护；第八，犯罪动机与情节方面的罪轻辩护；第九，量刑幅度上的罪轻辩护；第十，减轻社会影响方面的罪轻辩护。

以免罪辩护的模式来讲，可以从以下几个方面展开：第一，法定豁免的免罪辩护；第二，没造成社会危害的免罪辩护；第三，情有可原的免罪辩护。

以无罪辩护的模式来讲，可以从以下几个方面展开：第一，无刑事责任能力的无罪辩护；第二，一般违纪行为的无罪辩护；第三，法定豁免的无罪辩护；第四，法定合法的无罪辩护；第五，疑罪从无的无罪辩护。

第 7 章 路径选择：依据事实与法律确定合适的罪刑辩护策略

众所周知，奠定三国鼎立基业的是赤壁之战。该战役将星云集，称得上是中国古代极负盛名的一场争夺战。曹操面对孙刘联盟，企图毕其功于赤壁之役一统天下，却落得个“樯橹灰飞烟灭”的惨败下场。以强负弱，曹操的致命失败到底是什么？据史家分析，曹军不擅长水战应是最重要原因之一。曹操此前仅匆匆训练了半年水军，新收降的荆州水军尚待磨合，要战胜精于水战的吴军，短期内绝非易事。可以说，曹操过于轻敌错判了敌我实力，又急于求成对长江天险的形势影响估计不足，导致决战策略失误，这才有了赤壁大败。

“用兵之道，在于因敌变化而制胜”，刑事抗辩也是如此。刑事辩护如战场瞬息万变，只有讲究策略应对之道，抗辩才能立于不败之地。就算曹操在北方如何了得，长江天险还是让他一战败北。败就败在路径选择上，而诸葛亮胜也就胜在了路径的选择上。对于刑辩律师来讲，一定要注意路径的选择，不要输在起点上。即使把握十足的无罪抗辩，无论证据多么牢固，法律适用多么有利，作为辩护律师也绝不能掉以轻心。追求完美才是最重要的，不要轻信对手，在没有就事实和法律与对手作针锋相对的辩驳之前，如果妄下结论，极有可能埋下败诉的隐患而招致本可避免的挫败。从抵御风险的角度出发，辩护律师一定要学会未雨绸缪，居安思危，不能因为一时判断有利就不愿意往下继续做实做细，而应始终着眼于最后的结果。

一、路径依赖：马屁股决定脑袋

按照心理学与行为学理论，习惯、习惯思维的一切表现都可以用“路径依赖”来解释。它告诉我们，要想路径依赖的负面效应不发生，关键是在最开始的时候就要找准一个正确的方向。一个人一旦形成了基本的思维模式，就会影响他的一生，除非他中途改变了这个模式。

“路径依赖”理论是1993年诺贝尔经济学奖得主道格拉斯·诺思第一个明确提出的。他认为，路径依赖类似于物理学中的“惯性”，一旦进入某一路径（无论是好的还是坏的）就可能对这种路径产生依赖。而这一路径的既定方向会在以后发展中得到自我强化，人们过去做出的选择决定了现在及未来可能的选择。

实质上“路径依赖”或多或少受思维主体情感类聚思想的影响。也就是说路径依赖是表象，情感类聚是实质。

英国著名战略家利德尔·哈特说过：“在战略上，最漫长的迂回道路，常常又是达到目的的最短途径。”需要提醒辩护律师的是，抗辩是一场旷日持久的无烟战争，千万不要像曹操那样过于自负求胜心切，而常常寄希望于“毕其功于一役”。要知道，看似平淡无奇且久远迂回的长期抗辩策略，才是抗辩制胜的最佳路径选择。

（一）把握始点：防止走进误区的良好思维习惯

你相信吗？今天世界上铁轨的宽度不是工程师精确计算得出的，而是由马屁股的宽度决定的。

一个广为流传、引人入胜的例证是：现代铁路两条铁轨之间的标准距离是四英尺又八点五英寸，为什么采用这个标准呢？原来，早期的铁路是由建电车的人所设计的，而四英尺又八点五英寸正是电车所用的轮距标准。而电车四英尺又八点五英寸的轮距又来自早先时候罗马人战车的轮距宽度。

罗马人为什么以四英尺又八点五英寸为战车的轮距宽度呢？原因很简单，这是牵引一辆战车的两匹马屁股的宽度。

而实质上，马屁股不仅决定了铁轨的距离，也影响了美国航天飞机燃料箱两旁的火箭推进器，因为这些推进器造好之后要用火车运送，路上又要通过一些隧道，而这些隧道的宽度只比火车轨道宽一点，因此火箭助推器的宽度是由铁轨的宽度所决定的。

所以，最后的结论是：美国航天飞机火箭助推器的宽度，竟然是许多年前便由两匹马屁股的宽度所决定的。

“路径依赖”类似于物理学中的惯性，事物一旦进入某一路径，就可能对这种路径产生依赖。这是因为，经济生活与物理世界一样，存在报酬递增和自我强化的机制。这种机制使人们一旦选择走上某一路径，就会在以后的发展中得到不断的自我强化。

“路径依赖”理论被总结出来之后，人们把它广泛应用在选择和习惯的各个方面。在一定程度上，人们的一切选择都会受到路径依赖的可怕影响，人们过去做出的选择决定了他们现在可能的选择，人们关于习惯的一切理论都可以用“路径依赖”来解释。

而对于辩护律师来讲，犯罪嫌疑人最后得到刑罚的结果可能就始于其最初选择的抗辩路径。

（二）路径选择：从诉因着手反击

指控方向法院控诉时，应当在指控中清楚明白地陈述起诉的原因，要让法官和抗辩方不产生歧义地知道控诉方指控的特定犯罪是什么，以便抗辩方有针对性地进行抗辩质疑，并进行防御性反击。这样，就要弄清以下几点：

1. 对刑事诉因的理解

刑事诉因，也称为刑事控诉的原因，包括犯罪构成要件事实、犯罪的具体时间、场所、方式、方法、动机、目的、结果。这不仅包括某一特定犯罪事实的基本方面，也应包括足以区别于其他犯罪事实的细节。

诉因一般来讲是不包括法律内容的。法律内容是在诉因确定后而选择的适用的法律条文。

诉因是提起立论的原因，而非指控的目的，而控诉是立论的目的与结果。因果有一因一果，一因多果，多因一果，多因多果。

2. 控诉是依事实，而准绳只是参照物

确定是否犯罪，是否应受到刑事处罚，关键在于事实，如果事实与参照物相一致，就符合法律规定，就要依法受到处罚。

诉因不成立，指控的路径被切断，那抗辩也就算成功了。

诉因是提起立论的原因，而非目的，而主张是立论的目的与结果。

3. 诉因属于客体

诉因是诉讼主张的一个部分，是立论的一个节点，也是定罪量刑的关键，具有很强的方向性，十分有利于案件的定性。在诉讼实务中，一个诉因只能导致一个罪名成立，而单一的罪名可能会引起多诉讼主张。这样，同一方向的诉因只能证明一个案件，不同方向的诉因就能证明多个案件。

4. 诉因是特定的对象，有独特的危害性

诉因只是从指控到确定构成犯罪路径上的一个起点，而非完整的路径。

诉因与指控方形成的证据链形成了指认犯罪嫌疑人有罪并受刑罚的路径，只要抗辩质疑方切断其设置的路径，诉因也就因此而不成立，立论也就没有根基了，抗辩自然会成功。

诉因是指控的一部分，是立论的一个角度或者一个立点。关键是方向，有利于案件的定性或定量（具体的刑罚适用），同一方向的诉因只能证明一个案件或只能证明一个犯罪事实的成立，不同方向的诉因就能证明多个案件或多个罪名。这也就是说同一证据在不同罪名的指控中所起的作用是不同的。当然作用有大有小，有正面的，也有负面的。这样来看，通过犯罪事实可以锁定诉因，渐进而行，通过具体的诉因也可锁定确定的犯罪或罪名。

5. 合理的抗辩路径从诉因着手

对于辩护律师来讲，合理地选择路径，就要从诉因着手。这一抗辩角度起码可从以下几点加以把握。第一，从博弈战略角度考虑：论辩有据，在犯罪嫌疑人被指控多项罪名的基础上提出相互矛盾的犯罪构成因素；第二，从博弈路径角度考虑：对某一罪名的指控构成的原因分析，可以从诉因确定一个罪名或罪状；第三，从博弈信息角度考虑：根据诉因反驳证明主张，诉因与存在的客观事实不相符的证据；第四，从博弈利益角度考虑：重点思考判决结果，犯罪嫌疑人应得到的刑事处罚。

二、路径分析：从成功刑事抗辩案例中汲取精华

辩护律师在接到案件后，就要找到一条走向成功的路径，再去综合评价得益，辩护律师要学会应用大数据，多搜索相似、相同与相近的判例，从而汲取精华，为走向成功奠定基础。

典型案例十：张某交通肇事罪

入选理由：通过意外事故的定性否认交通肇事成立

某市检察院以交通肇事罪向法院提起诉讼，指控张某在行车中思想麻痹，疲劳驾驶，违反交通规则，超载运行，装载危险物品，造成事故路段塌方翻车，构成交通肇事罪。

抗辩方通过否定的方式，对检方的指控一一进行了质疑反驳：

1. 通过随车押运人员的证言说明其在驾驶中高度集中，并没有影响其正常驾驶的其他事项，从车队出发到事故路段还不到两小时，正是上午十点左右，犯罪嫌疑人不可能是疲劳驾驶。

2. 事故车辆额定载重 5 吨，而当时装载实际重量为 4.8 吨，因此，事故车辆在事发时并没有超载运行。

3. 由于配载收货属于车队统一行为，事发车辆中的炸药托运人员并没有向车队及司机申明其托运的是炸药，而从外观上也难以与一般物品相分辨。调查笔录显示，托运人也知道炸药属于危险物品，其托运完全骗过了车队的接货人员，误认为是面粉，装货人员也没有向司机说明情况，且翻车也不是因为炸药引爆引起，实际上事发车辆中的炸药、雷管等危险品并没有爆炸，与翻车没有任何因果关系。

综上，事发车辆翻车的原因不是“思想麻痹，疲劳驾驶，违反交通规则，

超载运行，装载危险物品”，而是该路段的修建标准不符合国家公路建设标准，加之无专人养护，路基松动，路面难以承载事发车辆。因此可定性为意外事故，而不能认定为交通事故。

三、尊重法官：及时洞察法院的释证权

“此罪”和“彼罪”的辩护，涉及案件定性的辩护。按照现行的法律和司法解释，对刑事审判的参与各方都有实事求是的要求。这样一来，抗辩方不单单要对指控质疑，还可能要调查、收集、组织不利于犯罪嫌疑人的证据和材料。也就是说要组织形成彼罪成立的证据链，以破除此罪的成立。如果抗辩方总是收集有利于犯罪嫌疑人无罪的证据，怠于收集、整理犯罪嫌疑人有罪的证据链，那么很可能导致犯罪嫌疑人的行为被检方以数罪予以认同，若再经法官的释证权而按照数罪并罚立论更不利于犯罪嫌疑人。这正是抗辩方所不希望发生的事，是抗辩方潜在的法律风险。

也就是说，在实际审判中，当抗辩方有较为充分的理由质疑指控不能成立时，法官很可能会利用释证权这一法定职权，变更指控的罪名，同样可以对犯罪嫌疑人作出有罪的判决。

刑事诉讼释证权的使用有别于民商诉讼。法官在民商诉讼审判中只能按照原告的主张或反诉方的反诉请求依法进行审核，而不能代替原告或反诉方提出或追加新的主张或请求。而在刑事诉讼博弈中，法官会利用对法律与事实的解释，结合心证原则达到维护法律尊严的目的。抗辩方对整个案情的判断，除分析指控方所指控的罪名是否成立外，还得预测如果现有指控不成立，犯罪嫌疑人的行为是否符合其他的犯罪构成要件，要在法官利用释证权之前作出排除性辩护或刑罚较轻的罪名的承认。

实务中，导致法院变更指控罪名的原因是事实或法律。因案件事实超出起诉事实或者发生重大变化而导致罪名变更时，由于起诉效力已难以涵盖法院认定的案件事实，根据不告不理和控审分离的原则，均须经公诉机关变更、补充起诉程序，并对新事实调查、辩论后才能变更。法院认定事实与检察院指控事实一致，只要求基本事实相同，并不要求完全一致。在法律原因导致罪名变更

时，由于案件基础事实没有发生变化，对于该事实的法律评价属于法院职权，法院可依职权变更罪名而不受公诉机关约束。

下面将摘录一宗法院利用释证权的审判案例，以引起抗辩方对“此罪”与“彼罪”全面理解的重视。

典型案例十一：龚某受贿罪

入选理由：法官释证权对定罪的影响

某检察院指控犯罪嫌疑人龚某在全国足球甲级队 A 组、B 组联赛中，利用担任主裁判员的职务便利，先后 9 次非法收受参赛方给予的财物，共计人民币 30 余万元。

检方以犯罪嫌疑人犯受贿罪向人民法院提起诉讼，认定龚某触犯了《刑法》第 163 条第 1 款之规定，符合企业人员的犯罪主体资格的构成要件，并用相关证据说明龚某担任主裁判属中国足球协会指派的职务行为。

龚某抗辩方重点针对龚某不属于企业人员的指控进行了质疑，并指出其从学校毕业后一直担任教师工作，也不属于公司、企业人员，不构成企业人员受贿罪的主体要件，并提供了相关的证据材料。

法院经审理后认为：抗辩方提出的中国足球协会是在民政机关登记注册的受国家体育总局主管的全国足球专项体育社会团体法人，犯罪嫌疑人龚某受中国足球协会选派，担任全国甲级队 A 组、B 组联赛的裁判员，不是企业工作人员的辩解和辩护意见，本院予以采纳。显然该释证对指控方不利，对抗辩方有利。

抗辩方没有预料到的是法院实施了进一步的释证，认为：根据《体育法》的有关规定，全国足球甲级队 A 组、B 组联赛作为全国单项体育竞赛，由中国足球协会负责管理。犯罪嫌疑人龚某受中国足球协会指派，在全国足球联赛中执行裁判工作任务，属于《刑法》第 93 条第 2 款规定的“其他依照法律从事公务的人员”，应以国家工作人员论。显然该释证对指控方有利，而对抗辩方不利。

该案的关键点是龚某的犯罪主体资格认定。从整个庭审结果来看抗辩方犯了逻辑上的错误，受到指控方的误导，导致抗辩失败。

受贿罪的主体一般是指国家工作人员。依据《刑法》第 93 条的规定，国家工作人员，包括国家机关中从事公务的人员，国有公司、企业、事业单位、人民团体中从事公务的人员，国家机关、国有公司、企业、事业单位委派到非国有公司、企业、事业单位、社会团体从事公务的人员，以及其他依照法律从事公务的人员。

按照逻辑推理原则，上述主体构成受贿罪的属于选择性充分条件，所谓选择性充分条件，就是说只要其中之一符合，条件就足够充分。

其推理形式为：如果A成立或B成立或C成立，则D必成立。

对于指控立论，可选择：如果A成立充分，则D必成立；或者选择：如果B成立充分，则D也成立；或者选择，如果C成立充分，则D同样成立。

对于质疑反驳来讲，则要A成立充分假（或不存在），B也成立充分假（或不存在），C也成立充分假（或不存在），则D必然不存在。

对于释证判决来讲，既可选择揭露指控立论的错误来支持质疑反驳方，也可选择揭露质疑反驳方来支持指控立论。

上述龚某案中，指控立论方选择了“犯罪嫌疑人属于企业人员”这一条件判断，必然符合受贿罪主体特征的充分条件；质疑反驳方选择了“犯罪嫌疑人不属于企业人员”，所以必然不符合受贿罪主体特征的充分条件；而释证判决方选择了“犯罪嫌疑人不属于企业人员，但属于其他依照法律规定从事公务的人员”，所以犯罪嫌疑人符合受贿罪主体资格的充分条件特征。

通过控、辩、审三方的思维特征来看，指控方给抗辩方设下了一个十分致命的思维陷阱，即对于犯罪嫌疑人龚某的身份来讲，指控方也明知龚某一直从事教师职业，不属于企业人员，对于其担任裁判工作是属于各参赛单位委派，还是属于主办方中国足球协议指派也难以定论（证明起来有一定难度），当然指控方心里也清楚犯罪嫌疑人龚某属于受中国足球协会选派，但仍有疑问，主要是没有掌握足够的证明材料（如聘书、邀请函等），指控方心里也明白应属于“其他依照法律规定从事公务的人员”，但偏以指认犯罪嫌疑人龚某属于企业人员（因为参赛单位都具有企业的性质，勉强可牵连）来让对方证明自己与中国足球协会的关系，这样就给抗辩方设置了一个悖论：如果抗辩方承认龚某属于企业人员，那么龚某的行为符合受贿罪的主体资格特征，如果抗辩方说龚某不是企业法人，必然要举证说明其是受中国足球协会委派。如果其是受中国足球协会委派，自然要提供属于中国足球协会委派的证据材料，待双方都依法完成举证、质证后，信息也就对称了。因此，最终待法院通过释证说明，也让抗辩方自认为胜券在握，必然不会把精力放在其他犯罪构成的辩护上。

果然不出指控方所料，抗辩方拿到起诉状后，就认为胜券在握，因为足可以证明龚某不属于企业人员。因此，抗辩方把大量精力用在收集证明龚某不属于企业人员上来，对其他犯罪构成的抗辩就不花费大的精力了，包括证据收集、举证、质证、辩护等显得十分苍白无力，但抗辩方忽视了法院的释证权，加之对逻辑质疑知识的欠缺，因此而败诉，输在谋划上。

释证主要包括两个方面的内容：一是对证明材料的采信理由；二是对法律适用的解释。

所谓判决释证中的法律解释，就是法官通过对法律条文意思的理解、应用通过某种方式展示出来，以达到法律规定的本意。法律解释的目的在于向受判决约束人对法律规范的法律意思或精神实质进行解释说明，以弥补法律条文的疏漏不周，澄清法律文本的歧义模糊，实现法律在应用中的方向性、确定性，同时也表明法院理解法律条文的立场。

上述案件中，法院通过双方举证、质证，最后所作的解释，行使了龚某是否符合受贿罪主体资格的释证权。

四、站稳立场：在此罪与彼罪的纠结中，切忌踢出“乌龙球”

现实中，可能有很多被指控的犯罪嫌疑人不能接受这样的逻辑，认为律师一般不应对犯罪嫌疑人或被告人作彼罪定性的指控，即使处罚轻于指控方所指控的罪行，本质上等于是一项新的指控。而在法庭上指控自己的当事人有罪是否有违职业伦理精神呢？是否会被犯罪嫌疑人或其亲属不理解呢？无端指控自己的当事人当然是律师的大忌。但是倘若抗辩方律师放弃彼罪辩护，即使法官在判决中采信了你无罪的观点，却又作出另罪成立的判决，而对这个彼罪，由于是你本已料到的彼罪，却没有发表过有关减、免量刑的意见与建议，是不是也有失职的嫌疑？因此，遇到“彼罪”的问题，代理律师应事先与当事人及其亲属进行沟通，并说明“彼罪”的目的是希望质疑“此罪”，同时也要说明“彼罪”与“此罪”在量刑上的差别。

五、此罪与彼罪：质疑的目的是减轻对犯罪嫌疑人的处罚

区分此罪与彼罪在刑事抗辩过程中是经常遇到的问题。这主要是因为指控方与抗辩方的立场不同，对法律、事实及证据的解读存在较大差异，从而导致双方在犯罪构成要素上产生了极大的分歧。如果推翻此罪，确认为彼罪，将使犯罪嫌疑人或被告人的定罪与量刑有所降低。也就是说抗辩方提出此罪非彼罪的直接目的就是希望被指控有罪的人能够得到较轻的刑事处罚。如果辩护律师为了正确适用法律，在法庭上提出不利于犯罪嫌疑人或被告人的抗辩，请求法庭适用更重的罪名或量刑，则是有违律师职业准则的，也就是行业所谴责的摆了“乌龙阵”，或踢了“乌龙球”。此罪与彼罪争辩的实质就是指控方所提出的罪名及引用的刑法分则将不利于犯罪嫌疑人或被告人，抗辩方通过对法律、事实与证据的辨析，认为应适用某一处罚结果较轻的刑法分则的罪名或量刑条款，以此达到抗辩目的。

此罪与彼罪不仅涉及刑法总则的法理问题，而且直接涉及刑法分则和相关具体罪名、量刑适用的司法解释的引用。因此，此罪与彼罪的争辩是法庭进行案件实体审查的重要内容，无论是指控方，还是抗辩方都对此十分慎重，其也是举证、质证的中心，双方都会努力寻求相关法理的帮助，以达到说服法官的目的。

之所以出现此罪与彼罪的较大分歧，主要是由于很多罪名在犯罪构成方面很相似当指控方指控的罪名出现偏差或者说指控的罪名在量刑幅度上高于实际犯罪嫌疑人涉嫌的罪名时，抗辩方为了更好地维护犯罪嫌疑人的合法权益，会极力否认此罪而引出彼罪的辩护。

（一）质疑此罪：找到确立彼罪的路径入口

通过此罪与彼罪之抗辩，从而改变案件的定性，将重罪抗辩成轻罪，最终提出罪轻辩护观点。抗辩方的抗辩思路主要基于以下几点：

一是主观方面上的重罪变轻罪。主观方面主要是将故意以非故意抗辩。如将故意杀人罪辩成故意伤害致人死亡罪，或抗辩成过失杀人罪。抗辩关注的重点在犯罪嫌疑人或被告人的犯罪动机与犯罪目的上，通过质疑指控方推出的故

意结论，从而否认犯罪嫌疑人犯罪的故意。

二是主体因素上的重罪变轻罪。如将公职人员的贪污罪辩成非公职人员的职务侵占罪。抗辩的重点是犯罪嫌疑人或被告人的身份问题，通过质疑指控方对犯罪嫌疑人或被告人身份的认定结论，从而否认某一要求特定身份才符合的犯罪情形。

三是犯罪客体上的重罪变轻罪。犯罪客体是我国刑法所保护的、为犯罪行为所侵害的社会关系。由于社会关系的复杂性，侵害不同社会关系所形成的罪名也会不同。例如，同样是使用暴力，可能是故意伤人，也可能是故意杀人，还可能是暴力干涉婚姻自由等。因此，由于犯罪嫌疑人的犯罪行为可能会引起对犯罪客体的危害，而刑法分则对不同的客体的认定是适用不同的罪名的，这就给抗辩人留出了可腾挪的空间。

四是犯罪客观方面上的重罪变轻罪。犯罪客观方面的内容旨在说明在什么样的条件下，通过什么样的行为，对犯罪客体即刑法所保护的社会关系造成了何种程度的侵害。客观方面的要求具体表现为危害行为、危害结果，以及行为的时间、地点、方法（手段）、对象。而危害行为是一切犯罪在客观方面都必须具备的要件。特定时间、地点、方法（手段）及对象，则是某些犯罪成立而在犯罪客观方面具备的要件。

典型案例十二：张某强奸罪

入选理由：以强奸对象与犯罪嫌疑人关系的亲密程度作为辩点

张某因殴打李某致其头部受伤被以强奸（未遂）罪提起公诉。辩护人在与犯罪嫌疑人会见后，首先感觉到不能以强奸罪定罪，因为张某与李某一直以谈朋友为名，相处半年之久，并在一起看电影三次，在公园约会多次，偶有相依拥抱，但还没有发展到“以身相许”的地步。而此次李某应邀到张某的单身住所，两人喝了六瓶啤酒，当张某要求与之发生性行为时，遭到李某的强烈拒绝，就与之扭打在一起。后双方分开，相互在谈论某一敏感话题时，李某十分不开心，欲开门离开，张某气极，在与其争吵过程中，顺手拿起桌上的酒瓶将其砸伤，导致缝合十多针，住院十多天，经法医鉴定为重伤。在张某将李某送往医院过程中，李某让护士报案。由于该案发生的时间特定（双方恋爱期间)、地点特定(张某的单身住所)、方法特定(用桌上的酒瓶砸)及对象特定,从而给辩护律师很大的抗辩空间。最终该案以伤害罪判处张某有期徒刑3年结案。

五是自然人犯罪与单位犯罪的牵涉。例如,将自然人犯罪辩成单位犯罪,我国对单位犯罪的处罚是对单位适用财产刑,对自然人则刑减一等,特别是牵涉单位犯罪的,对自然人犯罪一般不适用死刑。也就是说当自然人有职务行为,并具有单位决策的涉案行为时,抗辩方应通过质疑指控方没有对单位犯罪进行追究或起诉,从而达到与单位犯罪的牵涉目的。

六是新旧法律适用上的罪轻。根据《刑法》第12条的规定,以修订后的《刑法》实施日1997年10月1日为界,在此前所犯罪行,按从旧兼从轻原则处理。

七是团伙犯罪中的罪轻。在团伙犯罪中,由于各犯罪嫌疑人或被告人因分工、地位、实施犯罪的作用等存在差别,因而各人的犯罪行为所产生的社会危害也存在差异,从而有定罪量刑适用上的空间。如前所述共同犯罪或犯罪集团中的从犯、胁从犯的定罪量刑就轻于主犯、教唆犯。

八是数罪与一罪的量刑不同。根据我国《刑法》第69条的规定,我国数罪并罚以限制加重原则为主,吸收原则和并科原则为补充折中原则。辩护律师在面对犯罪嫌疑人或被告人的数罪指控时,应清楚不同情况下数罪并罚原则的具体适用。

(二)确立彼罪:找到质疑此罪的着力点

对于刑事辩护律师来讲,一定要熟悉案例分析,学会找到质疑此罪,确立彼罪的一般着力点:(1)从法律的解释上质疑此罪的正当性;(2)从对事实的理解差异上质疑此罪的正当性;(3)从对犯罪事实与证据的关联性的认定上质疑此罪的正当性;(4)从对犯罪主体的特殊要求上质疑此罪的正当性;(5)从对犯罪主观的认识上质疑此罪的正当性;(6)从对犯罪客体的认识上质疑此罪的正当性;(7)从对犯罪客观方面的理解上质疑此罪的正当性;(8)从对犯罪手段的认识上质疑此罪的正当性;(9)从对犯罪行为的认识上质疑此罪的正当性;(10)从对犯罪结果的认识上质疑此罪的正当性。

典型案例十三：蒋某非法买卖爆炸物、危险物品肇事罪

入选理由：从对爆炸物的法律定义着手进行抗辩

2002 年 12 月，犯罪嫌疑人蒋某、杨某、葛某协议成立××厂原料供应中心（以下简称原料供应中心），经营化工原料并超出经营范围非法经营黑火药。在未经审批的情况下，私自租赁××养殖区内的房屋作为储存化工原料和黑火药的仓库。2006 年 8 月，该库房内储存的镁粉、铝粉等化工原料，以及黑火药发生爆炸，并引爆了该库房东侧的烟花爆竹成品库房，造成人员伤亡及财产损失（共计 500 余万元），严重危害公共安全。

2007 年 2 月 13 日，区人民检察院对“爆炸案”的四名犯罪嫌疑人向区人民法院提起公诉。起诉书指控犯罪嫌疑人蒋某、杨某犯非法买卖爆炸物罪，犯罪嫌疑人葛某犯非法买卖爆炸物罪、危险物品肇事罪。

经合议庭合议，区人民法院全部采纳了辩护人提出的辩护意见。判决书明确认定：“公诉机关关于犯罪嫌疑人蒋某、葛某、杨某犯非法买卖爆炸物罪的指控，根据 2006 年 11 月 19 日中华人民共和国国防科学技术工业委员会和中华人民共和国公安部联合发布的《民用爆炸物品品名表》的明确规定，‘用于生产烟花爆竹的黑火药除外’，即用于生产烟花爆竹的黑火药不属于民用爆炸物品，故本案中涉及的‘黑火药’不属于《中华人民共和国刑法》第一百二十五条规定的犯罪对象，公诉机关对于犯罪嫌疑人蒋某、葛某、杨某犯非法买卖爆炸物罪的指控不能成立。犯罪嫌疑人杨某及其辩护人关于‘犯罪嫌疑人杨某的行为不构成非法买卖爆炸物罪，应定性为危险爆炸物品肇事罪，且犯罪嫌疑人杨某系自首’的辩护意见于法有据，应予支持。”判决三名犯罪嫌疑人犯危险物品肇事罪。

辩护律师认真研究了与犯罪嫌疑人杨某有关的证据材料，还查阅了大量烟花爆竹方面的专业技术资料，查询了国家有关爆炸物品管理的法律、法规，从中理出了该案的胜点所在及可行的抗辩脉络。

1. 罪名辨析

包括杨某在内的三名犯罪嫌疑人被指控的非法买卖爆炸物罪属危害公共安全的故意犯罪，量刑很重。通过证据分析，司法机关已经掌握的事实和证据主

要就本案的巨大社会影响而言，而非与实质的犯罪构成要素相符。如果能争取法院以属过失犯罪、量刑较轻的危险物品肇事罪对杨某定罪量刑，显然是最有利的辩护策略。

2. 从犯罪嫌疑人的特殊职务来分析犯罪构成特征

通过主体资格证据认定，三名犯罪嫌疑人对原料供应中心化学原料仓库的管理确实存在失职行为，恰好能够符合危险物品肇事罪的构成特征。公诉机关指控三名犯罪嫌疑人犯非法买卖爆炸物罪，主要事实根据在于认定原料供应中心超出经营范围非法经营黑火药。要达到改变罪名的辩护目的，依据本案的具体情况，辩护律师认为有两个突破口可供选择，一是推翻公诉机关作出的这一事实认定；二是即便该事实能够认定也使其失去意义，无法成为定罪的依据。

综合本案证据、适用法律及烟花爆竹专业知识，辩护律师初步确立了本案的两个主要辩护点：

第一，公诉机关指控原料供应中心购进并储存黑火药事实不清、证据不足；

第二，本案公诉机关起诉书中所指称的“黑火药”，不属于《刑法》第125条非法买卖爆炸物罪规定的“爆炸物”范围。

针对公诉机关的证据材料，辩护律师指出：

第一，蒋某的供述同售货单位某烟花厂有关证人的证言在购买黑火药的数量上存在矛盾，蒋某供述买了5吨，证人均称卖了4吨。

第二，蒋某的供述同4名装卸工的证言相矛盾，经辩护人当庭向蒋某发问，蒋某证实他们购买的黑火药是作烟花爆竹用的“发射药”，是颗粒状的，而几名装卸工则一致证实他们为原料供应中心卸的货是粉末状的，由此证实4名装卸工给原料供应中心卸的货并非黑火药。

第三，蒋某的供述与《爆炸物品购买证》的记载矛盾，购买证上开具的购买数量是4吨，蒋某称是5吨。

第四，按照有关法律、法规，购买爆炸物品不仅须向公安机关申请开具购买证，同时还须申请开具《爆炸物品运输证》，但公诉人未向法庭提交该批货物的运输证，同时公诉人也未出示货物销售出库单和出库记录，加上供货方具体负责办理该业务的业务员和送货司机未能到案作证，导致这批黑火药是否从供货方运出，运到何处去了，从证据上无法证明。

第五，本案也无其他证据证实爆炸发生前原料供应中心仓库内存有黑火药。

第六，相反有证据证实，2006 年 8 月二十几日，与原料供应中心关系密切的烟花厂从河北购进了 5 吨黑火药，这从购买的数量上、大体时间上、货物来源的省区上，同蒋某供述的 5 吨黑火药都相当吻合。

围绕本案中涉及的原料供应中心是否存在非法购买黑火药的行为问题，公诉机关提交的证据并不足以证实原料供应中心存在非法购买黑火药的行为。同时由于某烟花厂具有购买黑火药的资格，因此即使蒋某替该厂联系购进了黑火药，也不构成犯罪，本案其他犯罪嫌疑人自然也不构成犯罪。

本案中涉及的“黑火药”是否属于《刑法》第 125 条非法买卖爆炸物罪规定的“爆炸物”范围，这是本案另一大焦点问题。

首先，针对本案涉及的“黑火药”与最高人民法院《关于审理非法制造、买卖、运输枪支、弹药、爆炸物等刑事案件具体应用法律若干问题的解释》(以下简称《解释》) 中的“黑火药”容易产生的概念混淆。辩护人进行了澄清，指出：“黑火药”在应用领域是一个含义很宽的概念，如有用于制造炮弹的黑火药，有用于开山作业的黑火药，有用于制造烟花爆竹的黑火药，这几种黑火药的功能、爆炸当量、危险性是不同的，因此应区别对待。《解释》当中列入“爆炸物”范围的“黑火药”，是指其他用途和种类的黑火药，而不应包括本案涉及的用于制造烟花爆竹的黑火药。必须对“用于制造烟花爆竹的黑火药”和“用于制造烟花爆竹的烟火药”两个概念再加以区分。

根据国务院《烟花爆竹安全管理条例》第 2 条第 2 款“本条例所称烟花爆竹，是指烟花爆竹制品和用于生产烟花爆竹的民用黑火药、烟火药、引火线等物品”的规定，辩护律师指出：在该条例中，用于生产烟花爆竹的民用黑火药、烟火药是并列规定的，由此已充分说明两者是完全不同的两个概念，互相不存在包容关系。

综合上面两方面的论述，辩护律师指出，由于本案当中涉及的用于制造烟花爆竹的黑火药并不属于《刑法》第 125 条规定的爆炸物范围，至此，辩护律师已完成了对公诉机关指控的非法买卖爆炸物罪的辩驳。在办案过程中，律师投入了大量的时间和精力在相关技术问题和法律适用问题的钻研上，查阅了大量的化工技术资料、法律法规和法学理论文章，并从中获益。正因为律师对本案出色的辩护建立在如此坚实的基础上，逻辑严密、论据充分，才使得合议庭最终否定了公诉机关的起诉意见，完全采纳了代理律师的辩护意见。尤其值得一提的是，本案法院的判决书主文明确认定“用于制造烟花爆竹的黑火药”不属于《刑法》上规定的“爆炸物”，并明确论述了理由，在此类案件的司法审判中是很难得的。因此本案无论是从律师辩护的角度，还是从司法审判的角度来看，都堪称典型。

（三）质疑此罪，确立彼罪的思维路径节点

对于辩护律师来讲，一定要有质疑此罪，确立彼罪的路径节点思维，这样才能达到较好的抗辩效果。一般有七种可供参考的思维路径节点：

（1）将事实与犯罪构成进行对比分析，从而找到符合此罪的破绽；（2）通过法律的特殊要求与普通规定的对比分析，从而找到彼罪成立的突破口；（3）通过相近罪名之间的辨析，从而找到驳此立彼的关键点；（4）通过竞合、吸收等法理辨析，从而找到排除此罪成立的要点；（5）通过对法律解释的准确理解，从而找到此罪勉强的依据；（6）通过逻辑的排除，从而找到此罪的荒谬之处；（7）通过特定身份要求，从而排除此罪，而确认为彼罪。

例如，侵占罪、职务侵占罪与盗窃罪同属侵犯财产罪，但三者的刑罚尺度还是有很大差距的，有必要作专门的理解与辨析。

侵占罪，是指以非法占有为目的，将他人交给自己保管的财物、他人的遗忘物或者埋藏物非法占为已有，数额较大，拒不交还的行为。盗窃罪，是指以非法占有为目的，窃取他人的数额较大的财物，或者多次盗窃的行为。

侵占罪与盗窃罪同属侵犯财产罪，在许多方面有着相似之处，如侵犯的客体，都是公私财产所有权；在犯罪客观方面，都不是以暴力或以暴力相威胁作为其行为手段，都要求以情节严重，特别是以非法占有财物数额较大作为区分罪与非罪的标准；在犯罪主观方面，都是出于直接故意，并具有非法占有他人财物的目的。但是侵占罪与盗窃罪仍有许多不同之处。掌握这些不同之处，对于划分二者的界限具有重要意义。

犯罪对象不同。侵占罪的对象仅限于行为人代为保管的他人财物或者他人的遗忘物、埋藏物。行为人在实施侵占行为之前，一般已经占有他人财物；而

盗窃罪的对象仅限于他人占有之动产。行为人在实施盗窃行为之前，尚未占有他人财物。侵占罪的对象是“自己占有的他人之物”，盗窃罪的对象是“他人占有的他人之物”。

犯罪客观方面的表现不同。侵占罪非法占有财物时，被占有的财物已在行为人占有和控制之下，行为人只要采取欺骗、抵赖等手段使占有变为非法占有即可。侵占罪的手段，既可以是秘密的，也可以是公开的或半公开的；而盗窃罪在非法取得财物之前，财物并不在自己实际控制之下，行为人须通过秘密窃取的手段才能实现非法占有。构成侵占罪，除数额较大外，还要求具有拒不退还或拒不交出这一情节；而盗窃罪非法占有他人财物，只要数额较大或有其他严重情节即可构成盗窃罪。例如，多次盗窃，即使未达到数额较大也可构成犯罪。需要注意的是在盗窃他人财物之后，又退还他人的，不影响犯罪的成立。

犯罪故意形成的时间不同。侵占罪既然是将自己已经占有的他人之物转为己有，其犯罪故意多产生于占有他人财产之后，在特殊情况下，也可能形成于占有他人财物之时；而盗窃罪是将自己没有占有和控制的他人财物转归己有，其犯罪故意只能产生于占有、控制他人财物之前。

通过以上分析可以看出二者的重大区别在于，前罪是不转移占有的犯罪，而后罪是转移占有的犯罪。盗窃罪的基本特征，是违反被害人的意志，使用平和的方式，将他人占有的财物转移为自己或者第三者占有。而侵占罪的基本特征，是将自己占有的他人财物转移为自己所有，或者将脱离了占有的他人财产转移为自己所有。因此，区分盗窃罪与侵占罪的关键，就在于判断作为犯罪对象的财物是否脱离占有以及由谁占有。

职务侵占罪与盗窃罪同属侵犯财物所有权的犯罪，主观方面都是以非法占有为目的，两罪在犯罪构成上的客观方面存在不同。构成职务侵占罪，客观上首先要求行为人必须利用其职务上的便利，即利用自己主管、管理、经营、经手单位财物的便利条件；不是利用职务之便，而是利用工作之便侵占本单位财物的行为，不能构成本罪。其次前者必须将本单位财物非法占为己有，即利用职务之便实施了侵吞、窃取、骗取或者以其他方法非法占有单位财物的行为，盗窃只是职务侵占罪的行为方式之一。而盗窃罪的行为表现是采取秘密窃取方法非法占有他人财物，行为人始终没有利用职务之便。

从犯罪客观方面如能分辨出利用职务上的便利与利用工作条件便利，就容易界定职务侵占罪与盗窃罪。如何理解职务之便与工作之便，有必要了解“职务”和“工作”的含义。通过内涵加以区分，无论是行为人对单位财物的支配、决定权，一定的处置权，还是临时的实际控制权，均以行为人所担负的单位职责为基础，或者均因行为人所担负的单位职责而产生。换言之，只有行为人利用本人职责范围内的、对单位财物的一定权限而实施的侵占行为，才属于利用职务上的便利而实施的侵占单位财物的犯罪，因而应当认定为职务侵占罪。如果行为人与非法占有的单位财物没有职责上的权限或直接关联，只是利用了工作中易于接触他人管理、经手中的单位财物，或者熟悉作案环境的便利条件，则属于利用工作条件便利，由此实施的财产犯罪，应当根据行为人具体采用的非法占有单位财物的不同手段，分别认定为盗窃、诈骗或者侵占罪。

典型案例十四：陈某盗窃罪

入选理由：职务侵占的认定

某厂员工陈某利用工作的便利将工厂的半成品领出后藏匿到工厂的另一仓库中，并联系工友周某等人准备将藏匿的半成品偷运至厂外，拟转卖给已联系过的某一工厂业务员李某以获取利益，在仓库包装赃物时被另一工友举报，当场被保卫人员抓获，后移交公安机关以盗窃罪移送检察机关。检察机关以盗窃罪向法院提出指控，请求法院以盗窃罪追究其刑事责任。一审法院认为犯罪嫌疑人以秘密窃取的方式非法占有公司财物，构成盗窃罪，并判处犯罪嫌疑人周某有期徒刑5年6个月，犯罪嫌疑人周某不服，二审委托律师为其辩护，上诉到中级人民法院，后经二审法院审理后，改判周某为有期徒刑1年7个月。

周某是否利用了职务之便？是否帮助其他人员侵占公司财物？法官归纳的争议焦点直接牵涉到“此罪”与“彼罪”的定性问题，最终也影响到周某量刑的定量问题。

辩护律师到法院查阅卷宗后发现，公安机关侦查的事实基本清楚。从陈某、周某的犯罪主体来看，陈某、周某等人都是被害公司的员工，陈某实施犯罪的手段，是利用工作之便将公司的财物非法占为已有（未遂），符合职务侵占罪的犯罪构成要件，犯罪主体是公司员工，主观上非法占有财物，侵犯的客体是公司的财物，犯罪方法是利用工作的便利，完全符合职务侵占罪的构成要件。依据罪刑法定原则，应当构成职务侵占罪。

认定一审法院定性存在错误的主要理由是：第一，一审法院列周某为第二犯罪嫌疑人并定性为主犯与事实不符。周某在本案一审中列为第二犯罪嫌疑人，而周某实际上在本案中只是在陈某盗出赃物后，帮助其联系了仓库管理人员夏某，然后就没有参与任何的其他犯罪行为。第二，从在犯罪中所起的作用来讲，周某只是在犯罪过程中为陈某藏匿赃物而联系了另一犯罪嫌疑人夏某，没有任何组织、策划犯罪的行为，没有起主要作用，不应当定性为主犯。第三，本案的陈某是主犯，其利用工作之便，将其领取的本应当送到车间生产的产品，秘密地偷出准备转卖以牟取非法利益。根据《刑法》第 271 条第 1 款的规定："公司、企业或者其他单位的工作人员，利用职务上的便利，将本单位财物非法占为己有，数额较大的，处三年以下有期徒刑或者拘役，并处罚金；数额巨大的，处三年以上十年以下有期徒刑，并处罚金；数额特别巨大的，处十年以上有期徒刑或者无期徒刑，并处罚金。"

本案在路径的选择上，实际涉及相关盗窃罪与职务侵占罪的区别。

具体分析两罪名的犯罪构成要件，可以得出以下结论：

1. 盗窃罪的主体没有限定，任何主体都可以构成，职务侵占的主体有一明确的限定：只能是公司、企业或者其他单位的人员，构成职务侵占的主体具有限定性。

2. 从犯罪手段上看，盗窃一般是秘密窃取的行为，职务侵占是利用工作的便利非法占有的行为，都具有秘密性，但是，盗窃罪的秘密窃取只是不为财物主体所知晓、察觉的手段，而职务侵占是利用工作便利的手段，在利用工作赋予的便利实施犯罪。

3. 从客体上来看，盗窃罪侵犯的公私财物，具有广泛性，而职务侵占侵犯的财物限于本单位财物，具有限定性。

综上所述，盗窃罪与职务侵占罪在主体上、客体上、犯罪手段上有着本质的区别。所侵犯的是不同的社会关系或刑法保护客体。

该案的承办律师依法向某市中级人民法院提出了辩护意见，认为本案只能构成职务侵占罪，不能构成盗窃罪，某市中级人民法院的法官审查了卷宗，并听取了承办律师的辩护意见，认为承办律师的辩护意见有理有据，符合本案的客观情况，依法采纳了承办律师的辩护意见，认为本案构成的是职务侵占罪，不构成盗窃罪，依法对本案作出撤销一审判决，改判上述犯罪嫌疑人犯职务侵占罪。

第 8 章
犯罪构成：刑事抗辩的基本套路

犯罪构成，是指依照我国刑法规定，决定某一具体行为的社会危害性及其程度，为该行为构成犯罪所必需的一切客观和主观要件的有机统一，是使行为人承担刑事责任的根据。任何一种犯罪的成立都必须具备四个方面的构成要件，即犯罪主体、犯罪主观方面、犯罪客体和犯罪客观方面。

辩护律师在明晰犯罪嫌疑人被指控的罪名是否成立、是否恰当时，要从以下几点进行思考：

一、犯罪主体：最容易识别的抗辩理由

犯罪主体就是达到法定责任年龄具备刑事责任能力，实施了严重危害社会的行为，依法应当承担刑事责任的自然人和单位。

犯罪主体的基本特征如下：第一，犯罪主体必须是自然人或者单位；第二，犯罪主体是具备刑事责任能力的自然人或者单位；第三，犯罪主体是实施了严重危害社会的行为的自然人或单位。而对犯罪主体分析的目的有以下两点：

一是从犯罪主体上弄清所指控的罪名是否与所指控的犯罪嫌疑人的年龄、身份、地位及其他与犯罪嫌疑人有关的事项相符合，且符合刑法的规定。这就要从两个角度来看问题：一个角度是区别自然人主体与单位主体；另一个角度是从法律属性上对自然人进行分类，看是属一般主体，还是属特殊主体，如所指控的罪名针对特殊主体，而犯罪嫌疑人的身份不具备特殊主体资格，就可能指控失当，一旦抗辩事实成立就完全可以为犯罪嫌疑人排除所指控的罪名。二

是确认犯罪主体是否具有刑事责任能力。这是抗辩方最有力的抗辩理由。犯罪主体需要具有刑事责任能力就是说嫌疑人在实施某一特定犯罪行为时具有辨认和控制自己行为的能力才可定罪。换句话说，如果能够证明嫌疑人为完全无刑事责任能力人，就可以完全排除犯罪嫌疑人所受指控的罪名。

具体来讲，犯罪主体分析的基本点主要有以下几点：

（1）嫌疑人的年龄。必须达到法律规定的年龄才可能构成犯罪。例如，我国《刑法》规定，凡年满16周岁，精神和生理功能健全而智力与知识发展正常的人，都是完全刑事责任能力人。否则就可能属无刑事责任能力或部分刑事责任能力人。

（2）嫌疑人的精神状态。嫌疑人实施犯罪行为时不具有精神障碍，才可被指控犯罪。例如，《刑法》规定，“精神病人在不能辨认或者不能控制自己行为的时候造成危害结果，经法定程序鉴定确认的，不负刑事责任”“间歇性的精神病人在精神正常的时候犯罪，应当负刑事责任”。

（3）嫌疑人的生理功能状态。这一点主要分析由于嫌疑人生理功能丧失或部分丧失，影响其辨认或控制行为能力。例如，《刑法》第19条规定：“又聋又哑的人或者盲人犯罪，可以从轻、减轻或者免除处罚。”

（4）嫌疑人的特殊身份。有些罪名由具有特殊身份的人实施的行为才可被指控构成犯罪，如职务犯罪就必须与犯罪嫌疑人的特定职务或身份相联系，否则，其指控就可被推翻。

（5）其他与所指控罪名有关的人身的关系。《刑法》第30条规定：“公司、企业、事业单位、机关、团体实施的危害社会的行为，法律规定为单位犯罪的，应当负刑事责任。”犯罪嫌疑人属单位的领导，或者其行为属单位指派，这些人可能免除自然人犯罪的指控。

二、犯罪主观方面：从思想牢笼获得感悟

犯罪主观方面，是指犯罪主体对自己危害行为及其危害结果所持的心理态度。行为人的罪过（包括故意和过失）是一切犯罪构成都必须具备的主观方面要件，有些犯罪的构成还要求行为人主观上具有特定的犯罪目的。

犯罪主观方面在区分罪与非罪，此罪与彼罪的界限，以及量刑上，均具有重要作用。其中罪过是任何犯罪的必备条件。

犯罪的故意，是指明知自己的行为会发生危害社会的结果，并且希望或者放任这种结果发生的一种心理状态。

“希望”就构成直接故意。犯罪的直接故意，是指行为人明知自己的行为必然或者可能发生危害社会的结果，并且希望这种结果发生的心理态度。

“放任”就构成间接故意。犯罪的间接故意，是指行为人明知自己的行为可能会发生危害社会的结果，并且放任这种结果发生的心理态度。

在实践中，间接故意通常存在下列三种情况：

第一，为实现某一个犯罪的意图而放任另一个危害结果的发生。第二，为实现一个非犯罪的意图而放任危害结果的发生。第三，并非明确追求具体结果，而是在瞬间的情绪冲动中不计后果地实施危害行为，放任危害结果的发生。

典型案例十五：贾某涉嫌走私案的启示

入选理由：犯罪嫌疑人是否“明知”其行为违法的主观要件抗辩要点

犯罪嫌疑人贾某，男，系兴某公司法定代表人、总经理。2004 年 3 月，贾某及兴某公司等被检察机关以走私普通货物罪起诉。

检察机关认为贾某及兴某公司为牟取非法利益，逃避海关监管走私普通货物，偷逃应缴税额特别巨大，其行为触犯了《刑法》第 153 条之规定，构成走私普通货物罪。

而贾某的辩护律师，在接受委托后对繁杂的证据材料进行了全面的研究、推敲，认为本案犯罪嫌疑人贾某及兴某公司应当无罪。如果根据贾某购买周某等走私柴油这一基本事实而将贾某定罪，系客观归罪，将明显违背刑法犯罪构成中主客观相一致的基本要求，进而侵犯贾某合法的人身及财产权益。在庭审辩论中，贾某的辩护律师，作了如下辩护意见：

第一，犯罪嫌疑人贾某在主观上不具备走私普通货物罪的法律特征，即贾某在购买周某等人的柴油时并不知道其为走私物品。

第二，犯罪嫌疑人贾某是否构成走私罪关键在于其买私行为转化为走私罪的构成要件认定，而构成走私罪的关键性要件之一即主观上必须在买私时“明知”购买物（柴油）是走私货物。公诉机关对此没有提供确实、充分的证据予以证明，而证据确实充分是我国《刑事诉讼法》明确规定的证明要求。

证据“确实充分”应同时具备四个要素：第一，用于定案的证据均为真实。公诉人提供的大量证据当中，尤其是言词证据，往往以“我怀疑他知道”“我认为他应当知道”的形式出现，这种证据不具有证明效力。此类证言不足以表明贾某明知所购柴油是走私柴油。本案所有犯罪嫌疑人及证人，均讲到他们没有告诉贾某是走私柴油，只讲是计划柴油或免税油，贾某本人对此始终不知情。第二，证据之间不能存有矛盾，如果有矛盾要得到合理排除。在本案中，证据之间的矛盾很多：贾某与周某供述之间存有矛盾，证人刘某当庭供述和庭前供述存在矛盾，周某在法庭调查当中前后供述也出现矛盾，而这些矛盾公诉机关如果不能排除合理怀疑，那么这些证据就不能作为有罪证据使用。第三，案件的全部证明对象都要有相应证据证明，能够形成相互印证的证据链。构成走私罪在主观上要求“明知”，即行为人知道或应当知道所从事的行为是走私行为，但有证据证明确属被蒙骗的除外。对于“明知”这个证明对象，从公诉机关出示的现有证据来看完全不能予以证明；与此相左，在公诉机关出示的证据中周某讲“是宁波的免税油”，陈某讲“是计划内柴油且是春天储存的”，均能证实贾某对所购柴油的真实性质并不明知，确属被蒙骗；另外，在贾某与陈某所订立的合作协议中明确约定“所购柴油必须不是走私油”，则进一步表明贾某在主观上没有“明知”的心态。第四，根据案件证据能得出唯一的具有排他性的结论。庭审中有很多证据反映的问题不具有排他性，如安全性问题，贾某担心什么不安全，是担心海关检查，还是税务稽查，其结论显然不具有排他性而达到证据的指向唯一。综上，指控贾某犯转化型的走私罪，公诉机关在主观要件方面所提供的证据既不确实也不充分，故不能证明贾某具备走私罪的主观犯罪特征。

辩护律师最后提出：请合议庭从犯罪构成的角度，本着主客观相一致的原则，彻底摒弃客观归罪，对贾某依法作出无罪判决。

上述案例说明，从犯罪主观构成来分析，是否明知应成为罪与非罪的底线，而不能任意扩大解释，冤枉无辜之人。

犯罪的过失，是指行为人应当预见自己的行为可能会发生危害社会的结果，因为疏忽大意而没有预见，或者已经预见而轻信能够避免，以致发生这种结果的心理态度。

过于自信的过失，是指行为人预见到自己的行为可能会发生危害社会的结果，但轻信能够避免，以致发生这种结果的心理态度。一是已经预见；二是轻信能够避免。

疏忽大意的过失，是指行为人应当预见自己的行为可能会发生危害社会的结果，因为疏忽大意而没有预见，以致发生这种结果的心理态度。一是应当预见；二是因为疏忽大意而没有预见。

行为人虽然在客观上造成了损害结果，但不是出于行为人的故意或者过失，而是由于不能预见的原因所引起的，不认为是犯罪。

这一点是由我国刑法所坚持的主客观相统一的定罪原则所决定的。意外事件必须是行为人对损害结果的发生不可预见、不应当预见而没有预见。

不可抗力，是指行为虽然在客观上造成了损害结果，但不是出于故意或者过失，而是由于不能抗拒的原因所引起的情形。不可抗力往往具有“不可预见、不可避免、不可克服”的“三不”因素，否则就不属于不可抗力。

犯罪目的，是指犯罪嫌疑人希望通过实施犯罪行为达到某种结果的心理。犯罪动机，是指刺激犯罪嫌疑人实施犯罪行为以达到犯罪目的的内心冲动或者起因。只有直接故意犯罪才存在犯罪目的和动机，间接故意犯罪和过失犯罪则没有。犯罪目的源于犯罪动机，犯罪动机是犯罪目的的前提。

一个目的，源于多种动机，同一动机产生不同的犯罪目的，犯罪目的是某些犯罪的构成要件，而犯罪动机则一般不影响定罪，因此，确定罪与非罪的辩护方向应从犯罪目的上去辩护，而不是从犯罪动机上去辩护。犯罪动机的辩护一般在罪轻罪重时采用。因为犯罪动机虽然不影响定罪，但影响量刑。

典型案例十六：陈某故意伤害罪

入选理由：从犯罪嫌疑人心理分析入手确认案件性质

上海某公司司机叶某隐瞒自己已与女青年王某办理结婚登记的事实，对以前的女友陈某进行欺骗，致使陈某身心受到严重摧残，并且王某及其家人多次辱骂、殴打陈某，在激愤之下，陈某持斧对叶某实施了报复。区人民检察院以故意杀人罪对陈某提起公诉，最后陈某被判犯故意伤害罪。辩护律师以调查事实和法律依据进行了有力辩护，实现缓刑3年。

1. 辩护律师阐明了犯罪嫌疑人与受害人的特殊恋情关系，并指出陈某是在受到叶某欺骗、多次发生性关系，而身心受到摧残，精神极大痛苦的情况下，才对叶某进行报复伤害的。显然受害人是存在过错的。

2. 辩护律师以犯罪嫌疑人在受到欺骗、欺凌，求助于领导，又没有得到及时处理，万般无奈情况下的报复，是一种受到沉重打击，又难以摆脱处境的选择，属于一种不能忍受后的报复行为。显然事情发生的原因主要应归于被害人道德、法律上的过错。

3. 辩护律师重点阐明了本案的定性问题。抗辩人认为犯罪嫌疑人的行为构成故意伤害罪，而不构成故意杀人罪，理由如下：

第一，犯罪嫌疑人在主观上并没有剥夺叶某生命的故意，犯罪嫌疑人的激愤并不是要杀死叶某。从犯罪嫌疑人实施行为的过程来看，第一刀，叶某处在无准备的情况下，犯罪嫌疑人手持利斧完全可以一刀劈下去置其于死地，但犯罪嫌疑人没有劈，而是划（被害人讲当时是触电的感觉，犯罪嫌疑人也在庭上作了划的手势）。这种行为事实本身就完全说明了犯罪嫌疑人是想伤害被害人，而不是想杀害被害人。如果是想杀害被害人，斧刃劈砍的接触面绝对不止四公分。

第二，事实上犯罪嫌疑人使用利斧“划”，而不是“剁”或“劈”。虽一字之差，却充分反映了犯罪嫌疑人的行为心理特征，也关系着本案的定性，提请法庭充分考量。

第三，辩护人从心理诱因出发作了进一步的解释：由于本案的特殊情况，犯罪嫌疑人因身心遭受巨大痛苦，而出于激愤，其行为属于对侵害她的负心人的一时报复，而这种报复也是一时的伤害，并非故意杀人。

因此，认定本案故意杀人的事实根据和法律依据是不足的。而认定为故意伤害于理、于法都可以说得通，也具有说服力。

三、犯罪客体

犯罪客体，是指刑法所保护而为犯罪所侵犯的社会关系。犯罪客体包括一般客体、同类客体、直接客体。我国刑法分则将犯罪分为十类，其依据是犯罪的同类客体。犯罪客体是区分罪与非罪、此罪与彼罪的关键。

作为辩护律师一定要针对犯罪客体有分类意识，并把握以下几点：第一，犯罪客体决定犯罪的性质，犯罪对象则未必；第二，所有犯罪都有犯罪客体，但不是所有犯罪都有犯罪对象；第三，任何犯罪都危害客体，而犯罪对象却不一定受到损害；第四，犯罪客体是犯罪分类的基础，犯罪对象则不是。

典型案例十七：陈某盗窃罪

入选理由：瓜分赃款与劳务所得的认定决定罪行是否成立

在一起刑事案件中，三名犯罪嫌疑人随机从某市打陈某的出租车到距离市区约 5 公里的某厂的生产车间盗窃配电柜内的贵重金属，致使该厂财产遭受巨大损失，而该出租车司机陈某以胁从犯一同被起诉。辩护律师了解到陈某从其他犯罪嫌疑人上车一直到工地并不知道其要去盗窃配电柜内的贵重金属，直到陈某停在离工厂很远的地方（后经现场勘测出租车行驶约 5.6 公里，停车点距被盗工厂为 0.12 公里，当时其中一名后被认定为主犯的犯罪嫌疑人要求陈某将车靠在路边，等其返回，并支付了 100 元的出租车费）。后三名犯罪嫌疑人作案返回，要求出租车司机送其到 200 公里外的另一城市，并支付了 1000 元的出租车费。检方认定 1000 元属于分得的赃款。

显然该案扩大了打击面。设身处地，在三名犯罪嫌疑人面前，出租车司机是弱者，本身并没有参与作案。虽然不愿意将其送到 200 公里以外的另一城市，也确实受到了犯罪嫌疑人的胁迫，但该胁迫并不是参与作案，而是被胁迫将犯罪嫌疑人拉到当时约好的返回地点。实际上陈某被胁迫是受害者，而不是刑法所说的胁从犯，也没有参与分赃。虽然 1000 元略高于平时出租车价的 200

元至300元，但不能以此认定陈某是胁从犯。

最根本的是犯罪嫌疑人没有参与整个现场的作案过程，也没有对本案的客体造成侵犯，甚至连望风都没有实施，更不知道其他三名犯罪嫌疑人下车后实施了什么行为，连到最后认定的赃物是什么东西也未看到过。最后法院认定陈某无罪，并当庭释放。

四、犯罪客观方面：从环境影响中认真甄别

犯罪客观方面，是指犯罪活动的客观外在表现，包括危害行为、危害结果。某些特定犯罪的构成还要求行为人的行为发生在特定的时间、地点或者损害特定的对象等。

对于辩护律师来讲，一定要注意以下几点：

第一，犯罪的客观方面是一切犯罪构成必备的基本要件，是行为人构成犯罪并进而承担刑事责任的客观基础，它在犯罪构成诸方面要件中占据核心的地位。缺乏犯罪的客观方面，就没有犯罪构成，不能认定为犯罪。

第二，犯罪客观方面与客体要件具有密切的联系。不能说明对犯罪客体侵害的客观事实特征，不属于犯罪构成客观方面的要件。

第三，犯罪构成的客观方面的要件是具体的，而不是抽象的。客观方面的要件具体表现为危害行为，危害结果，犯罪特定时间、地点、方式（方法与手段）等。

第四，注意区分犯罪客观方面的必备要件和选择要件。必备要件是一切犯罪构成在客观方面都必须具备的要件，这是指危害行为，缺少这种要件就没有犯罪构成。

第五，注意找到犯罪结果与危害行为之间的因果关系。弄清犯罪结果属物质性的、有形的，还是特定的犯罪结果，以及这种结果与危害行为之间的因果关系。

辩护律师针对具体的案件，分析犯罪的客观方面有助于区分罪与非罪，有助于区分此罪与彼罪，有助于正确分析和认定犯罪的主观要件，还有助于正确量刑。

第六，要注意分析犯罪行为的社会危害性。危害社会的行为，其表现形式可以分为作为与不作为。作为，是指犯罪嫌疑人用积极的行为所实施的为我国刑法所禁止的危害社会行为，即刑法禁止做而去做的情况。

作为包括自己亲手实施和行为人借助其他力量实施。如借助自然力，借助动物，借助不具备犯罪主体条件的他人，或者借助他人的过失行为。这些情况仍应视为利用者本人实施作为的犯罪行为，相当于行为人的作案手段或作案工具。

不作为，是指犯罪嫌疑人有义务实施并且能够实施某种积极的行为而未实施的行为，即应当做且能够做而未做的情况。不作为在客观方面要具备三个条件：第一，行为人负有实施某种积极行为的义务；第二，行为人有履行特定义务的实际可能而未履行；第三，不作为行为侵犯了刑法所保护的客体和对象。

典型案例十八：甲某贪污案

入选理由：客观方面的过错行为不能认定为犯罪行为

甲某是某国营单位普通干部，在单位承包经营一休闲歌厅，歌厅共有两套音响设备，一套是单位的，一套是自己添置的。后因经营不善甲某中途退出。在清理休闲歌厅时，下属将一套音响搬到甲某家。一年后，单位举报其贪污音响设备一套。反贪局因此而立案，对其采取取保候审强制措施，后将案件移送至公诉机关审查起诉。

辩护律师向公诉机关提出如下辩护意见：

1. 甲某主观上没有犯罪故意：其叫下属搬回音响设备一套，未指使其故意搬回单位那套。搬回单位那套，是经办人员过失，并非甲某主观故意，其行为不构成犯罪。至于单位认为其搬回后长达一年没有退回构成贪污的意见，甲某解释是因为承包结束以后，从未使用过音响设备，没有认真查看是不是自己那套，主观上没有非法占有的故意，甲某的行为依然不构成犯罪。

2. 非法占有金额达不到立案标准：虽然单位那套音响设备价值高达 1 万多元，但甲某下属只搬回了一套，而把甲某自有的那套留给了单位，单位已接受移交。因此，即使甲某主观上具有非法占有单位音响的故意，占有价值也应为单位音响价值与自有音响价值的差额，低于法律规定的贪污罪立案标准，甲某的行为依然不构成贪污罪。

3. 显然，本案存在对客体认识上的错误，该种认识既有单位送货人的错误或失误，也有甲某的错误或失误，还有单位验收人的错误或失误，不能将这种错误或失误都归于甲某一人，显然客观方面的错误或失误所构成的行为不能认定为犯罪。

公诉机关经过审查，采纳了辩护人的意见，对甲某作出了事实不清，证据不足，不予起诉的决定。

第9章
罪名认定："罪刑法定"的综合把握

辩护律师接到当事人委托时，公安机关、检察机关一般都会对犯罪嫌疑人进行罪名指控，或者说对犯罪嫌疑人所涉罪名有一个基本认定：明确犯罪嫌疑人犯的是什么罪。作为辩护律师，首先要思考的问题自然是司法机关指控的罪名是否恰当，其指控是否符合"罪刑法定"原则。

一、指控质疑：认真思考罪名的适当性

辩护律师接受犯罪嫌疑人或其亲属的委托或人民法院的指定后，除履行程序性手续外，第一要务就是针对指控方指控所涉罪名，结合事实与法律进行犯罪的特征分析。

依照《刑法》第13条对犯罪的定义的规定："一切危害国家主权、领土完整和安全，分裂国家、颠覆人民民主专政的政权和推翻社会主义制度，破坏社会秩序和经济秩序，侵犯国有财产或者劳动群众集体所有的财产，侵犯公民私人所有的财产，侵犯公民的人身权利、民主权利和其他权利，以及其他危害社会的行为，依照法律应当受刑罚处罚的，都是犯罪，但是情节显著轻微危害不大的，不认为是犯罪。"辩护律师要结合犯罪的定义和刑法分则及刑法修正案对相关罪名的解析，通过自己所掌握的信息判断犯罪嫌疑人"罪"与"非罪"的问题。

不同国家有不同的刑法理论，对犯罪有不同的定义；同一国家依据不同的社会经济形势变化，在确定罪名时会改变其罪名的外延和犯罪的内涵。有些行为在某一特定时期会被认定为犯罪但在其他时期则规定为不构成犯罪。

我国《刑法》关于犯罪的定义采取的是“形式加实质”的方式。如“危害社会的行为”是对犯罪的实质定义。这样就可通过犯罪的“三性”来确认罪名是否恰当。“三性”，即“具有社会危害性、刑事违法性和应受惩罚性”。

（1）具有社会危害性。犯罪嫌疑人犯罪行为常以结果来考量，而非虚拟与想象，且这一结果对社会具有危害性，而非对某一单个的人或组织具有危害性，否则就可能由民商法来调整了。

（2）刑事违法性。即罪刑法定，也就是说犯罪嫌疑人被指控的罪名在现行刑法中有专门的条款进行规定，否则，其指控就属莫须有，这就违背了罪刑法定原则。对于一些损害他人利益的非刑事违法行为，辩护律师就要说明他违反的是其他法律规定。

（3）应受惩罚性。即罪刑相当原则，也就是说犯罪嫌疑人被指控有罪的，必须是达到刑法上规定的情形，否则也不构成犯罪。如虽有社会危害性，但危害很小，或者达不到法定追究的情节，不符合主观要件或客观要件，也可说不构成犯罪。

典型案例十九：梁某拾金案

入选理由：不当得利与盗窃罪、侵占罪的构成分析

2008年12月9日上午，梁某如常在机场候机大厅内打扫卫生，在19号登机柜台看到垃圾桶附近两名女乘客中间有一辆行李车，车上放着一个类似方便面箱的小纸箱，过了五六分钟，两位旅客急急忙忙跑进安检门。梁某第二次来到19号登机柜台垃圾桶旁，看到那个小纸箱还在行李车上，以为是她们丢弃的，就顺手把小纸箱当作垃圾清理到清洁车里，然后梁某继续工作。上午9时左右，梁某告诉同事曹某说自己“捡”到一个纸箱，里面可能是电瓶，委托曹某将纸箱先放在男性残疾人洗手间内，如果有人认领就还给人家。当天上午9时40分左右，梁某在吃早餐期间又告诉大家自己“捡”到一个纸箱，可能是电瓶，另一名清洁工马某就提出去看一下，并说如果是电瓶就送给他用来电鱼。马某和曹某到二楼放纸箱的残疾人洗手间，打开纸箱后发现里面竟然是一包包金灿灿的首饰，两人取出两包首饰，一人分一半，然后离去。下午1时40分，到了下班时间的梁某将纸箱移到自己位于一楼的自行车上，然后带到位于

两公里外的家中。珠宝公司员工王某在发现箱子遗失后，向警方报案。

2009 年 3 月 12 日，市公安局侦查终结后，以涉嫌盗窃罪对梁某案出具起诉意见书，把梁某案移送市人民检察院审查起诉。经检察院审查，检察机关以涉嫌盗窃罪正式批捕梁某。随后，市人民检察院认为以盗窃罪起诉不妥，遂移交区人民检察院审查起诉。区检察院仍倾向于梁某涉嫌构成盗窃罪，第一次退回公安机关补充侦查。

2009 年 5 月 14 日，公安机关将梁某带回补充调查，认定梁某涉嫌盗窃。随后检察院以盗窃罪批捕了梁某。

9 月 25 日，检方审查终结，认为梁某构成盗窃罪证据不足不提起公诉，金饰失主也表示不追究，梁某恢复自由。

2009 年 10 月 10 日，市公安局机场分局做出撤销该案的决定。金饰的失主珠宝公司负责人明确表示不会追究梁某的责任，梁某案到此画上句号。

梁某是否构成侵占罪，辩护律师作了深刻的分析：

1. 梁某的拾金行为不构成犯罪

梁某的拾金行为不构成犯罪，仅成立民法上的不当得利。依据《刑法》的犯罪构成要件理论和我国《刑法》第 270 条关于侵占罪的规定，梁某的拾金行为单从主观要件来看，属于以非法占有为目的。辩护律师接着根据案情发展的三个阶段加以详细分析。

首先，梁某看到在行李车上的纸箱，然后，梁某拾得纸箱放到清洁车里，随后又将纸箱转移到残疾人洗手间内。但是，在上午 9 时左右，她告诉同事曹某称自己"捡"到一个纸箱，里面可能是电瓶，先放在残疾人洗手间内，如果有人认领就还给人家。依据梁某告诉同事自己捡到纸箱并将其放在残疾人洗手间内的事实来看，梁某主观上应该知道该物是他人的遗忘物。其并没有非法占有该物的主观意识。

其次，在案件发展到第二阶段时，梁某在和其他清洁工一起吃早餐时，又将自己捡到纸箱一事告诉大家。这更能说明当时梁某并没有非法占有该物的主观意识。但当快下班时曹某告诉她捡到的纸箱内装的可能是黄金首饰时，梁某有点不相信，而又让同事韩某拿到大厅内的黄金首饰店询问。韩某回来告诉梁某，这首饰和首饰店里所卖的黄金首饰是一样的。于是，梁某中午下班后就把小纸箱带回自己家中。依据梁某把拾得的黄金饰品带回自己家中这一事实，辩护律师认为，这一行为就能说明梁某的主观意识已经从无非法占有转化为非法占有。具有非法占有他人遗忘物的主观故意。

再次，梁某把拾得的黄金饰品带回自己家中后，到了下午4时，梁某同事曹某在她出租屋楼下喊，说你捡的东西，人家失主报警了。梁某告诉曹某，说明天上班交上去不就行了。傍晚6时左右，警察找到梁某，梁某确认是警察后，就主动交出拾得的黄金饰品。依据梁某对同事曹某的回话和主动交出这一事实，说明梁某没有拒不归还的主观意识。总之，梁某主观上具有非法占有他人遗忘物的故意，但无拒不归还的故意。所以并不符合侵占罪的犯罪主观要件。

最后，从客观要件方面分析来看，梁某的拾金行为属于非法占有他人财物的行为。拾得的黄金饰品经有关机关鉴定为价值人民币3066074元，达到数额较大的标准。整体来看，梁某的行为在客观上具有非法占有他人财物的情形，但不具有拒不归还或者不交出的情形。所以并不符合侵占罪的犯罪客观要件。

综上所述，梁某的行为不符合侵占罪的构成要件的主观要件和客观要件，不成立侵占罪，仅成立民法上的不当得利，仅是一种违法侵占行为。

2. 不当得利的认定

辩护律师认为梁某的行为不构成犯罪，仅成立民法上的不当得利。所谓不当得利，是指无法律上的原因而受利益，致使他人受损失的事实。不当得利既可以基于一方当事人的法律行为而发生，也可以基于自然事实而发生。

通过分析，梁某的行为完全符合不当得利的构成要件，即构成民法上的不当得利，应承担民事上的返还责任。

综上所述，梁某的行为不构成犯罪，仅成立民法上的不当得利，是一种拾金而昧的不道德行为。

所谓盗窃罪，是指以非法占有为目的，窃取数额较大的公私财物或者多次盗窃公私财物的行为。盗窃犯罪的行为人在犯罪主观方面是为了非法占有或者窃取公私财物，客观方面则是采取秘密窃取或者多次盗窃的行为。但是在本案中，梁某并没有采取秘密窃取或者多次盗取的行为来取得这些金饰。当时这些金饰是摆在深圳机场候机大厅的垃圾桶旁，根本无人控制或是无人看管。当天曹某打电话告诉梁某说有乘客丢了东西，已经报警了，梁某说我明天把东西交上去就是了。因此，从主观上来说，梁某并没有实施盗窃的主观故意。

从表面上来看，梁某已经占有或者控制了这些巨额的金饰，似乎可以认定为获得了巨额财物。但是，仅凭梁某占有过这些巨额金饰的客观结果，就认定梁某的行为已经构成了盗窃罪，实际上是缺乏犯罪主观方面的客观归罪行为。梁某的行为不能构成盗窃犯罪，如果仅凭结果而论就认定为盗窃犯罪的话，显然司法机关的行为就是在客观归罪。

第一，梁某的行为不构成盗窃罪。因为本案当事人的行为不符合盗窃罪的构成要件。根据案情，梁某主观上没有想非法占有该财产，客观上没有使用秘密窃取的手段。

第二，梁某的行为不构成侵占罪。因为侵占罪的构成必须要有一个非常重要的构成要件，即拒不归还。根据案情可看出，该遗失物是梁某拾得的，梁某一直在寻找失主，并且在失主报案后，主动交还，没有拒不归还的情节。

第三，梁某的行为属民法上规定的拾得遗失物的行为。如果该失主没有出现，该遗失物就是无主财产。如果该失主出现，那么该遗失物就应归还给失主。梁某的行为应当是符合绝大部分老百姓的心理的。这从情理上应该能给予理解，而不是强制要求梁某承担刑事责任。

二、"罪刑法定"抗辩的思维过程分析

"罪刑法定"和"罪刑相当"都要依据被指控的罪名在刑法上找到相关的法条，看是否符合假设性条款所规定的条件，看是否存在但书条款所规定的情节与事由等，从而判断罪与非罪，罪轻与罪重的问题，以此来谋划自己的辩护策略。

作为辩护律师，要代理好一桩刑事案件，起码要有以下思维过程：

首先，要明晰罪名。通过罪名明晰，弄清犯罪成立的主要构成要件。

其次，要弄清案件事实，为案件的事实辩护厘清思路。

最后，要注重对证据的解读，为案件的证据辩护找到依据，使证据确实、充分，形成牢固的抗辩证据链或截断控方的证据链 。

此外，在研究犯罪构成时要与其他犯罪要素相联系。也就是说要将指控方所指控的罪名与犯罪嫌疑人实施犯罪的时间、空间、事件与对象相联系，通过

已掌握的信息，通过合理的心证分析，判断犯罪嫌疑人的行为是否符合我国公认的犯罪构成标准 。

典型案例二十：韩某扰乱社会秩序罪

入选理由：业主对物权的行使与妨碍社会秩序的冲突

犯罪嫌疑人韩某系飞纶厂主要负责人，为了收回被上海某公司电视大学非法占用的一间74平方米的教室，组织调动该厂员工以维修的名义，拆毁了该房屋的屋顶和门窗，运走了拆下的建筑材料，影响了电大教学。该厂所在区检察院以扰乱社会秩序罪起诉。

辩护律师主要从以下几个方面进行了策划分析和抗辩：

1. 明确案件所涉民事标的物的权属关系。通过庭审调查，确认案件所涉民事标的物（电视大学的教室）权属属犯罪嫌疑人所主管的飞纶厂。

2. 用多组证据证明所涉民事标的物非权属主体（电视大学）擅自抢占房屋的事实。

3. 提供多组证据证明涉民事标的物物权所有者（飞纶厂）与非权属单位（电视大学）交涉房屋退还之事，并向法院提出诉讼，但法院一直只是出面调解，而不予立案，以此证明双方存在民事纠纷。

4. 犯罪嫌疑人拆房屋时，向电视大学出具了介绍信，并送达了房屋存在安全隐患，需要利用该校放寒假之机维修的通知。以此说明本案发生的前因后果。

辩护律师针对起诉书指控，认为所指控罪名不成立。提出犯罪嫌疑人的行为没有触犯刑法，不构成扰乱社会秩序罪。

辩护律师首先对扰乱社会秩序罪的犯罪构成进行了法理分析，指出扰乱社会秩序罪所侵犯的客体是社会秩序，而飞纶厂拆修的是自己拥有完全产权的房屋，不存在扰乱社会秩序。

同时，此次拆修属于自己的房屋，选择在非开学期，并事先通知了房屋实际占有使用人电视大学方面有关权属单位维修房屋的事宜。从实际情况来看，从电视大学搬家到开学，房屋拆修没影响到学校的正常教学秩序，也不能简单地把影响教学秩序归结为扰乱了社会秩序，因为学校与犯罪嫌疑人存在简单的房屋租赁关系或房屋权属关系。

接着，辩护律师进一步指出，飞纶厂基于维护房屋安全、适用性，采取大修方式，既是维护自己的合法权益，又是希望解决双方产权的归属问题，主观上不存在扰乱社会秩序的故意，大修房屋是安全维护的需要，并没给国家财产造成损失，也没影响到正常的教学秩序。因此，无论从动机、目的，还是后果来看，都不构成扰乱社会秩序罪。

三、主客观一致：以“罪刑法定”把握犯罪嫌疑人入罪的基础

依照一般的刑事办案思路，往往是先出现刑法保护的客体受到侵害后，根据线索确认犯罪行为，找到可能实施了侵害行为的犯罪嫌疑人，然后再根据犯罪嫌疑人的陈述或其他有关人员的指认或证明，从而确定犯罪嫌疑人的侵害行为是否与客体受到侵害存在直接的因果关系。也就是指控方要通过一定的程序，证明犯罪嫌疑人的行为是否在客观上造成了侵害刑法所保护的客体。如果证明成立，则犯罪嫌疑人犯罪成立，再根据刑法的具体规定，决定其是否应受到刑事处罚以及应受到什么样的刑事处罚。

在有些案件中，办案人员可能存在先入为主的问题，一般是经人检举，或者犯罪嫌疑人因此案牵涉到彼案，从而可能出现办案人员主客观认识不相一致的问题，这样就可能违背犯罪法学所称的主客观相一致的原则。

例如，在故意伤害罪与过失致人死亡罪的界定方面，就存在很大的辩护空间。

二者相近之处是：在客观上都造成了被害人死亡的结果，在主观上行为人对死亡结果的发生往往都表现为过失的心理态度。两罪的根本区别在于，前罪具有伤害他人的故意，其死亡结果是行为人意志以外的原因造成的；而后罪没有犯罪的故意，是由于过失致人死亡。依据案情查明行为人有无犯罪故意，对划清故意伤害罪与过失致人死亡罪的界限至关重要。

在故意杀人（既遂）和故意伤害致人死亡的界定方面，也存在较大辩护空间。故意杀人（既遂）和故意伤害致人死亡，都造成了被害人死亡的结果，区

别就在于行为人的主观故意，如果行为人的故意内容是杀人，那么就构成故意杀人罪，如果行为人的故意内容是伤害，虽然造成了被害人死亡的结果，但是也仅构成故意伤害致人死亡罪。故意杀人中的故意，是指明知自己的行为会发生他人生命被剥夺的结果，而希望或者放任这种结果的发生；故意伤害致人死亡是指明知自己的行为会发生他人身体健康遭到损害的结果，而希望或者放任这种结果的发生，对于死亡结果，行为人的主观故意是过失。

对行为人故意内容的判断，不能仅根据是否发生死亡结果来认定，也不能仅根据行为人的供述来认定，而应该根据行为人在实施犯罪行为时的具体情况来综合认定：

（1）事出有因。被害人受到人身伤害，总会事出有因，不会无缘无故。而究其原因往往涉及行为人实施行为时的动机，是因为报仇，还是因为雪恨；是亲属间互殴，邻里打斗，还是纯属义愤而路见不平，拔刀相助；是因为早有预谋，故意挑起事端，还是因为事发突然，场面难以控制；是因为事发现场人员情绪激动所为，还是召集现场外人员故意伤害。这些都是衡量行为人主观故意或社会危害性程度的重要因素，有时还可从中掌握犯罪嫌疑人行为动机。

（2）行为可控。犯罪嫌疑人在实施犯罪行为时，是否存在有意识、有节制地控制自己的行为；是否存在不计后果，置对方于死地的持续伤害行为；特别是在对方已停止反抗或没有反抗能力的情况下是否还实施伤害；在行为人实施侵害行为时，是无限度的致命打击，还是有限度的教训性打击。这些对于判断行为人的主观故意有很大作用，以此可以判断犯罪嫌疑人是否构成伤害的故意。

（3）作案工具。对于作案工具首先要分析是犯罪嫌疑人早有预谋而随身携带的，还是情急之下从现场随手拿起的，抑或灵机一动从对方手中夺下的。对于随身携带的，还要弄清是因为劳动、工作所需随身携带的，还是因为随身携带本身就是用来防身的，抑或准备用来威胁他人或为伤人而准备的。而对于准备用来防身的，要分析是属于禁止的管制器械，还是生活常用之物。对于生活常用之物，还要分析其工具本身的危险性大小。作为一个正常人，应该能够意识到使用工具比徒手伤人更具危害性，以及使用力度对危害性的影响程度。

（4）伤害部位。被害人所受伤的部位也是评判犯罪嫌疑人罪过、主观恶性的一个重要因素。作为一个正常人，应该意识到受害人被伤害部位对生命的危险程度，如直接对颈部、胸部、腹部等重要人体部位进行刀捅，或对头部进行重击，远比对四肢、背部戳打危险程度高。同时还要考虑犯罪嫌疑人是否有预谋，是否有选择性地反复伤害某一部位，以及伤害的力度、深度、伤害的次数。这些都是认定行为人主观故意内容的因素。

（5）行为预警。对于现场的伤害一般应是有条件的、对等的。双方是否因力量悬殊而选择自卫；是否凭借一定的有利条件或选择了有利条件而采取防卫，是否凭借某一优势向对方发出了行为预警或明确的语言警示；是否凭借预警让对方放弃了占优的条件选择了退让。这些都可用来认定犯罪嫌疑人主观上的过错或故意，同时也是鉴别犯罪嫌疑人行为是否属于正当防卫或防卫过当的重要因素。

（6）特殊关系。要分析受害人与犯罪嫌疑人的特殊关系。是否存在亲属关系，邻里关系，恋人关系，朋友、工作同事关系或商业协作关系等；是否存在积怨；是否存在没能了结的经济纠纷、民事纠纷、劳资纠纷；是否涉及雇凶等。这些都可用来衡量犯罪嫌疑人的主观恶性的大小。

（7）施救措施。实施伤人行为后，行为人是否对被害人进行了有效的施救，如拨打急救、报警电话，采取急救措施，及时通知家人或施救人员告知受害人所在位置，使受害人得到了有效救助，或是否因为救助没有造成无法预料的后果或使受害人的伤害降低到了可控制的程度。

（8）案后自首。犯罪嫌疑人是否存在案后自首的行为，是否将自己的行为及时告知相关人员或机关，是否让相关人员有时机采取补救措施或补救行为，是否到案后如实陈述等。这些也可以用来认定犯罪嫌疑人的主观恶性大小。

（9）案后理赔。犯罪嫌疑人在案后是否主动与受害人和受害人家属商定理赔事项，是否让受害人及其家属背书对犯罪嫌疑人的谅解书等都十分重要。

上述几点应综合分析，结合具体的现场情况来确认犯罪嫌疑人的主观恶性大小，以此来确定抗辩的重点。

第 10 章 逻辑视角：刑事辩护的制高点

在法庭上，充分依据事实和法律进行论辩，使自己的抗辩观点被主审法官采纳，从而最大限度地维护犯罪嫌疑人的辩护权益，是每个辩护律师着力追求的。而辩论水平的发挥，笔者认为在一定程度上就是看辩护律师是否有一定的逻辑思维形式的掌控能力。培养辩护律师对客观事物及双方争议进行理论性认识的过程，掌握抽象思维从复杂到一般规律的过程，开拓律师的论辩思路，激发其逻辑思维的能力，是提高辩护律师法庭辩论水平的根本途径。

一、律师辩论要掌握的逻辑常识

作为刑事辩护律师要掌握一些基本的逻辑常识，只有掌握了基本的逻辑常识，才能使自己的辩护意见逻辑严谨，更具说服力。

1. 律师要从概念出发掌握逻辑的基本常识

概念有两个基本的逻辑特征，即内涵和外延。辩护律师在研究控方起诉书中的指控时，一定要先弄清起诉书中涉及哪些法律概念，特别是要注意起诉书所涉及的相似或类似概念，并懂得其中所有用词的内涵和外延，从而与事实相联系，与法律相联系，分析是否有有意混淆的可能，并有针对性地准备如何提示或反驳对方概念方面违反逻辑常识的错误。

概念的内涵是指概念所反映的事物的特性和本质；概念的外延是指反映在概念中的一个个、一类类的事物。

在理解概念的内涵与外延的同时要懂得概念间的关系。按其性质来说，概念间可以分为相容关系和不相容关系两大类。概念的相容关系有同一关系、从属关系、交叉关系三种；概念的不相容关系有矛盾关系、反对关系两种。反对关系中往往还有与之不相容的且独立的第三种同层次概念的存在。

在刑事辩护过程中要特别注意起诉书中用词的同一性与准确性，分析其是否随意扩大或缩小内涵，这样就容易抓住对方犯逻辑错误的把柄。当然，也要在辩护中注意概念的同一性与准确性，否则也有可能被对方抓住把柄。

例如，在一份辩护词中，辩护律师为了说明伪证罪所侵犯的客体，发表了下述辩护意见："伪证罪的侵害客体是法庭判断。法庭举证都没有开始，犯罪嫌疑人侵害了谁?""伪证罪直接损害的客体，是法庭秩序和司法公正。犯罪嫌疑人连法庭都没有上，笔录都没有做一份，证人都没有申请，根本没有'提供、出示、引用'任何证据。哪里影响了法庭?"

显然辩护律师偷换了概念。因为伪证罪所侵犯的客体是司法秩序和司法公正，而不是法庭判断、法庭秩序或法庭。

对于辩护律师来讲，在辩护过程中偷换最基本的法律概念是十分致命的。因为无论是指控方，还是居中裁判的法官，他们都具有很高的法理功底，偷换基本的法律概念，等于是自暴弱点，反驳无力。

再如，甲辩护律师为乙辩护律师开脱伪证、妨碍作证罪发表的辩护意见如下："'乙辩护律师向 A 某宣读同案人 B 某等人的供述'，这是《刑事诉讼法》第 39 条规定的审判阶段辩护律师的'会见和通信权'，是对 A 犯罪嫌疑人犯罪事实是否存在、是否承认事实有无错误进行核实的基本权利，没有任何法律规定不准律师这样做。律师不对口供、证言进行事先当面核实，根本无法判断真相、理出辩护思路、写出辩词，根本无法上法庭辩护。"

上述意见似乎十分具有说服力，但甲辩护律师忽视了乙辩护律师不可以在开庭前为犯罪嫌疑人或证人之间"串供"提供方便。向犯罪嫌疑人宣读其他同案犯的供述不应当说是辩护律师的基本权利。这正好反证律师有意帮助犯罪嫌疑人翻供，具有作伪证、妨碍作证罪的行为。辩护律师在刑事诉讼中具有独立的诉讼参与人地位。辩护律师在会见犯罪嫌疑人或证人时可以"一对一"地当面核实相关犯罪情节、相关证据，但不能将知道的一切证人言辞、其他同案犯罪嫌疑人的供述连同证人、供述人是谁和盘托出。显然辩护律师忘了自己通过特殊辩护身份对接触到的东西负有保密义务。

2. 辩护律师要在罪与非罪的认定及证据的分类中用到划分

辩护律师一定要懂得“划分是明确概念的外延的逻辑方法”。划分由母项、子项和划分标准三个要素构成。尤其是对划分标准的掌握一定要做到准确无误。

划分应满足以下规则：

（1）各子项之间的关系应当是不相容的；

（2）各子项外延之和必须等于母项的外延；

（3）每次划分必须使用同一划分标准；

（4）划分不能越级。

在连续划分中，每次划分得到的概念属于同一层次，不同层次划分得到的概念属于不同层次。例如，某辩护律师在辩护词中指出：“‘为帮助犯罪嫌疑人龚某开脱罪责’，这对于辩护律师而言是合法的，这是法律规定的律师职责。《刑事诉讼法》第37条规定：‘辩护人的责任是根据事实和法律，提出犯罪嫌疑人、被告人无罪、罪轻或者减轻、免除其刑事责任的材料和意见，维护犯罪嫌疑人、被告人的诉讼权利和其他合法权益。’因此，律师的这一目的是合法的，不能认定为犯罪。”

上述主要是对法条的理解，好像无懈可击。但从概念的划分上来理解，辩护人的辩护意见是存在严重的逻辑问题的。因为“开脱罪责”与《刑事诉讼法》规定的“维护犯罪嫌疑人的合法权益”是不能等同的。后者是《刑事诉讼法》规定的律师职责，而前者是辩护人臆断的律师职责。难道帮助犯罪嫌疑人伪造证据，也是合法的吗？显然不是。帮助必须是合法的行为，因为任何不受约束的行为本身都有可能构成对法律的侵犯。作为辩护律师应明确目的合法，手段不合法也是国家法律所禁止的。

再如，某辩护人在发表辩护意见时指出：帮助毁灭、伪造伪证，是对有形证据的改变，不包括其本人口供的改变。“帮助当事人毁灭、伪造证据”，不包括如下含义，即犯罪嫌疑人在律师的影响下改变其口供。帮助伪造证据的行为，只针对“证人”，不针对“犯罪嫌疑人”。只有改变“证人”的“证言”，才构成本罪，改变“犯罪嫌疑人”的“口供”，不构成本罪。

显然上述辩护意见将证据的划分限定在证人的证言上，而将犯罪嫌疑人的供述排除在证据之外，同时将伪造证据限定在有形证据上，而将供述证据排除在外，同时发表“犯罪嫌疑人的言辞影响不构成伪证、妨碍作证罪”的辩护意见说明辩护人对证据的划分标准存在有意进行混淆的嫌疑。

如果公诉人针对上述辩护意见反问：如果只有犯罪嫌疑人的供述，而没有控方的证明，不能定罪。但既有犯罪嫌疑人的供述，又有控方的证据证明，这难道不是典型的自认吗？犯罪嫌疑人的供述难道不是言词证据吗？一旦控辩方如此反问，辩护意见的逻辑漏洞岂不是显而易见？

3. 辩护律师要懂得定义规则

通过定义，可以明确这个概念所反映的对象的特点和本质。给概念下定义最常见的形式是属加种差的定义方法，即被定义的概念 = 种差 + 邻近的属。

定义要符合一定的规则：

定义必须揭示被定义对象的区别性特征。

被定义项的外延和定义项的外延必须是全同关系，否则就会犯“定义过窄”或“定义过宽”的错误。

定义项中不得直接或间接包含被定义项，否则就会犯“循环定义”或“同语反复”的错误。

定义项中不得有含混的词语，不能用比喻，否则就会犯“定义含混不清”或“用比喻下定义”的错误。

例如，甲辩护律师在为乙律师开脱伪证、妨害作证罪的辩护中指出：“……在刑事诉讼中，律师和警察处在指向目的对立的双方。”

“……在刑事诉讼中，律师和警察处在指向目的对立的双方”这一定义不仅存在逻辑上的问题，也存在事实上的问题。

在刑事诉讼中，律师和警察处在指向目的对立的双方这一结论显然是辩护律师的臆断。

在刑事诉讼中法官居中裁判，控辩双方持正反相对的立场，但无论是控方还是辩方，都要充分利用公安机关侦查终结的案卷材料，如何说律师和警察目的对立呢？证据有正反的解读，但法官对证据的采信只能有一种。辩护律师不自觉地把自己与警察指向目的对立是完全错误的。从刑事诉讼博弈的角度来讲，公安侦查终结的案卷能够为律师所用，能够通过专业知识找到漏洞，找到矛盾之处，找到对辩方有利的证据解读，适用其侦查终结的证据材料反驳控方的指控，这样才能充分展示辩护律师的技能。如果臆断律师和警察处在指向目的对立的双方，不善于利用公安机关侦查终结所形成的证据，不加以利用公安侦查终结所形成的证据对律师办案都是有害无益的。

4. 辩护律师要懂得因果联系的辨识或判断

因果联系是指原因和结果之间的内在联系。如果一个现象的出现引起另一个现象的出现，那么，这两个现象之间就有着因果联系。引起另一现象出现的现象叫原因，被引起的现象叫结果。

因果关系的主要特点如下：

一是普遍必然性。

二是共存性。

三是先后性，即所谓的先因后果，但要特别注意事物间存在的先后关系并不等于因果关系。

四是复杂多样性。世间有一因一果，但更多的是多因一果或一因多果。

当然，作为辩护律师也应具有识别假因果关系的能力。如“轻断因果”“强加因果”“因果倒置”“错为因果”等。

例如，甲辩护律师在乙辩护律师涉伪证罪中指出：“也就是说辩护律师乙还根本没有举证。他什么证据都还没有形成，也没有提交给法院一份证据。这个阶段，说辩护律师乙实施了‘伪证犯罪’，是十分可笑的。”

显然上述辩护意见忽视了对因果的辨识或判断。

《刑法》第306条所规定的“辩护人、诉讼代理人毁灭、伪造证据、妨害作证罪”的犯罪在客观上表现为在诉讼过程（从立案到结案，而非只有开庭时）中，对与案件有重要关系的证据进行了销毁，或者所提供的与案件有重要关系的证据是虚假的，或者使得证人没有按照真实的意思表示作证，并且所作之证违背了客观事实。

显然是否构成犯罪与证据是否提交，由谁提交没有法律上的必然因果；同时证据形式不影响犯罪构成。该案在客观方面不只是注重结果，更多的可能是注重对司法秩序干扰的行为。也就是说行为是果，而非结果是果。

二、辩护律师要掌握的逻辑规律

辩护律师无论是在论辩过程中还是在证据的辨析过程中，抑或在辩护词的组织中，一定要掌握好四个基本的逻辑规律：同一律、不矛盾律、排中律与充足理由律。

1. 对同一律的正确理解

任何一个正确的推理或论证都必须遵守同一律的要求，即要求语词或语句在特定的语言环境下，保持确定的含义，即都应当表达确定的概念或判断。否则，就会犯违反同一律要求的逻辑错误。

同一律的逻辑要求包括两个方面的内容：第一，在同一思维过程中，每个思想都必须是确定的；第二，在同一思维过程中，每个思想前后都应当保持一致。同一主要是指任何词项必须保持内涵和外延的同一。

同一律要求人们使用概念、命题保持自身同一，但有一个前提是在同一个思维过程，即在同一时间、同一关系（同一方面）下对于同一对象而言。常见的错误主要是：混淆或偷换概念和转移或偷换论题。

例如，某辩护人在辩护词中指出："这时候出示所有法院提供副本的证据给犯罪嫌疑人，都是合法的。所有证据都是可以出示的。因为证据必须经犯罪嫌疑人质证。虽然犯罪嫌疑人知道其他犯罪嫌疑人的说法，确实有可能改变原供，但这种改变已经不可能影响原有在卷证据，包括他已经向侦查机关所作的口供。因此，说律师会见犯罪嫌疑人时不能出示口供和证言给犯罪嫌疑人，是根本不懂刑事诉讼制度，是一种特权观念，是直接违反刑事诉讼法的。"

显然该辩护意见"所有证据都是可以出示的，证据必须经犯罪嫌疑人质证"被替换为"辩护律师可以在会见犯罪嫌疑人时同犯罪嫌疑人单方质证"。律师法和刑事诉讼法赋予了辩护律师不同于犯罪嫌疑人或其他辩护人的特定诉讼参与权利，包括阅卷权，有条件的对宗卷的复印、摘录权。法律为什么这么规定，难道是让律师有权在开庭前去将提前获得的控方证据内容转达给犯罪嫌疑人或其他证人吗？立法意图显然不是这样的，而是认为辩护律师具有驾驭法律的能力，能够控制自己的行为，让辩护律师尽早对案情有全面的了解，正确履行独立辩护人的职责，形成自己的辩护意见或办案思路，而根本不是让律师去做传声器。

2. 对不矛盾律的正确理解

不矛盾律要求对两个互相矛盾或相互反对的判断不能都肯定，必须否定其中的一个，否则，会犯自相矛盾的错误。

不矛盾律要求在同一思维过程中，思想必须前后一贯，不能自相矛盾。不矛盾律的要求是对于同一对象不能同时做出两个互相矛盾的断定，即不能既肯定它是什么，同时又否定它是什么。

违反不矛盾律的逻辑错误主要是："自相矛盾"或"逻辑矛盾"。

从命题方面看，如果对于两个互相矛盾的命题同时给予肯定，或者说，如果对同一对象同时做出两个相互矛盾的断定，那么就会产生逻辑矛盾。

运用不矛盾律必须注意以下问题：不矛盾律是对同一思维过程而言的；必须注意区分逻辑矛盾与现实矛盾。

3. 对排中律的正确理解

在现实生活中，我们对一组相互对立的事项不能一味地否定，而应有所否定，有所肯定，否则就有可能坠入排中律的陷阱。也就是说，对于两个互相矛盾的判断，必须明确地肯定其中之一是真的，不能对两者都加以否定。换言之，对于是非问题必须作出明确而肯定的回答，否定其中的一个，就必须肯定另一个。常见的违反排中律的逻辑错误就是"模棱两可"。

例如，某位辩护律师在对一起强奸案进行辩护时说，被害人与犯罪嫌疑人平时关系很好，经常在一起玩耍。因此，犯罪嫌疑人与之发生性行为是被害人自愿的，没有违背妇女意志，同时又说，虽然犯罪嫌疑人与被害人发生性行为时，犯罪嫌疑人采取了捆绑受害人手脚的强迫手段，但随后犯罪嫌疑人就为之松了绑，并向其进行了忏悔，并且，该受害人也同意犯罪嫌疑人给予其经济补偿。因此，可以不追究犯罪嫌疑人的法律责任。该辩护意见违反了排中律，一方面说没有违背妇女意志，另一方面说违背了妇女意志，对到底是否存在违背妇女意志采取了模棱两可的说法。

运用排中律必须注意以下几点：

第一，排中律也只是逻辑思维的规律，它只要求在两个互相矛盾的思想中作出非此即彼的明确选择，因为在一定的论域内，真理总是属于两个互相矛盾的思想中的一个，而不可能属于第三者。

第二，在运用排中律时，要注意分析一种特殊的问句——“复杂问语”，即一种隐含着某种前提（预设）的问句。

第三，排中律要求对“是”和“非”的问题作出明确的选择，但是运用排中律时，对于复杂问语不能简单地采取肯定或否定的回答，而要首先否定对方隐含预设的思想。

4. 对充足理由律的正确理解

在思维或论辩过程中，任何真实的判断必须有充足的理由才能成立。一般说来，充足理由必须具备以下条件：第一，作为理由的判断必须是真实的或经过实践证明而无疑问的；第二，理由与推断之间要具有必然的逻辑联系。

能够充当充足理由的真判断有：科学的公理、定理；用经验方法确定为真的判断；利用其他判断证明为真的判断；国家的法律、法令等。违反充足理由律就会产生“理由虚假”或“理由不足”的逻辑错误。

例如，在一起亲属间强奸案中，受害人张某报案时只有 13 岁，她到公安机关控告其父多次强奸她，在公安机关提审犯罪嫌疑人时，犯罪嫌疑人也供述了其强奸的全过程，最后被判奸淫幼女罪成立，被处以 15 年有期徒刑。两年后，张某又到公安机关翻案，说其父并没强奸她，而是其父为了让其好好学习，经常打骂她，她受不了父亲严厉的教育方式，就陷害其父，后张某自愿通过法医鉴定其保持着处女之身。显然，该案违背了充足理由律。公安机关一开始就应当对张某进行处女膜完整性鉴定，但忽视了该点。

三、辩护律师要掌握基本的反驳方法

任何一个正确的思想或理论，都必须有严密的逻辑证明，只有经过逻辑论证的思想才具有说服力，才能达到以理服人的效果。

（一）刑事辩护中常用的反驳方法

反驳是根据一个或一些真实判断确定某一论证的论题虚假或论证不能成立的过程，即用自己的论证来推翻他人的论证。把证明对方论题虚假或不能成立的思维过程称为反驳。实质上反驳也是一种证明。

常用的反驳方法包括归谬法、独立证明法反驳、类比反驳、揭露矛盾法反驳。

在反驳对方时，还要注意溯因推理与学会削弱对方推理的方法。

1. 溯因推理

溯因推理就是从结果出发，根据一般规律性知识，推测出事件发生的原因的推理方法。溯因推理是客观存在的，这就是客观现实中的一果多因现象的存在。溯因推理不是一种必然性推理，但如果这个条件是在前提中穷尽引起的这种结果的一切原因，就可转化为必然性推理。其特点是从已知的结果出发，寻找其原因，从已知的推断出发，追溯其理由，实质上是一种反向思维。如某犯罪嫌疑人被提起某一罪行的指控，那么抗辩方就要通过溯因推理确定犯罪嫌疑人是否具有主体资格，是否有犯罪的主客观要件，是否对特定的犯罪客体产生了危害，再推导有哪些证据可以证明检方的指控。如果缺少其中之一就存疑，存疑则无罪。

2. 辩护律师要学会削弱对方因果推理的正确性

作为辩护律师在反驳或削弱某个指控时，通常有这样几个途径：削弱论题（推理的结论）、削弱论据（推理的前提）和削弱论证方法（推理的形式）。具体而言可以采取以下策略：

（1）因果差异：指出结论与前提之间没有联系或有差异。

（2）以偏概全：指出样本是特殊的，不具有代表性。

（3）因不达果：否定潜在的假设，动摇论证的根据，从而说明题干推理是不成立的、没有意义的。

（4）反对方法：为达到一个目的而提出一个方法，如果能够找到使这个方法不可行的事实，就足以达到反驳的目的。

（5）无因有果：如果提出另一事实也能够达到结论，就对原来的原因进行了反驳，也就是找出原因的反例。

（6）有因无果：从已有的事实就可推出另一结论，也就是找出结论的反例。

（7）因果倒置：如果能够推出因果而因，就可推翻因因而果的指控存在错误。

（8）间接因果：如果能够找到第三种事实，能够说明是因与果的共同原因，就有力地反驳了假设中的因果。

（9）存在他因：就是指出存在别的因素影响推理。

（10）反对前提：就是直接针对前提进行反驳，而达到推翻结论的目的。

（11）反对结论：就是找到与控方结论或观点刚好相违背的一个事实或证据，该事实或证据则可反驳控方结论或观点的正确性。

（二）归谬法

归谬法就是紧紧抓住错误结论必犯词不周延、概念的内涵必有出入这个要害，展开求异思维，准确地廓清结论主词的适用范围，故意顺从错误的推理思路来演绎推理，得出明显荒谬的结论来，从而使人顿悟，或是明白“此路不通”，必须另辟蹊径。

归谬法是法庭辩护经常采用的方法，是克敌制胜的法宝。

归谬法的原理就是从对方的错误命题入手，经过严格的逻辑推导，得出荒谬结论，从而放大显微，使对方的谬误昭然若揭的逻辑方法。

为了反驳某个命题 p，可先假定命题 p 是真实的，并从这种假定中推出一个（或一系列）显然荒谬的命题 q，然后，从命题 q 的虚假必然推出命题 p 是荒谬的。

归谬法也可称为反证法。这种方法和排除法的假定几种可能的做法有点相似，即在证据审查中假定与原论题相矛盾的反论题，用现有证据在证明主论题真实的同时进一步证明反论题的虚假。

归谬法有下列三种主要形式：

1. 从被反驳的命题中引申出假命题

在我们今天这个时代，大学里的女讲师、女教授已不稀奇，但在 19 世纪的欧洲（扩大开来说，几乎包括整个世界）却存在歧视女性当讲师的现象。德国女数学家爱米·诺德在获得博士学位以后却不能立即开课，她需要另写论文后，教授才会讨论是否授予她讲师的资格。在一次教授会上，出现了争论。一位教授激动地说："怎么能让女人当讲师呢？如果让女人做讲师，以后她就要成为教授，甚至进大学评议会。难道能允许一个女人进入大学最高学术机构吗？"另一位教授附和道："当我们的战士从战场回到课堂，发现自己将拜倒在女人脚下读书，会作何感想呢？"

希尔伯特站起来，坚定地批驳道："先生们，候选人性别绝不应该成为反对她当讲师的理由。大学评议会毕竟不是洗澡堂！"①

这个精妙的比喻，是对性别歧视者的有力回敬。因为只有澡堂、厕所和更衣室等才需要分男女，而大学的讲堂是不应该分男女的，不然不就成为澡堂和厕所了吗？这一幽默的归谬，是对教授们陈腐观点的辛辣讽刺！

2. 从被反驳的命题中引申出两个自相矛盾的命题

伽利略对亚里士多德"落体理论"的反驳就是这个类型的归谬。

亚里士多德认为："重的物体下落速度快，轻的物体下落速度慢。"即"物体越重下降越快"。这个统治人类社会上千年的错误命题，被伽利略的一个精妙的"思想实验"所推翻。伽利略分析道：我们把一轻一重两个物体绑在一起，按照亚里士多德的理论，"物体越重下降越快"，则可以推出：两个绑在一起的物体的下降速度会比原来快一些，因为两个物体绑在一起要比原来的任何一个都重了一些；同时，由于轻的物体速度慢，重的物体速度快，也可以推出：绑在一起的物体下降速度会比原来的重物体慢，比原来的轻物体快。这两个结论是相互矛盾的。所以，原命题"物体越重下降越快"是荒谬的。

3. 从被反驳的命题中引申出与其相矛盾的命题

古希腊一位学者宣称："我们对任何事物所做的肯定或否定都是假的。"

亚里士多德对其进行了归谬，亚里士多德认为，这等同于说"一切命题都是假的"，如果是这样，那么这个宣称"一切命题都是假的"的命题也是假的，

① 沙志强：《出奇制胜巧设喻》，载《现代语文》，2006年第2期。

则这个命题陷入了悖论。

其实归谬法既可以反驳，也可以证明。如前所述，归谬法是直接反驳的方法，即由所反驳的命题直接推导出蕴含在其中的假命题，从而直接断定被反驳命题的虚假。其攻击力是很强的。比如，对“语言能够生产物质资料”这一论题的否定，就可以应用归谬法：“假如语言能够生产出物质资料，那么夸夸其谈的人就会成为世界上最富有的人了。”

典型案例二十一：刘某犯职务侵占罪

入选理由：利用归谬法获得抗辩主动权

刘某与 A 公司约定由刘某为 A 公司代销其生产的产品，并任命刘某为 A 公司在甲地的销售经理，双方约定由刘某自负盈亏。一年后，刘某与 A 公司进行销售代销清算，确认刘某所在的甲地的销售分公司亏损 32 万元，应向 A 公司上缴款项32 万元。在刘某辞职后，A 公司向公安机关举报刘某职务侵占，随后公安机关侦查终结，由检方将案件移送至人民法院。

辩护律师的抗辩思路为如下：

承办律师质疑了刘某代销回款不及时上交托销公司为职务侵占的指控的荒谬。重点说明主体资格、承包亏损确认为职务侵占不符合职务犯罪的特点，通过枚举受托单位拖欠代销人员代销劳务费归谬反驳指控方指控职务犯罪所列举的事实同样存在荒谬。

通过案卷材料和庭审质证、举证，检察机关仅仅证实了犯罪嫌疑人刘某在离职清算时承认 32 万元的债务未积极清偿完毕的事实。但辩护律师认为，本案的关键不在于证明 32 万元债务是否履行，因为双方确认债务关系后，不论犯罪嫌疑人刘某如何赖账也只是民商纠纷，属民商法律调整的范畴。问题的关键在于双方在清算确认 32 万元债务之前，犯罪嫌疑人刘某是于什么时间、采用什么手段将甲办事处应缴纳 A 公司的 32 万元货款或者货物非法占有的。令人遗憾的是，检察机关并没有书证、物证、证人证言证明双方在确认 32 万元之前，犯罪嫌疑人刘某实施职务侵占犯罪。换句话说，检察机关仅仅凭离职清算时尚有 32 万元账目、实物不符的事实，即推断犯罪嫌疑人刘某利用职务侵占了该货款或货物。这样的推断在刑事审判中是不能成立的。

第一，犯罪嫌疑人刘某不符合公司、企业人员的主体资格，因而不构成特殊主体的职务侵占罪。

第二，我们假定犯罪嫌疑人刘某是A公司的员工，那么犯罪嫌疑人刘某与A公司签字确认的清算报告，是以其甲办事处经理的身份进行的，那么，该签字就是一种职务行为。依照法律规定，犯罪嫌疑人刘某作为A公司甲办事处经理，在履行职务期间造成经营亏损，只能由A公司承担所属的甲办事处这一分支机构的债务，而不能把应当由A公司承担的亏损由犯罪嫌疑人刘某个人承担。何况，双方在《责任书》中并没有约定对亏损的承担或分担，事实上必然形成一种民事纠纷，而不是刑事法律所管辖的职务侵占。

第三，起诉书指控犯罪嫌疑人刘某擅自离开A公司，并作为认定职务侵占罪主观故意的证据与事实不符。事实是刘某先免职，后接受审计，谁能保证自己的经营行为一定盈，而不能亏呢?

（三）辩护律师要掌握法庭辩论的一般推理形式

刑事辩护异于民商代理，也不同于公诉指控，有其独特的特点，如果说公诉指控是立论，那么刑事辩护就应当属反驳，相对公诉指控来讲其“批判性思维”因素就多一点。

“批判性思维”理念关注的核心问题是逻辑知识与逻辑思维能力之间的关系，或者更一般地，是知识和能力之间的关系。显然，任何有成果的思维都离不开知识。但是，掌握的知识越多，是否就意味着思维能力越强？掌握的逻辑知识越多，是否就意味着逻辑思维能力越强？承载各种不同知识内容的具体思维中所体现出来的思维能力之间，是否具有一般的可比性？是否存在一种相对独立于各种专门知识，包括逻辑专门知识的逻辑思维能力？这种能力如果存在，是否与生俱来存在差异？后天可否训练？这种能力的差异可否测试？人的素质主要由什么决定，知识还是能力？

“批判性思维”理念的基本点是：人的日常逻辑思维能力，包含一种相对独立于各种专门知识，包括逻辑专门知识的逻辑思维能力，即“批判性思维”能力。这种能力，第一是存在的；第二是有差异的；第三是可训练的；第四是可测试的。人的素质差异，本质不在于他们所掌握的知识信息量的差异，而在于他们思维能力的差异。“批判性思维”理论的目标是，寻找有效途径，训练这种能力，揭示这种能力上的差别，把这方面的高素质的对象选拔出来。

证明是由论题和论据两个部分通过论证方式而组成的。论题是真实性需要加以证明的判断。论据是用来证明论题真实性的那些判断。

证明与推理是有密切联系的，证明总是借助于推理来进行的。论据相当于推理的前提，论题相当于结论，论证方式相当于推理形式。任何证明的过程都是运用推理的过程，没有推理就无法构成证明。

充足理由原则是证明的逻辑原则。充足理由原则的基本内容是：在思维过程中，任何正确的思想都必须有充足理由。或者说，在推理和证明过程中，一个思想被确定为真的，总是有其充足理由的。充足理由原则的公式是：A 真，因为 B 真并且 B 能推出 A。

公式中的“A”表示证明中被确定为真的思想（论题），我们称之为推断；公式中的 B 表示用来确定推断“A”真的一个或一组判断（论据），我们称之为理由。由于 B 真而且 B 能推出 A，所以称 B 是 A 的充足理由。

例如，张某因涉嫌抢劫刑事案件中被判决有期徒刑 8 年，其父一直不认为自己的儿子会涉案。因此，就找到受害人，确认其被抢时间为 1 月 10 日，而 1 月 7 日张某因为其嫂子超生被处罚大闹当地计生委被公安派出所治安拘留 15 天。随后，其父通过律师，找到公证人员对受害人提供的出车记录进行了公证，并找到当年的拘留通知，后来法院宣判张某无罪。

张某犯抢劫罪，就必然出现在犯罪现场，且张某实施了抢劫行为。现在通过法庭审理，其他犯罪嫌疑人都指认张某参与了抢劫，且张某也自认参与了抢劫，因此，要想推翻张某犯抢劫罪，就必须证明张某不在现场或者没有实施抢劫。

通过证据能够证明张某不在犯罪现场，也就是说没有作案时间，间接证明了张某没有实施抢劫行为，张某也就不构成犯罪。

具体地讲，充足理由原则的逻辑要求包括下列两个方面：第一，作为理由的判断应当是真实的；第二，理由和推断之间应当具有逻辑上的必然联系。换句话说，推论应当符合逻辑规则，推理形式应当是正确的。也就是说，充足理由原则的要求是：必须根据真实的判断和正确的推理形式来推出新的判断。因此，充足理由原则体现了证明过程中真实性和正确性的统一，体现了正确思维的论证性的特点。

违反充足理由原则的逻辑错误是理由不充足。它有以下两种表现：第一种表现是理由本身是虚假的。第二种表现是理由和推断之间没有必然的联系，或者说推论不符合逻辑。比如，有人说：“如果一个人是运动员，那么他就要经常锻炼身体，我不是运动员，所以，我不需要经常锻炼身体。”这个人的结论显然是不正确的。尽管这个推论的理由都是真的（“运动员要经常锻炼身体”和“不是运动员”都是事实），但由于它违反推理的规则，它的推理形式是错误的，即推断不是从理由中逻辑地推出来的，因而这个推论不符合充足理由原则的逻辑要求，结论也是错误的。用这种错误的推理形式来进行证明，就是一种“推不出”的逻辑错误。

刑事辩护不同于民事代理的逻辑特点就是刑事辩护的每一代理意见都必须有针对性地针对指控方的指控，努力揭露其假，否则，就会被认为辩护存在硬伤。

刑事辩护的逻辑特点如下：

指控逻辑真值表：

指控罪名和罪状（真）=法律指向（真）AND 控诉事实（真）AND 程序合法（真）AND 犯罪构成（真）

如果右边有一项假，则左边假。

辩护逻辑真值表：

推翻指控罪名和罪状（真）=犯罪构成（假）OR 证明控方法律指向（假）OR 证明控方事实（假）OR 程序违法（真）

如果右边的一项真，则左边真。

人的思维必须按照一定的事理逻辑来进行，它是一种语言应用规律。这种规律必然体现在法庭辩论的过程之中，所以它又是具体的、可摸索的、可掌握的。从法律逻辑学的角度来看，对于双方争议焦点的论证思维基本可以分为排列论证、正反论证、归谬论证、矛盾论证和从揭示对方的思维违反逻辑的基本常识出发来进行反驳等。其目的就是揭示指控罪名和罪状为假，只要其中一项为假，就足以反驳指控为真。最直接的反驳方式就是归谬论证、正反论证、矛盾法论证和从揭示对方的思维违反逻辑的基本常识出发来进行反驳。

1. 关于归谬论证法

所谓归谬论证，就是在法庭辩论的过程中先假设对方提出的问题是正确的、真实的，但通过法律的识别和法条的引用与已认证的证据明显矛盾或对立，即要么违反自然规律、已知的公理和公正、公平、公共的利益；要么自身包含了逻辑矛盾；要么通过其假设可推出荒谬的结论，再根据不矛盾律实现反驳，或对方诉讼请求不能实现，或对方的诉讼理由不能成立，从而证明其为不能成立的问题或解决问题的方案不可行；或这种方法的正确使用能够让对方啼笑皆非，让法官立刻改变对己方不利的印象，是一种极富攻击力的论辩方法。在同一案件中，证据与证据间可能会存在矛盾，这些矛盾只要认真细致地研究案卷材料，是完全可以发现的。但有时由于粗心疏忽，往往等到法庭上出示有关证据时才发现这个问题，而这个问题又可能会影响到案件的定性。此时，律师应针对出现的新情况，迅速做出反应，提示矛盾，争取案件处理的主动权，以防止对手采用归谬法来制约自己的有利点。

例如，在某一案件中，控方指责 A 辩护律师利用眨眼暗示 B 被辩护人翻供，从而构成妨碍作证罪，A 辩护律师的 C 辩护律师在法庭上抓住控方公诉人对法官眨眼的时刻，质疑是否可以证明公诉人有控制法官的目的，以此形成归谬，达到较好的反驳效果。

2. 关于正反论证法

所谓正反论证法，就是针对双方所争议的焦点，先正面引用对方提出的问题后进行反驳，或先以自己提出的问题对对方进行驳斥后进行引用。这种论证方法对比强烈，是非明显，说理充分，全面透彻，让法官及当事人的思维得以跟着自己的思维进行变化。这种论证方法富有变化：有的是在一段分成正反两个方面；有的是在一个句子中分成正反两个方面；有的正现反隐；有的是用关联词语进行转折；有的是用反问正引相互对照。如法庭上辩论中所应用的"如果换个角度……""如果不按照这样做……""法律是这样规定的……""证据显示……"等可贯穿整个论辩过程。辩护律师掌握这种形式多样、不拘一格的论证方法的规律，给对方以很好的说服力，有时能够让情绪处于激动的对方趋于平静，从而峰回路转，打破僵局。在刑事辩护中，正反论证是主要反驳方式，辩护律师要熟练掌握。

3. 关于矛盾论证法

所谓矛盾论证法，就是利用控方指控的罪名或罪状及定罪量刑与证据及刑事法律之间的矛盾，权衡利害后“以其矛攻其盾”或“以其盾挡其矛”，从而证明对方的论题虚假或证据虚假，或识别引用法律不当。我们常用的法律用语是：“假如按你所说的那样……”“假如事情真是这样的话……”“假如证据是真的……”等。最典型的矛盾论证要属“二难推理”，它是由两个假言判断和一个选言判断作为前提而构成的论证方法，自己所提出的两种假设最好是对立的。这两个方面本身就概括了争议焦点所可能得到的情况，当对方无论做出肯定或否定都是对问题的正确判断或错误判断，这样得出的结论无可辩驳。

（四）辩护律师要掌握的“二难推理”

二难推理也称假言选言推理，它是由两个假言判断和一个选言判断作为前提而构成的推理。这是人们在辩论中经常运用的一种推理形式。通过这种推论方式，辩论者一方提出一个具有两种可能的大前提，对方不论是肯定还是否定其中的哪一种可能的大前提，结果都会陷入进退维谷、左右为难的境地。可以说二难推理是论证和反驳的有力工具。例如，如果犯罪嫌疑人伪证成立，那就构成伪证罪；如果犯罪嫌疑人妨碍作证成立，那就构成妨碍作证罪；或者伪证成立，或者妨碍作证成立；

……

所以，犯罪嫌疑人，或者是作伪证，或者是妨碍作证；总之犯罪嫌疑人的行为构成伪证、妨碍作证罪。

四、抗辩大忌：形成悖论与矛盾的辩护意见

在刑事诉讼博弈中，有时犯罪嫌疑人的一些行为让人难以理解，而指控方的一些指控也可能显得唐突，但你又不得不去面对。

（一）防止形成悖论的抗辩

在刑事诉讼抗辩过程中，辩护律师一定要注意抗辩语言不能形成悖论，这就要对悖论有所理解。

1. 悖论的内涵

悖论自古有之，说谎者悖论是其中之一。一个人说了一句话："我现在在说谎。"假设这句话是真话，由它的内容所指，则这句话是谎话；反过来，假设这句话是谎话，那么"我现在在说谎"就是谎话，因此他说的是真话。

由这句话是真话，可以推导出这句话是谎言；由这句话是谎话，又可以推导出这句话是真话。这就称为悖论。

其实，一切诉因都应该是"自指的"。希望我们指责他人的时候，多些反省，多些自指，如此就会使诉因减少，这也是"罗素悖论"在诉讼实践中的积极意义。当然这里要排除代理律师因寻找案源的动机而发生的挑诉行为。诉讼怪圈的实质就是当事人不能够站在第三方的立场看待纷争，对同一事情在要求对方做到时，自己却往往做不到，当跳出自己画定的圈子时，方能有所感悟。

悖论既可以从提出问题的正反假设中形成，也可以从说话的语义与特定语境中或说话者的行为中形成。例如，代理律师说公安机关对犯罪嫌疑人的提审时间都在非工作时间进行，因此应是无效的，而有律师参加的该审判活动在检方的提议下，一直持续到深夜 0 点，而该代理律师也没有对法官不在法定工作时间内实施审判提出质疑。

显然该代理律师的行为与其抗辩意见形成了悖论：公安机关在非法定工作时间提审犯罪嫌疑人的行为应是无效的，或者说公安机关在非法定工作时间所得到的证据没有证据力。代理律师的抗辩也在非法定工作时间。如果代理律师的抗辩意见在非法定工作时间有效，那公安机关在非法定工作时间实施侦查也应有效，如果代理律师的抗辩意见在非法定工作时间无效，那么他代理的公安机关非法定工作时间的代理意见也应是无效的。

因此，可以得出这样的结论，代理律师在非法定时间的代理意见在非法定工作时间是有效的，那么，公安机关在非法定工作时间所提审犯罪嫌疑人的行为也应是有效的，或者说公安机关在非法定工作时间所得到的证据应有证据力。

2. 罗素悖论的实质

所谓"罗素悖论"，就是如果集合具有自己属于自己的性质，那么我们称这个集合是“自吞的”，比如所有集合的集合。现在假设T是所有不自吞集合的集合。如果说T不是自吞的，那么T将属于自己，即T就是自吞的。如果说T是自吞的，那么T便具有T内元素的性质“不自吞”，即T是不自吞的。

“理发师悖论”是“罗素悖论”的通俗形式：一个理发师声称他只给不为自己理发的人理发。如果他不给自己理发，那么按照他的声称，他应该给自己理发。如果他给自己理发，那么他便具有“不为自己理发”性质，也就是他不为自己理发。

罗素悖论提醒我们，我们在说每一句话时，都应考虑概念的内涵与外延。也就是说要求他人不做的事，自己是否同样会不做，而不能一边说某事不能做，其行为或其他语境下的含义却相反地做了某件事或默认某一行为是可以做的。

在律师的抗辩过程中，应充分考虑每一抗辩情境的相对条件。也就是说律师的发言是有条件的抗辩，是针对特定指控语境而抗辩的，而每一语境下的抗辩条件不是完全相同的，否则就可能形成悖论。如在数罪的抗辩过程中，对于某一罪可能按照无罪抗辩，对于某一罪可能是有罪的轻罪抗辩，还有可能是重罪的悔罪求轻抗辩，如果对于每一抗辩不说明其抗辩的语境前提，就可能形成对犯罪嫌疑人或被告人不利的悖论。

3. 哥德尔自指的本意

哥德尔在第一个不完全性定理的证明中，构造了一个G公式，使得这个G是真的，但在这个系统内却是不可证的。这个G本身可以理解为：“这个数论语句在系统中是不可证的。”那么这个G是不可证的，也就是“这个数论语句在系统中是不可证的”在系统中是不可证的。在这里，我们看到了“自引用”（或称“自指”“怪圈”）。

这种怪圈在刑事诉讼中也经常可以发现，但它往往以反面的形式出现，也就是“不自指”的。习惯于指责他人，很难做到“责人先责己”。当事人不是反省自己，也不是坦白从宽，而是责怪他人，甚至将责任推给社会。一些代理律师也习惯于替犯罪嫌疑人辩护，会在代理意见中指出“犯罪嫌疑人成长经历和教育背景，系因家庭因素、社会因素综合作用的结果，将家庭责任、社会责任全部推给其一人承担，有失公平”。也就是说一味指责社会的物质化，却不提示自己对物质的欲望。代理律师习惯于替犯罪嫌疑人指责社会在堕落，却很难反省犯罪嫌疑人本身是否也参与了整个社会的堕落。也就是说在刑事诉讼博弈中，犯罪嫌疑人或被告人总是习惯于无罪、罪轻或希望免罪的思维。在集团犯罪中，并不像囚徒困境中所假设的那样，各人都为利益最大化而充分合作，实质上是相互抵赖，降低自己在犯罪中的作用，从而达到减轻或免除刑罚的目的。

其实，一切诉因都应该是“自指的”。辩护律师在为犯罪嫌疑人指责同案犯的时候，多些反省，多些自指，如此就会使诉因明确，同时也有利于案件的定性，这也是“罗素悖论”在刑事诉讼实践中的积极意义！当然这里要排除代理律师因虚辩或因实在无题可辩的临场行为。

（二）刑辩律师常见的逻辑错误

辩护律师在避免形成悖论的过程中，还要注意避免犯常见的逻辑错误。

1. 隐含矛盾的抗辩

刑事代理律师在抗辩过程中，最容易犯的逻辑错误主要有以下几点：

（1）有罪与无罪的困惑。无罪抗辩如果无实质性对抗指控方的辩点，又引出希望从轻处罚或免除处罚，实质上是认罪服输。

（2）量刑与无罪的抗辩。在无罪抗辩后，如果不加思考地加入检方引出的量刑辩护，无异于承认犯罪嫌疑人或被告人有罪，前期的所有无罪抗辩将付诸东流。

（3）坦白与无罪的纠结。在无罪抗辩过后，如果以悔罪、坦白、自首、没有起主要作用为由要求减轻或免除处罚，也是对无罪抗辩的否认。

（4）此罪与彼罪的把握。在确立彼罪立论的过程中，并不能完全驳倒此罪的成立。这样就可能对犯罪嫌疑人造成不利，同时还踢出“乌龙球”，在彼罪的抗辩中加深法官对此罪的理解。甚至让法官行使释法权，从而加重对犯罪嫌疑人的指控或量刑。

（5）一罪与数罪的平衡。在数罪抗辩过程中，代理律师如果不能从刑法分则或刑法罪名确定的相关司法解释中准确把握犯罪嫌疑人或被告人所涉及的罪名的认定，而是逐一与检方抗辩，则有可能顾此失彼，让法官更坚信指控方的指控有理，而从一罪辩护引申出数罪的判决。

这样，辩护律师一定要注意以下几点：

第一，应明确罪名与罪过，同时与行政法规、民商事法规所规定的行为进行比较，分析是否存在刑法滥用问题，特别是因合同纠纷引起的过激行为。

第二，分析是否存在犯罪阻却问题，如存在正当防卫、紧急避险、不可抗力等特定因素，完全可以认定犯罪嫌疑人或被告人没有罪过。

第三，通过刑法总则与刑法分则及相关罪名的司法解释，确认犯罪构成存在问题，因而可以判定无罪抗辩的辩点是否成立。

第四，指控方的有罪证据是否存在明显的证据瑕疵或诸多难以自圆其说的疑问，或者是否缺少某一关键证据，因此可选择无罪抗辩。

确定罪名后，确定犯罪嫌疑人或被告人在犯罪过程中所起作用，引起社会危害性的大小，并可能形成的罪名，以及相关罪名涉及的可能性。确定犯罪嫌疑人或被告人犯罪前后的表现，是否确实存在自首、立功等表现。这样就要对犯罪嫌疑人的认罪与求轻心理进行双刃性分析。

典型案例二十二：何某、张某共同谋杀案

入选理由：从逻辑角度推翻何某、张某是合谋杀人的指控

某年，在某地田间发现一具无名女尸。从现场来看，这显然是谋杀案件。后来，何某与张某作为重大犯罪嫌疑人被捕入狱，一审判处二人死刑，律师坚持代家属申诉，并提出以下4个疑点：

1. 何某、张某二人的所供合谋地点不一致。何某说杀人在甲地，张某说杀人在乙地。

2. 何某、张某二人所供杀人动机不一致。何某说因路上碰撞发生纠纷，将其打死。张某说因抢钱对方反抗，将其打死。

3. 何某、张某两人所供分赃时间、赃款数目不一致。何某供述的是当天各分得8元，张某供述的是第二天何某给其5元。

4. 何某、张某二人关系向来紧张。

而检方认为：

1. 如果何某、张某不是合谋杀人，那么，他们就不会供认，现在他们都招

供了，可见他们是合谋杀人。

2. 虽然各方所供合谋地点不一致，但两人结伴卖鱼的事实、情节基本一致。所以不能说所供合谋的地点存在矛盾。

3. 关于两人关系。可以证明何某、张某两人在案发前后，经常在一起大吃大喝，显然是分赃款所得。

4. 也是关键的一点，犯罪现场所留血迹化验，受害人为 A 型，犯罪嫌疑人留在现场的血迹为 B 型，而俩犯罪嫌疑人的血型都是 B 型，与事实相符。

5. 受害人体形高大，身体健壮，显然只有两人合谋作案，才能杀死受害人，这也是两人合谋作案的最好解释。

律师提出了对案情合乎逻辑的分析：合谋作案应有共同的犯罪目的，一致的利害关系，平时关系密切。对于作案的时间、地点以及分赃过程、款项等，如果供述属实，那么就应当是一致的。从逻辑上讲，不一致的口供不能同真，其中至少有一个是假的。由此可见，律师得出的“何某、张某两人或者不构成合谋杀人，或者就是供述不实”的结论是有根据的，是合乎逻辑的。

同时指出控方有很多不合乎逻辑的地方。

对于第一条理由，从推理形式上来看，并没有错误，从否定后件到否定前件，这是充分条件假言推理的正确式。这里的问题是控方所使用的大前提是不可靠的。虽然，一般来说，不是合谋杀人犯是不会供认自己合谋杀人的，但是否两人供述合谋就表明合谋一定真呢？前提是两人供述合谋本身是真的，而没有一个提供假供。

对于第二条理由显然也不成立。控方显然将“卖鱼”与“合谋地点”这不同的两回事混为一谈，犯了概念混淆的逻辑错误。同时控方一方面说“合谋地点不一致”，另一方面说“不能说所供合谋地点有矛盾”，造成了自相矛盾。

对于第三条理由也不成立。显然关系好坏不能与在一起吃喝等同，无论是谋杀，还是因分赃都不能必然构成一起吃喝，一起吃喝也不必然构成谋杀和分赃。这违反了充分条件假言推理的规则。

第四条属于推理形式的错误。只有血型是 B 型的人才能作案，何某、张某的血型是 B 型，所以，何某、张某是合谋共犯。这是一个必要条件的假言推理。显然是不能由肯定前件到肯定后件的。控方违反了这一规则。

第五条理由中包含了两个推理。一是从受害人体形高大、身体健壮不能推出一定是两人合谋作案；二是即使前一前提成立，也不能说杀死受害人需要两人，不能说犯罪嫌疑人是两人，所以犯罪嫌疑人就是杀死受害人的合谋共犯。

可见控方犯了逻辑上的错误。自然案件要发回重审。

在刑事抗辩过程中，辩护律师如果只是一味按照指控方的指控逐条去抗辩，而不分层次、没有侧重地选择适合自己的抗辩路径，往往就会形成悖论或矛盾的辩护意见。因此，其抗辩意见就会让法官不知辩护律师到底想表达什么，到底想达到什么样的抗辩目的。法官按照律师的抗辩意见逐条解读，好像是抗辩方有理，而综合解读，又对抗辩方不利，这样的抗辩意见很难说服法官。

典型案例二十三：张某盗窃罪

入选理由：抗辩意见前后的顺序决定抗辩理由的成立

检方指控张某犯有盗窃罪，某律师的抗辩意见分为四条：

1. 犯罪嫌疑人系盗窃未遂，可以比照既遂犯从轻或减轻处罚。

2. 犯罪嫌疑人犯罪后赃物已全部追缴，量刑时应予以考虑。

3. 犯罪嫌疑人系初犯、偶犯，可以酌情予以从轻处罚。

4. 由于被盗的补品是在犯罪嫌疑人被抓捕后间隔了一段时间从其住所搜寻出来的，且搜寻出来后未经过犯罪嫌疑人本人的确认，补品的实际数量是不是有起诉书所称那么多，补品的实际品质是不是如鉴定的那么好无从判断。根据犯罪嫌疑人本人的体会，觉得补品的重量根本不可能达到四千克那么多。因此，在涉案价值的认定上是有疑问的。

初看这四条，好像条条有理，但仔细一分析，却发现存在以下三个难以自圆其说的地方：

1. 既然犯罪嫌疑人系盗窃未遂，那就不应有赃物全部被追缴的问题，也不应有被盗的补品在犯罪嫌疑人抓捕后一段时间里从其住所搜寻出来的问题。显然抗辩意见 1 与抗辩意见 2、3 形成矛盾。辩护律师对犯罪未遂概念的理解还比较含混。

2. 如果说盗窃未遂是一次，全部追缴赃物是一次，被盗补品被搜寻出又是一次，那犯罪嫌疑人又何谓初犯、偶犯呢？显然抗辩意见 3 与抗辩意见 1、2、4 难以自圆其说。

3. 律师说鉴定结论无从确认，而根据犯罪嫌疑人本人的体会，觉得补品重量根本不可能达到四千克那么多。鉴定结论是法定判断价值的依据，而犯罪嫌疑人本人的体会能够对抗鉴定结论吗？显然这会让法官判定该犯罪嫌疑人不老实，抗拒审判，充分说明犯罪嫌疑人没有悔罪表现，怎能让法官在量刑时考虑从轻、减轻处罚呢？

因此，综合律师的四点抗辩意见，法官完全可以得出结论：该犯罪嫌疑人不仅属于累犯，并无悔罪表现，而且盗窃价值巨大，即使犯罪嫌疑人对所盗窃物的价值存在认识上的问题，也并不影响本案的定性或判决。

实质上，换种思维进行抗辩，其效果可想而知：

通过对本案的综合分析，其辩护意见可作如下展示：

1. 关于犯罪嫌疑人获取的补品问题。辩护人认为属于犯罪嫌疑人认识上的错误，其只是出于贪心，有一种顺手牵羊、占小便宜的私欲。犯罪嫌疑人根本没有想到有那么大的价值，所获取的补品品质、价值也不是犯罪嫌疑人所能够预料的，因此不具有主观的犯罪意图。

2. 犯罪嫌疑人所获取的补品也全部返还给了物主，如果给物主造成了损失，犯罪嫌疑人也愿意承担相关经济责任，并给予相应的补偿。

3. 犯罪嫌疑人属一时贪念，爱占小便宜，这种行为应受处罚，但其情节或后果属于爱占小便宜的思想，不应上升到认为构成犯罪，充其量属于治安管理管辖的范围，最多应承担 10 日到 15 日被拘留的处罚。

2. 辩护意见应避免常见的逻辑错误

揭示对方的思维违反逻辑的基本常识就要及时指出对方在辩论过程中有违反逻辑思维的基本常识的地方，或外延不周，或偷换概念，或违反三段论的论证规律等，以此来击破对手。同时还可在对手承认或默认思维违反逻辑思维错误时引入实质性的内容，如在某些双方达成共识的地方，提出本不存在的争议焦点，或已查清的事实，或已识别引用的法律来对其他的一些争议焦点中的问题进行论证，从而说明其他问题也是真实可信的。在运用中证明了某一问题的真实性、关联性和合法性，也就从另一角度否定和揭露了另外一些假的东西。

其证明、论辩的作用不乏破坏性和攻击力。这就要求己方在证明时必须符合论证的要求，做到提出的观点明确，与争议焦点相联系，证据充分，法律关系清晰明了，法律识别与引用正确。同时注意揭示对方所犯的违反逻辑的基本常识方面的错误。这一论证方法就是要求法律思维符合“充足理由律”，同时要求在法庭辩论中，“以事实为根据，以法律为准绳”，用作衡量辩论胜败的尺度。这也就要求辩护律师在法庭辩论中应掌握基本的逻辑常识。但在实际的庭审中双方都会因强词夺理而出现逻辑混乱的问题，辩护律师必须遵循这一规律，做到使自己的论辩无懈可击。

在刑事辩护中，特别是辩护律师提交的书面辩护词一定不要出现违反基本逻辑的错误，应注意以下三点：

（1）用词的单一性。所谓用词的单一性，就是在刑事辩护过程中，无论是控方，还是辩护方所使用的法律用语必须是刑法及刑事诉讼法律中相关的概念，而不是民法或商法中的概念，同时不同国家的法律也有差异，不能将其他法系或其他国家的法律规定用到中国的刑事辩护之中，这样就违背了用词的单一性原则。辩护律师在辩护过程中可以从用词的单一性着手，引发或寻找辩护思路。例如，在一次刑事辩护中，某一辩护律师提出证据标的物的概念，这显然违背了用词的单一性原则，因为标的物是民法的概念，不能用在刑事诉讼之中，刑事诉讼证据只有证据形式或证据的载体两种准确的说法。

什么是“证据的标的物”，显然辩护人忽视了法律用词的单一性。也就是说将民法上的定义用在刑法上是法理基本功缺乏的表现。再说，即使勉强用上，也并非任何证据都可体现在标的物上。如物资买卖合同有标的物，但劳务合同就只有标的，而没有标的物。与案件有关人员的陈述及犯罪嫌疑人的供述只有通过笔录、录音等特定形式固定才能以证据形式出现，按照民法的思维来说明刑法问题，搞清证据形式是属于标的物，还是属于标的，我想如果最高人民法院不为此专门作出解释，恐怕没有人能够明白是怎么回事了。辩护词是给法官看的，是去说服法官接受辩护人的辩护意见的法律文书，法官看不懂，会召见辩护人去专门为术语而定义吗？我想不会，放在一边想点其他问题吧。这不是抗辩的硬伤是什么？这样的辩护词法官可能连看都不会看，更谈不上接受辩护意见了。

（2）用语的反驳性。刑事辩护的最大特点就是用语的反驳性。在刑事诉讼的法庭辩论中，作为辩护律师始终要注意抓住对方立论中的要害进行反驳。或者说是善于从双方争议的焦点中抽出对己有利的某一点进行强有力的反驳。反驳是辩护律师辩护的立场与原则，也是法庭中不能离开的思维框架辩护最大的弊端的就是辩护律师为了说明某一与罪名及罪状无关的话题而提出某一论点来进行一系列论证说明，从而让对方抓住把柄。在刑事辩护中，立论是控方的思维模式，而反驳是辩护律师的思维框架，辩护律师在法庭中始终要用事实和法律来针对控方的立论展开反驳。你所主张的反驳要点，就是力求让争议的焦点转化为对己方有利的胜点。这就是：双方争议的分歧、差距在哪；有什么法律依据能够支持自己的观点，有什么事实能够被引用，通过什么途径才能缩小双方的差距；对方的致命点或引用证据、识别法律的薄弱点在哪里；同时看有没有相反的观点可以证明是正确的，从而间接反驳对手；或者利用归谬法达到驳倒对方的目的，也就是说看能不能从逆向思维着力，以此来紧扣双方争议的焦点讲清对方的论点、论据和论证的方向存在某一问题，或不符合情理，或是虚假事实，或自相矛盾，或违反某一相关的科学规律。更重要的是辩护律师要临场发挥，通过自己独到的思维引发触及法官及控方的思维，从而把握整个法庭审理的脉络。

（3）用理的非充足性。在反驳过程中，辩护律师不一定要注意用理的充足性。只要必须或者充分就行，而非必要且充分。但是作为控方的证明就要必要且充分，即符合充分且必要，因此辩护律师可以通过指出控方证明犯罪嫌疑人有罪的事实不符合充分且必要，而驳倒对方。

3. 辩护律师要避免混淆逻辑关系和因果关系

需要引起辩护律师注意的是在抗辩过程中，要注意区别逻辑关系与因果关系的异同：

（1）逻辑推理与因果关系的最本质的区别是，逻辑推理不考虑时间因素，而因果关系却必须考虑时间因素。且因在前，果在后。

（2）逻辑推理的条件是有限的，而在任何一个因果关系中，“条件”实际上是无限的。在逻辑推理中，有时一个条件即可推出一个结论，有时多个条件才能推出一个结论。但即使多个条件推出一个结论，这些条件的个数也都是有限的。但现实中的因果关系却大不相同，与结果现象有关的条件实际上是无限

（多）的，无法把它们枚举出来。例如，在我们的简单电路中，导线的性能，元件的材料，以及是谁拉动了开关，他为什么要拉动等，都是因果关系发生的相关情况。在研究中，我们只能够限定范围，对那些“不言而喻”的条件也只能“略而不提”，对那些超出界限的情况也不再研究。总之，现实中“原因和结果的关系”，要比逻辑推理中的“条件和结论的关系”复杂许多倍。

（3）逻辑推理中（主要指演绎推理），条件必然蕴含结论；但在因果关系中，原因并不必然蕴含结论，而只有在“条件”都已经具备的情况下，原因的出现才引起了结果的发生。例如，在电路中，n 个串联开关中，只有在前 $n-1$ 个开关都发生了“由断开到闭合”的变化之后，即在特定条件都已经“成就”之后，第 n 个开关“由断开到闭合”才能够成为灯泡由灭变亮的“原因”。如果我们预先把 n 个开关进行编号，或者设想它们的颜色各不相同但功能完全相同，最后一个发生“由断开到闭合”变化的那个开关是红色的，那么前面 $n-1$ 个开关中只要有一个没有发生“由断开到闭合”的变化，红色开关“由断开到闭合”的变化就不能“引起”灯泡由灭变亮的结果。所以现实生活中发生的每一个因果关系都是具体的，都是特定的原因引起了特定的结果。也许只有在实验室条件下（在实验室中可以严格限定条件），原因和结果的关系才是确定不变的：相同的原因必然引起相同的结果，不同的原因引起不同的结果，就像人们在白开水中加入砂糖则必然使白开水变甜，而加入食盐则会使白开水变咸一样清楚明确。通常人们认为，“同果必然有同因”“异果必然有异因”，这一原理也只有在实验室条件下才是有效的。

（4）因果关系是“现实”关系，只有在原因现象和结果现象已经发生之后，我们才说，原因 A 和结果 B 之间存在“因果关系”。而“逻辑推理”是一种“理论”推导，它不需要任何现实性做支撑，条件就必然蕴含结论。演绎推理的逻辑结构是：

若 A 包含于 B，并且 B 包含于 C，则 A 包含于 C。就像初等数学中 $A<B$ 并且 $B<C$，那么 $A<C$ 一样。

但是因果关系却不具有这种传递性。即 A 是 B 的原因，并且 B 是 C 的原因，却不能得出 A 是 C 的原因。即结果原因的原因，不是结果的原因，就像西欧封建社会中的等级关系那样：我的附庸的附庸，不是我的附庸。

当然，也有人把原因的原因看作结果的原因，就像我的祖先的祖先，也是我的祖先一样。但如果这样理解因果关系，那么秦始皇统一中国也许就是两千多年来一切社会事件的原因，一切事物的最终原因就都是自然界本身。这样理解因果关系，就丧失了研究的意义。如果严格套用因果关系定义，可以看到这些理解并不符合因果关系定义。

不过，从另一个角度看，正是由于理论必须符合现实，它才能够解释和预测现实。逻辑推理尽管是理论上的，也许正是由于它是理论上的，所以可以用于推测因果关系的可能性，并由现实予以证实和证伪。实际上人们也正是这样利用逻辑推理来探索因果关系的。结果在日常生活中，人们往往把因果关系中的“结果”与逻辑推理中的“结论”相混淆，例如有人把公安机关侦破刑事案件的结论称为“结果”。问：“杀人案有结果了吗?”答曰：“有，是张三谋财杀人!”这里的所谓“结果”，实际上是指找到了“杀人结果”的“原因”，它应当属于逻辑推理的“结论”而不是现实中因果关系的“结果”。再如我看到李四到医院就诊，由于就诊人都是因为有病，所以我就可以根据李四就诊推断他患了病，即由“就诊”这一条件得出了“有病”这一结论。但在平时，我们会说“因为我看见李四就诊，所以李四有病”。这样的表述，“就诊”好像成了“有病”的原因，正好颠倒了其中的因果关系。所以我们在分析“因为……所以……”这样的表述时，一定要搞清它是逻辑推理，还是因果关系。

第 11 章
逆推归纳：找到犯罪嫌疑人最低入刑的法定标准

逆推归纳就是从动态博弈的最后一个阶段或最后一个子博弈开始，逐步向前推以求解动态博弈的方法。确定犯罪嫌疑人到底是“一罪”还是“数罪”，目的是准确入刑受罚，即通过“数罪并罚”的原则，确定犯罪嫌疑人适用最少的刑罚，找到犯罪嫌疑人最低入刑标准的路径。

辩护律师接受委托后，要研究司法机关对犯罪嫌疑人的指控，尤其是罪名与罪状，在“此罪”与“彼罪”的分析过程中，还要重点分析属“一罪”还是“数罪”，从而找到最接近入刑标准的路径。

一、一罪与数罪：从构建犯罪构成的个数入手

当检方指控犯罪嫌疑人触犯多个罪名时，就要从构建犯罪构成的个数入手，确定是一罪还是数罪。而“一罪”从刑法法理上也分为单纯的一罪、实质的一罪、法定的一罪、处断的一罪四种形式。单就实质的一罪而言就包括想象竞合犯、结果加重犯和继续犯三种情形。

想象竞合是指实施了一个行为而触犯了数个罪名的犯罪形态。想象竞合虽然在形式上是数罪，但毕竟行为人只实施了一个犯罪行为，因而实质上为一罪。我国现行刑法理论认为，应当按行为人所触犯的数个罪名中法定刑最重的一个定罪量刑。

结果加重犯亦称加重结果犯，是指实施基本犯罪构成要件的行为，由于发生了法律规定的基本犯罪构成要件结果以外的加重结果，刑法对其规定了加重法定刑的犯罪形态。

继续犯是指犯罪既遂后，犯罪行为和不法状态在一定时间内处于持续状态的犯罪形态。对于继续犯，应当按照刑法分则规定的法定刑处罚。继续时间的长短是量刑的重要情节。

法定的一罪包括结合犯和惯犯。结合犯是指两个以上独立罪名的不同犯罪行为，根据刑法分则规定结合而成的一种新罪的犯罪形态。对于结合犯应当按刑法分则规定的法定刑处罚，不得数罪并罚。惯犯是指以某种犯罪为常业，或者以犯罪所得为主要生活来源或挥霍来源，在较长时间内反复实施同一种或几种犯罪，已养成犯罪恶习的犯罪分子及其犯罪形态。对于惯犯应当按刑法分则规定的法定刑处罚，不实行同种数罪的并罚。

处断的一罪包括连续犯、牵连犯和吸收犯。连续犯是指基于同一的或概括的犯罪故意，连续实施数个独立构成犯罪的行为，触犯同一罪名的犯罪形态。对于连续犯，应当按一罪从重处罚。牵连犯是指以实施某一犯罪为目的，其犯罪的方法行为或结果行为又触犯其他罪名的犯罪形态，一般为行为与结果行为的牵连。对于牵连犯除刑法分则有特别规定外，一般采用吸收原则，按法定刑最重的一罪论处，而不实行数罪并罚。吸收犯是指数个犯罪行为因一个被另一个吸收，失去独立存在的意义，而仅按吸收的罪处断的犯罪形态。在一般情况下，重刑吸收轻刑，主行为吸收次行为，实行行为吸收非实行行为（包括预备行为、帮助行为、教唆行为）。对于吸收犯，按吸收之罪处断。

典型案例二十四：朱某数罪的认定

入选理由："两个当场"对抢劫罪的认定

朱某发现妻子和被害人刘某有不正当关系后，便冒充妻子通过短信约见刘某。朱某在见面的地方发现一男子，通过打刘某的电话确定该男子即为刘某，于是追打刘某，并将其劫持到自己的轿车内，开至另一个地方，继续对刘某实施殴打，并质问刘某如何处理这件事。刘某提出自己有一张银行卡，里面有4000 元，并告诉朱某密码，让他去取钱。朱某继续殴打刘某，后来发现刘某已断气身亡，于是把刘某肢解抛尸。四天后他分两次在银行柜台从刘某的银行卡中取出4000 元人民币。案件侦破后，公安机关以故意杀人罪移送检察院审查起诉。

对于朱某故意杀人行为清楚，应该定为故意杀人罪，但是对朱某劫取被害人财物的行为怎么定性有很大争议，涉及多项罪名：

敲诈勒索罪；盗窃罪；抢劫罪；诈骗罪；绑架罪；非法拘禁罪。

法院最后按照故意杀人罪和抢劫罪入刑，并对朱某适用数罪并罚。

代理律师的代理意见认为应该定为抢劫罪。抗辩理由是朱某对被害人身体实施了暴力侵害，使得被害人身体受到强制，并当场取得了财物的控制权。

综观案件发生经过，被告人朱某劫取被害人财物的过程，符合抢劫罪“两个当场”的定罪标准，即当场使用暴力、胁迫；当场劫取财物。尽管被告人朱某是时隔四天后以取款的方式取得被害人存款，但其在取得被害人银行卡控制权的过程中，并不是秘密窃取，而是依靠暴力、胁迫的手段迫使被害人当场交付银行卡并说出密码。同时分析被告人朱某非法占有被害人财物的故意也并不是产生在被害人死后，而是在与被害人对话过程中逐步形成的。

敲诈勒索罪的客观方面表现为以威胁或者要挟的方法，向公私财物的所有人或持有人强索财物的行为。敲诈勒索的主要表现为威胁或要挟，在以取得财物为目的而使用暴力的场合，区分敲诈勒索罪和抢劫罪的关键是看暴力的程度，如果暴力尚未达到抑制他人反抗的程度，就构成敲诈勒索罪，反之则构成抢劫罪。本案从被告人使用暴力威胁的程度、手段、时间、场所及存在绳索捆绑情节等因素考量，已然侵害了被害人的人身权利，可以认定被害人已达到不知反抗、不能反抗的地步，而不仅仅是以解决婚姻纠纷为要挟，胁迫被害人交出财物。

因此在这个案件中，对朱某取得银行卡的行为正确的定性是抢劫。

二、犯罪竞合：弄清一罪与数罪的法理基础

犯罪竞合是代理律师实施一罪抗辩常用的关键词，包括想象竞合和法条竞合。想象竞合是行为人出于一个罪过，实施一个犯罪犯行为，而侵犯了数个客体，触犯了数个罪名的情形。例如，张三持枪试图杀害李四，而向李四开枪，结果不仅打死了李四，还打伤了在场劝阻的王五，张三故意持枪杀人的行为同时触犯了刑法的故意杀人罪和故意伤害罪两个罪。

想象竞合是实质的一罪，即行为人实施一行为所采取的犯罪方法或造成的犯罪结果虽然可能触犯其他罪名，但因其只有一个行为，是真正的一罪，假的数罪，采取的办法是从一重罪处罚，不实行数罪并罚。

法条竞合，指一个犯罪行为，因为数个法条都有规定，所以可以同时适用数个法条，但只在数个法条中选择一个法条运用，而排斥其他法条，成立单纯一罪的情况。其基本特征有二：一是一个犯罪行为同时触犯数个法条；二是数法条相互间有重合关系。法条竞合的一个特点就是数个犯罪构成之间在法律上具有包容关系，也就是说一个犯罪构成在法律上为另一个犯罪构成所包容，所以实质上只完全符合一个犯罪构成。比如，某人出于抢劫枪支、弹药的故意，实行了抢劫枪支、弹药的行为，同时触犯了抢劫枪支、弹药罪和抢劫罪，而前一罪的构成就为后一罪的构成所包容，实际上只构成抢劫枪支、弹药罪。

对于代理律师来讲，需要引起注意的是采用法条竞合的关键词来进行抗辩，犯罪嫌疑人必须是一行为，如果是数行为而触犯数法条的，则要数罪并罚。

在司法实践中，竞合犯是形成“疑难案件”的一个重要原因。

想象竞合中行为人必须基于一个犯罪意图所支配的数个不同的罪过而实施犯罪行为。首先，必须基于一个犯罪意图，既可以是故意或过失的意图，也可以是单一或概括的意图。其次，该犯罪意图支配或派生出数个不同的具体罪过，既可以包括数个内容不同的犯罪故意或犯罪过失，也可以包括一个犯罪故意和一个犯罪过失。

想象竞合与法条竞合具有四个共同特征：其一，一个犯罪行为；其二，触犯规定不同罪名的数个法条；其三，两者的法律本质都是一罪，而非数罪；其四，最终都适用一个法条并且按照一罪予以处罚。

想象竞合与法条竞合之间存在显著或根本的差别，具体而言可归纳为：

第一，想象竞合是犯罪行为或犯罪行为所触犯的不同罪名的竞合，属于犯罪数之单复的形态；法条竞合是法律条文的竞合，属于法条之关系的形态。

第二，想象竞合是观念的竞合（观念上的数罪），即想象竞合是实质一罪，其以一个犯罪行为触犯的数个不同罪名由于观念因素或主观认识的影响而发生竞合；法条竞合是客观存在的或现实的竞合，即法条竞合本为单纯一罪，但由于客观存在的法律条文的错综规定而致使规定不同罪名的数个法条发生竞合。

第三，想象竞合不存在重合或交叉关系；法条竞合所涉及的规定不同种罪名的数个法条之间，必然存在重合或交叉关系。

第四，想象竞合中规定不同种罪名的数个法条发生关联，以行为人实施特定的犯罪行为为前提或中介；法条竞合所涉及的规定不同种罪名的数个法条之间的重合或交叉关系，并不以犯罪行为的实际发生为前提。

第五，想象竞合是由于行为人实施了犯罪行为而触犯规定不同种罪名的数个法条，所以，数个法条均应适用于导致不同罪名竞合的犯罪行为，且应在比较数个罪名法定刑的轻重后择一重者处断之；法条竞合所涉及的规定不同种罪名的数个法条之间存在重合或交叉关系并不以犯罪行为的发生为前提，故在数个法条中只能选择适用一个法条即特别法、实害法或重法对犯罪嫌疑人予以处罚，而排斥其他相竞合的法条即普通法、危险法或轻法的适用。

第六，想象竞合是犯罪之单一的形态，想象竞合抗辩的目的是达到解决犯罪嫌疑人罪数问题和对犯罪行为触犯的数罪名如何处罚的问题；而法条竞合抗辩的目的是解决法律适用问题。

（一）对于同一行为涉及的数罪，应按一罪进行辩护

甲销售不符合保障人身安全的国家标准的电器造成严重后果符合《刑法》第 146 条规定的销售不符合安全标准的产品罪；同时甲的销售金额达到 180 万元，其行为也符合《刑法》第 140 条规定的销售伪劣产品罪，一行为触犯两个罪名。这种情况应该是数罪并罚，还是根据《刑法》第 149 条的规定依照处罚较重的规定定罪处罚。刑法中的数罪并罚可以概括为多个犯罪行为构成的犯罪结果而不包括一个犯罪行为造成的多个犯罪结果，一个行为造成两个犯罪结果应当按照一罪定罪量刑。我国刑法有明确规定对于一个行为触犯两个罪名的，应按照吸收犯原理，重罪吸收轻罪，按照重罪定罪量刑。根据我国刑法总则的相关条款规定，数罪是指除了牵连犯、吸收犯、连续犯等这些法定的一罪之外，一个人的数个行为触犯不同的罪名而根据刑法规定应当分别定罪量刑后，综合决定刑法的情况。

同一行为人的多次举动是按照一罪抗辩，还是按照数罪抗辩，这涉及罪数与量刑轻重的问题。

第一，如果实施几次相同的犯罪行为，而实质触犯的是同一犯罪客体，原则上就以一罪进行抗辩。如对于几次走私相同物品的犯罪、几次实施的相同财产犯罪等，可以进行一次评价，但几次犯罪的金额是要累加计算的。如果几次犯罪行为触犯了几个犯罪客体，就不能按照一罪来抗辩。例如，一次盗窃犯罪与一次诈骗犯罪，不能累计其犯罪数额作一罪处理。

第二，对于一个犯罪行为，触犯了几个不同的犯罪客体，原则上也应按照一罪抗辩。如盗窃他人信用卡并使用的，存在两个犯罪行为，一是盗窃行为，二是信用卡诈骗行为，但对其中的盗窃行为的法律评价能够包含对信用卡诈骗行为的法律评价，仅以盗窃罪一罪来实施抗辩即可。如果犯罪的行为可以认定为不同，则就不能以一罪来抗辩。例如，故意造成被保险人死亡、伤残，然后骗取保险金的行为，因为故意杀人或者故意伤害他人，与对保险诈骗的行为不能归于同一行为，存在行为的可区分性。简单来说，保险诈骗行为，不会导致形成杀人、伤害的行为，故应认定为数罪。

第三，如果几个犯罪行为只对一个犯罪客体造成侵害，那原则上也应按照一罪来抗辩。例如，前述盗窃他人财物后又毁坏的，由于实质上只侵犯了一个财产权，故以一罪论处。

第四，如果犯罪行为具有持续性与连续性，原则上应按照一罪抗辩，如果存在行为的中断，就可能成立数罪。

对于辩护律师来讲，认定罪数是关系到定罪量刑的大事，千万要慎之又慎。

（二）对于有牵连关系的数罪，应按一罪进行辩护

基于立法原则，我国刑法已将有些牵连行为规定为一个犯罪，对于代理律师来讲自然要按照一罪进行抗辩。即使属于牵连犯的数罪，也要通过逆推，找到一罪或不按照数罪并罚的抗辩连结点。如果能够检索到法定的一罪规定，就是最省力的事情了。如《刑法》第 399 条第 4 款明确规定，司法工作人员收受贿赂，徇私枉法，枉法裁判，执行判决、裁定失职，同时又构成受贿罪的，从一重罪论处。对于某些具有牵连关系的数行为，如果刑法已作一罪评价，则不应当处以数罪并罚。例如，行为人采用破坏性手段进入他人住宅并实施盗窃或抢劫行为的，虽然在这种情形下行为人非法侵入住宅的目的是实施盗窃或抢

劫，因为非法侵入住宅与盗窃或抢劫之间存在牵连关系，但在这种情形下并不需要以非法侵入住宅罪和盗窃罪，或者非法侵入住宅罪与抢劫罪对行为人实施数罪并罚，因为刑法以及相关规定已对入户盗窃和入户抢劫作了特殊规定，将非法侵入住宅的行为纳入盗窃罪和抢劫罪进行统一评价，其中入户抢劫是抢劫罪的加重处罚情节，而入户盗窃在司法实践中都较普通盗窃处以更重的刑罚。又如，《刑法》第229条规定，中介组织人员，索取他人财物或者非法收受他人财物，故意提供虚假证明文件，情节严重的，按提供虚假证明文件罪定罪处罚，只是量刑上规定了更重的刑罚。上述这些犯罪中，立法基于种种缘由，已将牵连行为规定为一个犯罪。

对于牵连犯，除我国刑法已有规定的外，从一重罪论处。

典型案例二十五：刘某敲诈罪

入选理由：牵连罪的认定

2004年8月14日、15日，刘某、宋某预谋后准备了手机、银行卡等物品，先后多次给郑州市一家医院打电话进行恐吓、威胁，欲敲诈该医院人民币30万元。在敲诈未果的情况下，两人再次预谋由宋某购买汽油，于9月2日晚上10时30分许来到该医院干部病房记账办公室，将汽油倒入房间，刘某点燃汽油，致空调、桌子等物被烧毁。

在本案审理过程中，对被告人刘某、宋某的行为在定罪上存在争议，主要是应认定为数罪（敲诈勒索未遂、放火罪）还是一罪（放火罪）。

前一种观点的主要理由是，被告人先是实施了敲诈医院30万元的行为，虽敲诈未果，也符合敲诈勒索罪（未遂）的构成要件；后到医院的干部病房记账办公室纵火的行为，符合放火罪的构成要件。上述是两个相互独立而完整的行为，故应认定为敲诈勒索罪（未遂）与放火罪，应数罪并罚。

辩护律师认为：本案应认定为一罪即放火罪，理由是：本案被告人的敲诈勒索行为与放火行为之间存在刑法理论上的牵连关系。在主观上，被告人实施此两个行为均是以非法取得财物为目的，放火行为虽在敲诈勒索未果的情况下所实施，动机存在报复、进一步恐吓、威胁、敲诈等多种因素，但仍应包含在总的犯罪目的之中，即非法取得财物。在客观上，被告人的两个行为存在目的行为与方法手段行为的牵连关系，即目的是敲诈勒索取得财物，在方法手段上又实施了放火的行为。根据刑法理论与刑事立法的具体规定，对牵连犯的处理原则，在立法未对某些牵连犯明确规定为法定的一罪论处的情况下，应按“从一重罪处断”的原则处理。本案的情形在刑法分则中未明确规定为法定的一罪，故应以一重罪（放火罪）论处。

针对认为应定故意毁坏公私财物罪的观点。辩护律师认为，放火罪在故意纵火焚烧公私财物方面，与故意毁坏公私财物罪是同质的，但更关键的是放火罪危害了公共安全。从本案放火的地点、环境、对象、方式手段、时间和结果来看，被告人的放火行为就已侵犯了公共安全：医院是公共场所，被烧房间处于医院的办公楼内；犯罪方式、手段是将汽油倒入房间并点燃；时间是在夜间，不易被及时发现和扑救；结果是烧毁了部分财物。由此可见，本案的放火行为已经造成并且可能引起不特定范围内重大公私财产被焚毁的后果，甚至可能危及不特定多数人的生命和健康。

（三）从吸收原则出发，认定一罪，否定数罪

吸收犯，是指一个犯罪行为因为是另一个犯罪行为的必经阶段，组成部分或当然结果，而被另一个犯罪行为吸收的情况。吸收犯具有以下几个特征：

第一，数个相互独立的犯罪行为的存在，是吸收犯成立的前提条件。吸收犯是数个犯罪行为之间的吸收，如果只有一个犯罪行为，便无吸收的必要。吸收犯的数个犯罪行为应该是独立的。

第二，吸收犯所具备的数个犯罪行为，均发生在一个犯罪过程中。这是吸收犯的本质特征。吸收犯的数个行为独立成罪且中间往往有些间隔。

第三，数个行为属于同一罪质，这是吸收犯的法律特征。同一罪质，主要包括两种情形：一是构成犯罪既遂、未遂、预备、中止各犯罪形态的各种行为是同一罪质。二是共同犯罪中组织犯、实行犯、教唆犯、帮助犯，或者主犯、胁从犯的诸行为是同一罪质。

例如，2002 年 8 月至 2003 年 6 月，被告人康某、陈某、周某分别或共同伙同他人，分别在北京铁路分局西长铁路线、京原铁路线，北京西工务段琉璃河养路工区大院内等地，盗窃备用钢轨、电焊机、砂轮机、无齿锯、再用鱼尾板、再用垫板螺纹钢和铁路线上正在使用的 43kg 型护轨鱼尾板等物品，均已

达到法定数额，构成盗窃罪和破坏交通设施罪，依法分别被判处刑罚。本案被告人康某以其未参与破坏铁路交通设施，不构成此罪为由不服一审判决而上诉。原因是从其本身讲，只有盗窃的故意和行为，并没有破坏铁路交通设施的故意，不应被定为破坏交通设施罪，是典型的想象竞合。想象竞合的“一个行为”必须是同时触犯了“数个不同罪名”。

如果同一行为触犯了数个同种罪名（包括同种罪名的不同状态），则不构成想象竞合。例如，甲向乙家人的饭食里欲投毒杀害乙，结果导致乙死亡、乙的孩子丙经抢救脱离危险。虽然甲的行为涉及故意杀人罪的既遂和未遂两种不同状态，但因其属于同一罪名，则不必归入想象竞合之中。

典型案例二十六：王某绑架案

入选理由：对抢劫钱款后绑架受害人并向其家属索要钱财行为的定性

2006 年 12 月 4 日，王某、刘某以租车为名，将许某驾驶的奥拓车拦下，王某将许某推向后排，刘某持刀威逼，劫得价值 9000 余元的车辆及现金、手机等。当晚，两人将许某绑架并关押，将赃车变卖。次日，由刘某看管许某，王某联系许某的家人索要赎金。其间，王某、刘某对许某多次奸淫并猥亵，并致其轻伤。同月 9 日，许某获救。

本案王某、刘某抢劫许某钱款，而后将许某绑架并向其家属索要钱财，随即又将赃车变卖，对此定性有不同意见。

笔者认为应认定为绑架罪：既抢劫又绑架的行为应按照吸收犯理论确定为一罪。若前行为是后行为发展的必要前提，后行为是前行为发展的必然结果，且前后行为侵犯客体一致、对象一致时，重行为应吸收轻行为。本案中，行为人先抢劫，在抢劫暴力延续的条件下，利用暴力形成的胁迫将许某绑架，符合吸收犯的首要条件。同时，抢劫罪和绑架罪侵犯的客体有一致性，即都在不同程度上侵犯公民人身和财产权利，且本案中两行为均指向同一被害人。再者，抢劫罪较之绑架罪而言是轻罪。故本案抢劫罪可被绑架罪吸收，仅成立绑架罪。

另外，从法律适用看，最高人民法院 2001 年 11 月《关于对在绑架过程中以暴力、胁迫等手段当场劫取被害人财物的行为如何适用法律问题的答复》规定："行为人在绑架过程中，又以暴力、胁迫等手段当场劫取被害人财物，构成犯罪的，择一重罪处罚。"此批复虽然是针对绑架过程中劫取他人财物问题作出的，但本案中从行为人实施暴力行为并劫得被害人财物开始到绑架被害人许某为止，被害人一直处于暴力、胁迫之下，故仍可适用该批复认定为在绑架过程中劫财。

（四）从连续性原则出发，认定一罪，否定数罪

继续犯亦称持续犯，是指犯罪行为与该行为引起的不法状态在一定的时间内处于继续状态的犯罪。

连续犯是指基于同一的或概括的犯意，连续实施数个相对独立的犯罪行为，触犯同一个罪名的犯罪形态。

两者之间的区别在于：第一，继续犯实际上只有一个行为，而连续犯则有多个行为。第二，继续犯的行为虽然持续一定的时间，但不间断；而连续犯的数个行为之间持续一定的时间，但数行为之间是有间断性的。

常见的继续犯如非法持有毒品罪，非法持有枪支、弹药、爆炸物罪，非法持有假币罪，窝赃罪，窝藏毒品毒赃罪，重婚罪等。

状态犯是指发生侵害一定法益的事实同时，犯罪行为虽然结束，但在其后侵害法益的状态可能依然存在。但这种存续的侵害法益的状态还受构成要件的影响时，不另成立他罪。从概念上看盗窃罪就是状态犯。行为人犯盗窃罪窃取财物后，对所窃物品的占有意味着被害人的财产权利遭受侵害的不法状态存在。这种不法状态虽然存在，但盗窃的犯罪行为已经结束。状态犯则是犯罪行为实施完毕之后，其所造成的状态仍处于继续之中。吸收犯由数个独立的犯罪行为构成，但因触犯同一罪名，属于同一种犯罪的不同形式，而且，这些行为之间有高度行为与低度行为之分，从而产生吸收关系。例如，某甲杀害某乙，未遂。过了几天后，某甲又用刀将某乙杀死。杀人的既遂行为与未遂行为都是故意杀人行为，二者相比，当然既遂行为是高度行为，未遂行为是低度行为，所以，本案只追究行为人的故意杀人既遂，未遂行为被既遂行为吸收，不再论罪。

典型案例二十七：杜某合同诈骗罪案

入选理由：同一犯罪之间存在牵连关系时犯罪数额的认定

2007年7月15日，杜某来到郑州某汽车租赁公司，用伪造的梁某的身份证和兰某的驾驶证骗取该公司老板闫某的信任，以梁某的名义与该公司签订汽车租赁合同，骗取现代伊兰特轿车一辆。然后，杜某又迅速伪造了该轿车的全套手续。7月21日，杜某窜至某汽车美容店，谎称自己是该车车主李某，并用假身份证和假汽车手续骗取汽车美容店老板郑某的信任，后以伊兰特轿车作抵押，与郑某签订抵押借款合同，骗取郑某现金5万元。经鉴定，现代伊兰特轿车价值6.5万元。

本案中，杜某伪造名为梁某的身份证和名为兰某的驾驶证的行为分别构成伪造居民身份证罪、伪造国家机关证件罪，其以梁某的名义与汽车租赁公司签订汽车租赁合同，骗取现代伊兰特轿车的行为构成合同诈骗罪，两罪之间存在牵连关系，应以合同诈骗罪一罪从重处罚。杜某伪造车主李某的身份证和汽车手续的行为分别构成伪造居民身份证罪、伪造国家机关证件罪，其以李某名义与郑某签订抵押借款合同的行为构成合同诈骗罪，两罪之间存在牵连关系，应以合同诈骗罪一罪从重处罚。对于本案应以合同诈骗罪对杜某定罪量刑，在审理过程中不存在争议，本案争议焦点在于对杜某合同诈骗罪的犯罪数额应如何认定。

一种观点认为，杜某的两次合同诈骗行为是在同一犯罪故意支配下进行的，二者性质相同且具有连续性，应成立连续犯。按照连续犯处理规则，对杜某应按合同诈骗罪一罪处罚，并要将两次诈骗数额累加作为杜某的犯罪数额进行刑罚考量。

另一种观点认为，构成同罪的数行为之间存在牵连关系时，在确定犯罪数额时可以参照适用牵连犯的“择一重处理”规则。本案杜某要想冒用他人名义签订抵车借款合同骗取现金，就必须首先现实控制他人的轿车，这就使其签订虚假合同实施骗车行为成为必然选择；同理，杜某在骗取轿车后，必然要以转让、抵押借款等方式使其变现，以最大限度地减小自身的风险。正是由于行为人实施相互牵连的数行为有一定的被动性和无奈性，牵连犯所犯的数罪的社会危害性要比普通的数罪小，存有牵连关系的数个合同诈骗行为的社会危害性也要比单独实施数个互不相干的合同诈骗罪小。该案承办律师的代理意见认为，在构成同罪的数行为之间存在牵连关系时，在确定犯罪数额时可以参照适用牵连犯的处理规则，将数额较大的那起犯罪数额认定为全案的犯罪数额，而不是将所有涉及的数额累加为犯罪数额。

第 12 章
质证设疑：触动制胜思维线索

法庭辩论前对于证据的质证过程，辩护律师一定要把握质证的节奏，从中寻找制胜线索，作为制胜思维的引发点，以此提高分析案情，归纳反驳论据的能力。因为法庭论辩水平的高低，在很大程度上取决于对证据的掌握与应用，如果对证据没有进行很好的质证，就不可能引发出对己有利的思维线索，只能是“有理说不清”“有法不会用”。

一、触动制胜的思维线索

掌握分析证据的方法，养成分析证据的习惯，提高分析证据的能力，对于提高辩护律师的说服能力和法理应用的能力，具有十分重要的作用。

实践证明，以下方式能够在质证的过程中触动制胜的思维线索：

1. 寻找论据，明确论点

寻找论据，明确论点是一个由此及彼、由表及里、去伪存真的思维过程。辩护律师就是要根据整个案情的发展进程，提出和归纳一些对己方有利的争议焦点，用经法庭质证过的证据，已被双方认同应当适用的法律条文等来明确自己的辩护主张，支持自己的辩护主张，或者列举出对他方不利的证据或法律条文，从而使整个案情更趋于明了，同时又有利于向己方需要的结论转变。例如，在故意杀人案的质疑中，古时有滴血认亲的例子，现代发展到 DNA 高度吻合性确认，如果对于死者、现场遗留的痕迹没有实施 DNA 鉴定，就可直接提出疑义，如果 DNA 鉴定与犯罪嫌疑人不吻合，则可提出完全排除的论点。

如果鉴定有第三人的，应提出排除第三人作案的可能。

2. 提出分析问题、解决问题的方法

提出正确的解决问题的方法，是解决问题的最好辩题。在引发辩题和分析案情的思维过程中，要将这把金钥匙主动掌握在自己手里，但也不能让对方看出自己有让步或认输的迹象。这就要求在思维引发中，辩护律师要向法庭提出自己的反驳和理由并能为案件的处理提供一定的思维线索（具体的内容和要求）。如直接指出罪名不成立，罪状不成立，或某一具体的犯罪构成不成立，或某一事实虚假等，能够做到于法有据，于情有理。特别是对于自首、立功、正当防卫、紧急避险等减轻、免予处罚等情节容易形成对犯罪嫌疑人定罪量刑有利的结论，从而被法官认同。

3. 提出争议分歧点，明确差距原因

辩护律师要合乎思维的规律，切合案情剖析的实际，使对方的观点有所转变，就要求能够无偏见地提出争议焦点的分歧所在，明确差距原因，并努力提出缩小差距的方式、方法，让主审法官能够接受或认同。实践证明，在法庭上明确控辩双方分歧点和差距原因所在的思维，能够极大地提高辩护律师的论辩水平。

二、提问设疑，激发制胜线索

庭审中辩护律师在论辩过程中，要注意围绕双方争议的焦点，重视问的论辩艺术，不仅要较多地向对方提问，对第三人、证人，甚至同案犯人等也要经常发“问”。“问”对论辩的成功有着重要的作用，巧妙的提问能够使律师在论辩中掌握主动权。擅长法庭论辩者都善于“问”，而且都有自己富有特色的“问”的技巧。通过提问设疑，能够有效激发制胜的思维线索。

一般来讲，在提问设疑中要注意“巧”“缓”“度”“诱”“防”“敏”等几个问题：

1. 设疑提问要“巧”

辩护律师在设疑提问时一定要“巧”，要真正有助于指控方和主审法官对争议焦点的理解和案情事实的掌握，真正有助于扩展自己的思维，启发自己弄清事实的真相。这就要求辩护律师在法庭上要不失时机地当庭向指控方、受害人、同案犯或证人提问，可在举证时进行，也可在质证中进行，还可在法庭辩论的过程中突然经主审法官同意向对方发问。发问时要选择好最佳的切入点：关键证据的真实性认定；造成分歧的责任应当由谁负；本案的疑点、难点和重点；自己对案件的困惑之处；当事人的换位思考；对受害民事附带赔偿部分和解的可能性的试探；思维的转折、论点的过渡、僵局的打破和对方处于情绪浮躁时的直问等。每一个问题的事先设计既突出了自己所希望得到的案情真相，又起到了论题与论题之间的承上启下、相得益彰的作用。同时还要问得巧妙，不能让对方马上明白自己的设疑意图。

2. 设疑提问要“缓”

在法庭提问时语气一定要平缓，并有一定的停顿时间，给对方一定的思考时间，不能没等对方表述清楚，或对方无话可答时就急促地开始自己的论辩，当对方答非所问或回答到关键性问题时还可要求书记员记录在卷，以利于提醒法官。同时遇到关键性问题要指出被询问人做出了与事实不相符合的陈述，这样就容易引起审判员的注意。当然“缓”的目的还在于让法官能听得清你所要表述的意思，让书记员能依照你所说的记录在案。

3. 设疑提问要有“度”

我们说话办事，做什么都要恰到好处，而法庭的提问设疑也同样面临一个“度”的问题，即提问的时机、难度、广度都要恰到好处，都要符合法庭审理的程序、特点及思维规律，而不能因提问引起指控方或主审法官的反感，更不能让受害人、证人或同案犯认为你在挑衅滋事。在发问时最好注意拉近与被问者的距离，不能盛气凌人，或问一些与本案无关的问题。涉及被询问人隐私部分一定要事先征得对方同意。

4. 设疑提问要会“诱”

在法庭审理过程中提问实际上就是向被问者质疑、解惑、引发或诱导出自己希望得出的真实性回答的创造性思维过程，它以弄清案情、减少分歧、缩短争议差距为目的。这就要求提问的语言有引诱性，而不能让对方一听就知道你想得到什么。这就要求设问有多个以上的思维层次，容易让被问者进入自己所设计好的圈套，达到控制双方当事人思维的目的。一般设问具有诱惑性就是利用反向思维，最好投其所好，在对方还没有反应过来时，直奔主题，令对方措手不及，从而达到设疑的目的。

5. 设疑提问要设“防”

辩护律师在法庭辩论时要有较强的反应能力，对对方的反问，要在提问前预先估计可能出现的问题，有设防意识，防止对方抓住把柄，适得其反。并对意外出现的新情况结合案件实际做出迅速判断，是对己有利还是不利，能及时分析双方争议焦点的分歧在哪里，解决问题的差距在哪里，为什么会对己不利，或如何尽快结束对己不利的辩题。

6. 设疑提问要“敏”

在法庭上面对对方恶语伤人，一定要机敏应对。因此，提问设疑时要反应敏捷。为了防止刺激对方，辩护律师在法庭辩论过程中语气一定要委婉，说话要有分寸，论辩中既要使自己的语言通俗流畅，能准确恰当地表达自己的观点，又不能言辞过激攻击对方，更不能恶语伤人，要有“台上是辩手，台下是朋友”的那种宽以待人的品质。得理不饶人，让对方难堪，甚至用尖刻的语言挖苦对方不是论辩的目的。这种做法不仅无益，反而会引起法官及其他诉讼参与人心理上的厌恶，为论辩的失败埋下隐患。语言要规范，不能生造词句，但也不能刻板僵直，使用幽默风趣的语言能增加论辩的效果。当指控方或代理人恶语伤人时一定要沉着应对，切莫暴跳如雷，更不能使用诽谤或侮辱性语言反击对方，此时可能法庭气氛非常紧张，法官、指控方及其他诉讼参加人的神经都绷得紧紧的，律师可在论辩中突然插入幽默诙谐的语言，或适当反诘对方。

三、走出误区：改变思维方能赢

在刑事控辩博弈中，辩护律师要做到了解自己，懂得指控方的指控意图，就要注意掌握对事实理解的节奏，避免对事实的偏解，避免与指控方思维不协调，最重要的是要时刻保持理性思维，不盲从和固执己见。

所谓理性思维，就是某人接收了外部信息，并对这个信息进行批判、分析、消化，最终产生对这个信息的反应。或赞成，或反对，或不置可否。这还不是最终的判断，他还要对这个判断保持一份怀疑的心态，并愿意倾听乃至接受不同的观点，随时修正自己的行为。盲从与固执己见产生于非理性思维。

从亚当·斯密开始，经济学就和人的理性有了不解之缘。经济学家们总结出理性经济人有三大特征：一是贪婪，追求自身经济利益的最大化；二是理性，基于成本和收益的核算做出决策；三是交易，在理性决策的基础上通过交易参与社会分工。这三大特征是许多经济学基础理论的源头。

所谓非理性思维就是某人接收了外部信息，没有或少有批判、分析、消化。他基本上是机械地认同或是反对某个观点，并且，他对不同的观点没有留出倾听乃至接受的余地。判断一个人的思维究竟是理性还是非理性，一个重要的标准就是看他对与他对立的观点及持这样观点的人是否具有包容的心态。这一标准对于抗辩博弈者把握案情十分重要，善于接受指控方、法官的观点，但又不盲从能够让自己获得较好的收益。

在刑事控辩博弈的过程中，非理性思维往往会支配抗辩博弈者的行为与战略。尤其是刚入刑事抗辩的初生之犊，他们往往是在一看到指控书时就能很快进入角色，容易被指控方的失误所感染，也容易被犯罪嫌疑人或其委托人的陈述所左右，同时也容易受相关案例的影响，自己少有思维。

目前，一般认为非理性思维形式有三个直接特点区别于理性思维：非感知性、快速性、受诱发性。但如果认真考察起来，只有非感知性是它所独有的，其他两个特点在理性思维中也可见到。所以，非感知性是非理性思维形式区别于理性思维的唯一特点。换句话说，直觉是非理性思维方式的代表。

非理性的冲动来自你的心灵深处，扭曲的外力激发出你反扭曲的冲动，带来的快感使你沉醉其中。但刑事指控博弈过程中的非理性思维有时是在理性的思考之后的选择，需要时间的推敲与经验的熏陶。这就是刑事案件不能在短时间内决策，理性的判断绝不包含“剪不断，理还乱”的情节。但同样的事情，不同的两个人做出的理性选择却可能完全相反。也就是说在博弈中，理性与非理性都会对控辩博弈者的决策产生影响。

由于非理性的行动带有太多的不可知性，而理性的思维又能经常弄得你筋疲力尽，作为刑事辩护博弈者要能够时时分辨理性与非理性思维对于正确抗辩行为的行动是十分重要的。

常见的非理性思维主要有以下几种：

1. 框架效应

所谓框架效应，即一个问题有两种在逻辑意义上相似的说法却导致了不同的决策判断。在刑事抗辩博弈中，辩护律师分别表现出对指控一概反对和对自己反驳意见的固执就是框架效应的影响结果。在刑事诉讼博弈过程中，辩护律师总会先有一个预期，这一预期往往是刑辩博弈者对已有事实或证据全盘肯定的结果，而不容指控方或法官丁点的反对，更不容同行的劝诫，否则他就可能会怀疑自己的运气不佳，或者别人与他有其他什么利益冲突，至于法官真正的意思有时并不是他处于当局时所能够思考的问题。

辩护律师进入抗辩的角色后，会对案情有一个初步的判断或从指控方提供的证据中初步判断案件的走向，并会有一个刑罚的预期值，往往会先对先期的理解与分析（或称作收益）做出一个粗略的估计（锚定），亦即锚定值，以此决定下一步的抗辩行为，并以此展开举证、质证、论辩行为，然后根据进一步的信息进行调整，形成比较理想的判断。这就是所谓的锚定和调整。最初作为锚定值的案情分析可能是辩护律师自己的心理要求，也可能是委托人的看法或通过与法官交换意见的初步结论。辩护律师的态度也会影响到锚定罪责，如认为指控方的专业技能并不十分强势，出现一些让步和求缓的语气，且没有充足的证据来证明指控，犯罪嫌疑人的行为也难以用现有证据认定，也许指控方还会有更不利的证据通过退回补充侦查得以完善，此时辩护律师设定的锚定值往往比较高。如果认为指控方的办案实力比较强，且某位犯罪嫌疑人指控的证据已完全被指控方掌握时，或者在一段时间内发现了新的证据出示时，辩护律师往往设定的锚定值比较低。

巧妙运用变形锚定点，可以告诫自己对问题的认知，逐步养成对己有利的抗辩思维习惯，当辩护律师抱定在现有证据中找到突破口时，就容易受“锚定效应”的影响。随着不确定性的增加，受变形锚定影响的程度也会上升。

2. 损失厌恶

我们常常陷入种种情绪化的罪责较轻的判决的预期误区。初入刑事辩护的辩护律师有时也像买了贬值股票又不肯出手的股民一样，就是由于不愿接受与预期相反的判决，不愿面对承认自己的错误而带来的后悔。这种心态是“厌恶损失”现状偏向。既然承认办案的方向错误是那么痛苦，而接受指控方的意见可能使被委托人认为自己的律师专业水准实在太差，那何不从程序问题上挑点毛病让指控方突然陷入被动，起码能够让委托人体会到自己还是十分专业的，并且尽职尽责了。人们会倾向于保持现状，不愿意重新去作出选择，因为“损失”总是比“收益”带来更大的情绪反应。这也是辩护律师或委托人不愿意降低预期的原因所在。在控辩博弈中，不理智的辩护律师总会抱着原先的想法，不愿意改变初衷。即使案情发生了逆转，他的抗辩思维发生了问题，当初的判断是完全错误的，辩护律师也总会安慰自己：法官一定会接受自己的辩护意见，案情分析总体还是利好的，只要坚持就会达到最初的目的。不是辩护律师不相信已成事实的巨大失误，实质上是辩护律师对可能面临的案情分析错误产生了厌恶，难以从心理上接受可能产生的失误。

3. 过度自信

在与指控方博弈中，有自信心的人往往能够充分发挥自己的长处，泰然自若，落落大方，以积极的心态处理可能产生的各种问题和矛盾。而且当自己处于不利境遇时，自信也能积极地起到自我暗示、自我鼓励的作用，从而保持心理平衡，变不利为有利。拥有自信心固然可贵，但切不可因过于自信而使自己变得固执。

人类倾向于从无序中看出规律，尤其是从一大堆随机的案例中推出所谓的规律和结论。而特维尔斯基提供了大量的统计数据说明许多事件的发生完全是由于运气和偶然因素的结果，特别是对于刑事案件的发生，有时确实有它的偶然性因素。对于现场证据的损坏也会受环境因素的影响。辩护律师总会相信对典型案例的分析或者某位知名专家的个人观点，总会把自己所办理的案件与同类型案例相比，总在类似的比较中给自己以安慰或信心。而对于刑事案件来讲，不可能有完全相同的案件，即便同一辩护律师办理的同一类型的两宗案件，有时定性看似类似，但形成判断的司法环境或影响判案的原因各有不同，很多辩护律师对于败诉的原因要么归于司法腐败，要么归于司法环境与自己开了玩笑。总觉得自己具有真正识别案情、了解案情的能力，有的还可能认为自己持有较好的判案能力，由此产生了所谓过度自信的心理现象。

4. **偏于固执**

如果说自信是促进人际交往的一大优势，那么固执则是妨碍正常人际交往的一个阻力。固执的人往往自以为是，听不进他人的意见和建议，只想让他人接受自己的观点。同时，还会有一种盲目的自我崇拜心理，以为自己处处都比他人高明，自觉不自觉地把自己凌驾于他人之上。

辩护律师的固执行为是对案情判断的一个障碍，由于它使人不能理智地评价自我的行为是否符合法律的规则，是否会对他人的行为产生影响，当然也就不能客观公正地去评价他人、认识他人，更无法赢得他人的理解和信任；另外，过于自信而固执的人总是习惯性地把自己的观点强加于他人，这种做法势必造成他人的心理反感，从而在辩护的过程中产生了一种“心理对抗”。

固执己见的人免不了与他人发生争执，从而影响到与他人的思想交流和融洽相处。过于固执就无法与他人顺畅地交流，即使是与花钱聘请自己的委托人也难以沟通，这会使自己处于相对封闭的境地，最终会影响诉讼行为的功效，甚至弄得一败涂地。

其实，自信与固执虽然很接近，但毕竟有着本质区别。有自信心的人不仅敢于表明自己的观点，而且勇于接受别人的批评、忠告和建议。

可见，在刑事抗辩博弈中不可失去自信，也不可过于自信而沦为固执。特别是在感到案情总体对己方不利时，要及时调整思维，果断转移辩护视角。

5. **证实偏好**

所谓证实中的偏好是指在科学证明中倾向于预先确定一种理论，随后寻找证据来证实其成立而不是反驳其成立，该偏见与案情的发生无重复的随机模式是格格不入的，尤其是不能妄从专家的法理点评，固然他所讲的有道理，但也只能是他个人的评判。

在刑事抗辩中，由于刑事抗辩的特殊性，需要的是反驳，而不是对自己观点的证实。因此，证实会使自己毫无辩驳力，甚至会让对方轻松很多。

四、培养良好的置疑思维

置疑思维是解决刑事诉讼问题的最好思维方法。主要有以下几种置疑思维可供参考：

（一）置疑之实证性思维

刑事辩护律师在刑事诉讼过程中，无论是对对方提供的证据进行质证，还是对证人进行质询，以及对同案犯及受害人进行质问，无不涉及对案情的置疑。置疑不同于质疑只是提出疑问，请人解答，置疑也含有质疑的意思，但多用于否定。其目的当然是实证，能够让自己对证据的阐明得到法官的认同，有利于指控证据的抗辩和反驳。因此，辩护律师应当具有置疑之实证性思维。

置疑之实证性思维就是要求刑辩律师在诉讼过程中，对每一具体的事实进行置疑，既包括对指控方举证的证据，受害人提供的证据，证人提供的证据，也包括犯罪嫌疑人的陈述及提供的证据，通过置疑后得到实证，使其恢复事实的本质的一种思维方式。道从疑来，“疑”是刑辩律师抗辩思维启动的原动力。

刑辩律师置疑之实质是发现问题、提出问题、解决问题而不断学习更新的思维过程，“有疑”是个关键的环节。刑辩律师“有疑”，必须生疑、设疑、存疑，这是有疑的前提。从而达到起疑，否定对方证据的真实性，指出其虚假性，通过法定的方式或程序达到置疑之实证目的。

在刑事诉讼法庭上，刑辩律师的置疑主要从以下几个方面展开：

首先，通过找寻关键词，以适当的法言法语发问进行置疑。思源于疑，疑就是问题，问题是思维的火花。刑辩律师在诉讼过程中能从对方提供的证据中发现问题和以合理的关键词向对方当事人提出问题，是实证的最好置疑方式，尤其对于刑事指控来讲，由于抗辩方收集证据的局限性，只能借力发挥，通过否定指控证据来达到抗辩反驳的目的。

其次，通过对指控方证据的再组织，形成反证的证据链，以此达到置疑的目的。作为刑辩律师要组织自己的证据链必须借助指控方的证据，通过自己对证据的解读，达到拧断对方证据链的目的。笔者认为：尽管文无定法，但有规律可循，主要体现在以下几个方面：

（1）分类思考对方的证据链是否合理；（2）了解各分类中的证据是否能够形成完整的证据链；（3）看证据与证明对象及证据的特定形式分析是否吻合；（4）分析对方出示的证据中是否有能够形成自己证据链中的一环，以此来作为反证；（5）分析对方证据是否符合证据的“三性”。

最后，通过从不同证据比较中置疑。将有可比意义的不同证据一起进行同中求异、异中求同的分析、比较，从中挖掘出更为深刻的疑点置疑，这不仅有助于刑辩律师对庭审进程的具体把握，还可大大提高刑辩律师对法官思维的适应，可从下列几方面进行：

（1）比较不同分类证据，如书证与证人证言进行比较，当事人陈述与物证比较；（2）比较同一类证据原件与复印件；（3）比较不同证人间的言辞，比较同一证人不同时间的证言；（4）比较受害人、证人证言及犯罪嫌疑人的陈述与指控方提供的证据，从中发现他们的异同，由此置疑。

置疑的目的是实证，使自己所阐明的证据方向能够得到法官的采信或者能够在质证程序中得到固定，这样法官在庭审后对证据的取舍就会有利于辩护方。所以刑辩律师在刑事诉讼过程中要具有置疑之实证性思维，特别是在庭审过程中，如果应用熟练就会对案件的发展及与法官产生相同的价值取向起到十分重要的作用。

（二）逆向之反扣性思维

有学者把思维分为纵向的深入性思维、横向的缜密性思维、逆向的反扣性思维和正向的迁移性思维。笔者认为作为一名刑辩律师更重要的是具有逆向之反扣性思维。在刑事诉讼中，由于指控方具有指控举证的法定职责，相反，抗辩方就处于证据收集的被动地位，在开庭过程中，辩护律师的主要精力放在对指控方举证证据的质证上。为避免与指控方的正面冲突，这就要求刑辩律师具有逆向之反扣性思维。所谓逆向之反扣性思维，就是针对对方思维，而从逆向出发（一般来说控辩双方的观点往往是对立的或矛盾的）。这就要求刑辩律师能够先将自己的主张搁置一边，以对方的思维结作为出发点，通过举证、质证并采取同一律、矛盾律的演绎性思维再反扣到己方的思维结上，但又不至于对他方绝对不利的一种思维方式。就思维而言，我们知道人人都有其思维结，或思维环。各方都有自己的主张，但各方的主张并不都是对立的，尽管是对立的也可将各方的主张，形成合二出三的思维方式，即提出一种控辩各方都能够接受的新的认识或理解，以尽快结案。

我们在刑事代理的过程中都始终围绕某一思维结展开，这一思维结或是刑事代理的点或是线或是面，也可能是某一具体的争议焦点，逆向就是寻求对方的思维结的反向展开，引发自己的思维环。

逆向之反扣性思维要善于抓住对方当事人的协商条件的不同点，抓住双方争议的差距所在，特别是对附带民事索赔的诉讼标的在认识上的差距或者在引用法律条文上的差距。这是十分关键的因素，并要在质证的过程中做好证据的固定工作，善于抓住对方证据中的一些漏洞和瑕疵，从中寻找出影响双方达成和解的关键因素。也就是如何通过努力，缩小双方的差距，或者寻找出双方对案件看法的共同点，如双方都愿意尽快平息纷争，双方都不愿意扩大诉讼成本，以及双方都会因拖入诉讼而感到疲惫等共同的心理特征，刑辩律师要抓住这一有利时机，促成双方尽快达成附带民事诉讼调解，从而较好地说服指控方，促成司法交易成功。

在刑事代理的过程中，刑辩律师应用逆向之反扣性思维有以下两个显著特点：

第一，就是被动者在法庭辩论过程中，不强词夺理，不挑剔对方的毛病，避免形成尴尬的和解局面，而是在抓住对方的逆向思维方面下功夫，在诉说犯罪嫌疑人难以接受指控或具体的罪名时，尽量创造一种认罪态度较好的气氛。

第二，就是逆向之反扣性思维专为处于被动局面的抗辩方而设计，它的特点是迂回交锋，出乎意料地打乱主动方的思维。

总之，在刑事抗辩过程中如果能够很好地应用逆向之反扣性思维，在法庭辩论过程中必然获益匪浅，它要求刑辩律师在指控的罪名、罪责轻重上做文章，找出一些对抗辩方有利的关键条件。当然，也可以适当和其他思维形式交叉使用，使自己的抗辩技巧得到提升。

（三）敏锐之双关性思维

所谓敏锐之双关性思维就是要求刑辩律师在与指控方在庭审过程中的较量中反应敏捷，同时能够在对方设计的询问中快速地做出对己方有利的回答，因为在法庭的回答中要求在“是”与“否”中做出明确的选择，这就要求刑辩律师对于每一个问题都能够做出快速的双关性思考。

敏锐之双关性思维，通常遵循“模型简单”“思考复杂”的基本原则，按照“思考—分解—简化—再思考”的步骤进行。

刑事审判程序中的突发事件是十分复杂的，但是，基于人们的推理思维的局限性和推理方法的有限性，对复杂的问题，我们只能采用分解的方法使之简化、明朗。让问题的关键处一下子暴露在我们眼前，并能在短时间内去解决某一种问题，而绝不能采取纸上谈兵的方式，去想些不可捉摸的问题。

运用敏锐之双关性思维分析问题时，通常建立起是非决断结，也就是说把一些问题都归属于“是”与“非”两种情况，而不存在这两种以外的其他情况，即不存在任何其他可能之类的模糊思维。

为繁中就简，辩护律师就要提前做好路径选择，再根据路径上的节点依次进行反驳，从而说明指控立论为假。

对于一个独立的犯罪指控来讲，其路径节点主要有以下几点：

（1）首先要具体分析犯罪嫌疑人是否具有刑事责任能力，是否为限制刑事责任能力人。（2）分析犯罪罪名，质疑犯罪嫌疑人是否不具有指控立论所确定罪名所要求的特殊主体资格，如贪污罪的国家工作人员或其他依照法律规定从事公务的人员就属对犯罪嫌疑人的特殊职务行为要求。（3）犯罪嫌疑人的行为是否构成犯罪。（4）犯罪嫌疑人是否如指控中所述犯了其确定的罪名，各犯罪构成是否成立。（5）罪名是一罪还是数罪，是一人犯罪还是数人犯罪，从而确定是否存在犯罪竞合，是否在共同犯罪中起主要作用。（6）分析犯罪的原因与结果，质疑原因与结果是否存在必然的因果关系。（7）从犯罪的诉因着手，结合犯罪情节，实施行为的轻重，犯罪后果的轻重，以及犯罪嫌疑人的一贯表现来确定从轻、减轻或者免除处罚的辩护技巧。（8）对指控立论中所适用的法律条款是否正确质疑。(9) 案件是否为受理法院所管辖，是否在合理的追诉期限内，是否有另案情形。(10) 是否有没有查明的事实，是否存在关键的共同犯罪嫌疑人没有归案等。(11) 是否有违反程序法的要求。

再思考是敏锐之双关性思维的最后一步，再思考的任务就是要求决断者在处理问题之后再来分析判断其决断的合理性和实践的检验性，并寻找一些遗留问题的补救方法。

一般来说，再思考过程中应做好以下几点工作：

第一，找出第一次分析过程中不符合逻辑思维的规律和环节。

第二，根据基本的法理原则，对一些有违法理的思维进行纠偏。

第三，根据现行法律和政策，对己方的观点与他方观点进行合法性评估。

第四，确定下一步论辩方向，并看有哪些需要收集的证据遗漏了，完善决断资料，特别是一些典型的案例，应及时地纳入档案之中，以指导以后的思考，便于解决同类问题时能更迅速地处理。

第五，根据庭审过程和关键的思维节点，认真进行总结，分析所承办的案件制胜的关键点是法理应用还是法规应用，还是证据的应用，抑或其他关联性因素。

敏锐之双关性思维是一种宏观的思维方式，应用在刑事诉讼代理中的指导方面就是要重视发挥代理者的经验、直觉和创造性思维，以适应诉讼过程中非正常因素存在下及时、准确地处理一些突发性问题，防止事态的产生和扩大，确保庭审的主动权把握。

敏锐之双关性思维在于培养刑辩律师捕捉空间、捕捉时间的能力。人要有捕捉的能力，这个捕捉从空间来说就是抓住有利时机。法律本身是有边缘的，但是我们的法律有的边缘非常明确 ，而有的边缘却比较模糊。法律不仅分为强制性规范、任意性规范，法律也是有刚性和弹性的。刚性法律边缘比较明确，而弹性法律往往边缘不够明确。这就为法官的自由裁量权提供了较大空间，也为刑辩律师在刑事代理过程中的敏锐性思维提出了更高的要求。

第 13 章
重复博弈：能够从“争议焦点”中找到突破口

刑事诉讼的控辩过程，实质上是一种围绕法官所归纳的争议焦点，确定犯罪嫌疑人“罪与非罪”“罪重与罪轻”“罚与不罚或少罚”的重复博弈过程。顾名思义，“重复博弈”是指同样结构的博弈重复许多次，其中的每次博弈称为一个“子博弈”。而刑事诉讼博弈一定是有限次的，在每个子博弈中，参与人同时行动，行动之前总要参照对手的行动或同类案件的判决结果并预测对手下一步的行动。对手过去行动的历史是可以观测的，而随后的行动只能是评估预测。因此，一旦法官归纳出了双方的争议焦点，那控辩双方围绕“罪与非罪”“罪重与罪轻”以及“罚与不罚或少罚”的重复博弈的行动就有所参照了。

一、动态博弈：刑事诉讼控辩是精练而完美的纳什均衡

重复博弈是动态博弈中的重要内容，它可以是完全信息的重复博弈，也可以是不完全信息的重复博弈。当博弈只进行一次时，每个参与人都只关心一次性的支付（如证据的出示与解读）；如果博弈是重复多次的，参与人可能会为了长远利益而牺牲眼前的利益，从而选择不同的均衡策略。因此，重复博弈的次数会影响到博弈均衡的结果。

在重复博弈中，每次博弈的条件、规则和内容都是相同的，但由于有一个长期利益的存在，因此各博弈方在当前阶段的博弈中要注意不能引起其他博弈方在后面阶段的对抗、报复或恶性竞争，即不能像在一次性静态博弈中那样毫不顾及其他博弈方的利益。有时，一方做出一种合作的姿态，可能使其他博弈

方在今后阶段采取合作的态度，从而实现共同的长期利益。

在刑事诉讼的重复博弈中，有以下三点需要加以注意：

一是可信性。在刑事控辩的动态博弈中，先行动的博弈方是否该相信后行动的博弈方会采取对自己有利或不利的行为。在绝大多数情况下有利是攻，不利是守，最终的选择一定认为是对方不利，己方有利。

二是动态性。刑事辩护的实质是有限次博弈，其控辩双方的博弈过程是动态的。如果动态博弈中各博弈方的策略在动态博弈本身和所有子博弈中都构成均衡，各方都无话可说，无理可辩，则称该策略的对抗性组合具有子博弈完美性。

三是不确定性。刑事控辩之中各方所围绕的罪名与刑罚具有不确定性。无论刑事控辩双方的立场态度如何，辩护律师从有罪到无罪，从罪重到罪轻的各子博弈无不是围绕罪名与刑罚的不确定性来开展动态博弈的。不确定性最终将由居中裁判的法官通过事实与法律来确定。

这样，刑事控辩过程存在一个完全信息的动态博弈，它属于子博弈精练的纳什均衡。在重复博弈中，可信性是非常重要的，也即子博弈完美性是判断均衡是否稳定可靠的重要依据，又由于最终利益对短期行为的制约作用，因此有一些在一次性博弈中不可行的威胁或诺言在重复博弈中会变为可信赖的，如在双方辩论过程中，检察官的一句“可考虑一下”的让步，都会令抗辩方有所放松，从而使博弈的均衡结果出现更多的可能性。

这样，在刑事抗辩过程中，辩护律师就要吃透案情，细心解读庭审归纳的“争议焦点”。

在实际庭审过程中，主审法官归纳争议焦点花费的时间虽少，但它在整个庭审中的作用却不容忽视。因为争议焦点的归纳对于控辩双方论辩的集中，举证责任的分担，甚至对于胜诉与否都起到了举足轻重的作用。所以，在庭审中作为辩护律师在向法庭阐述意见时，应尽量争取法庭归纳出利于己方质证的争议焦点，并能围绕主审法官归纳的争议焦点进行举证、质证和法庭论辩。

下面就一宗涉嫌伪证、妨碍作证罪案件充分说明辩护律师分析主审法官归纳的争议焦点对举证、质证和法庭论辩的重要性。

在审理过程中，经控辩双方陈述意见后，主审法官归纳的争议焦点有以下三点：

伪证、妨碍作证罪是行为犯还是结果犯；没有经过当庭质证的证人证言能否被认定为法律事实；证人被公安机关限制行动自由后，其证言是否还属真实意见表示。

法官归纳的争议焦点是法官通过阅卷、双方陈述后双方应当围绕其展开举证、质证和法庭论辩的辩题，也可说是双方当事人及其辩护律师论证的对象。争议焦点是双方诉讼的关键问题或关键点，并将制约着整个诉讼的进程和发展态势，它又是双方组织论据材料即提供证据，反驳对方证据的红线或尺度，是整个庭审之中的重心所在。

二、特征分析：弄清控辩双方的“争议焦点”

所谓刑事诉讼的争议焦点，是指控辩双方对与之意见相左、影响案件处理结果的事实问题和法律适用问题。一般来讲，在庭审过程中，经过控辩各方陈述后，主审法官都要将所审案件进行争议焦点归纳，以此引导诉讼程序向后展开。

由于争议焦点的重要性，作为辩护律师一定要听清主审法官归纳的争议焦点是否符合焦点的特征。

一般来讲，经主审法官归纳的争议焦点有以下六个基本特征：

一是必须以与检方为代表的指控或以与犯罪嫌疑人为代表的抗辩理由相关联，也即是说争议焦点必须是取材于具体诉讼的事实和法律，对案件的合法、正确、公正处理具有诉讼意义，而不能与所诉讼的案件无关。

二是根据争议焦点能够得出明确的结论。

三是争议的焦点必须是控辩双方有分歧的辩题，控辩双方对其存在与否、应当适用与否持相左意见，争执不下。如果是控辩双方当庭达成共识或庭前就已达成共识的，那么就不能成为争议的焦点，那样就会有利于提出辩题一方的举证、质证和辩论。因此，那些控辩双方没有争议的问题不应列为争点。

四是属于事实问题或者法律适用问题。争议焦点一般都属于事实或者法律的适用问题，而诉讼程序上的一些适用问题在审理中不能成为争点，因为一般诉讼程序上的适用问题，当庭审理的法官或审判委员会都具有裁决的权力，无须控辩各方争辩。同时程序性法条规定也不能作为审判的依据。

五是对案件的处理结果有法律上的意义。因此，当事人在案件细枝末节上的争议和与案件处理结果无关的争议也不应列为争点。争议焦点一般具有案件定性，把握定罪与量刑的方向性的特点。

六是一般的争点都会涉及相关的法理问题，辩护律师要能够快速从争点中找到相关的法理关键词。如类推不适用刑事审判、防卫过当、犯罪嫌疑人的适格问题，以及犯罪嫌疑人认识上的错误（包括事实上的认识与法律上的认识）是否影响罪过的认定等就是一些法理问题。

由此可以看出，争点就像一条红线，发端于指控的提起，终结于一份刑事判决书，贯穿刑事审判的整个过程。在刑事诉讼中把握争点，就是要明确刑事诉讼的内容和目标。争点不明，指控方和抗辩方及其法官的诉讼行为就是无的放矢。各方明确了争点，才能有针对性地举证和辩论，才不会出现该举证、质证的证据没有提交，而不需要举证、质证的资料提交不少的情形。法官明确了争点，才可能有针对性地进行审理，引导辩论，才能写出心证公开、说理透彻深刻的刑事判决书。

三、症结分析：学会把握与发现争议焦点

辩护律师如何把握诉讼的争点，首先要明确什么是诉讼的争点。诉讼的争点就是控辩双方的争议焦点，也就是发生争执的“症结”所在，解开了这个“结”，其他问题也就迎刃而解了。如涉嫌强奸犯罪案件的审理中女性受害人在性权利被侵害的过程中，是否违背了其意志往往会成为争议的焦点，而不把“应对受害人作多少补偿”作为争议的焦点。原因很简单，要解决受害人的补偿问题，就要首先解决犯罪嫌疑人罪与非罪的问题。解决了罪与非罪的问题，受害人应作多少补偿的问题也就解决了。而“是否违背了妇女意志”又是犯罪嫌疑人罪与非罪非辨清不可的问题，如果是否违背了妇女意志解决不清，其他问题都是解决不了的，这就是案件的“症结”，也必然成为双方争议的焦点。强奸案出现翻案大多属于受害人突然改变了违背其意志的陈述，或者犯罪嫌疑人提出了与受害人特殊关系或事先相约的有力证据。

那么，辩护律师应当如何把握诉讼中的争议焦点呢？

1. 从关键词中提“点”

一位有实际辩护经验的辩护律师，在庭审前都能够凭经验，抽取几个关键词，这些关键词往往涉及双方当事人所争议的事实认定、法律适用和一些简单明了的法理问题。当然，在特殊案件中，还会出现一些专业技术性问题，因此辩护律师要学会从关键词中提取争议焦点，并能够引导抗辩思维线索的展开。

2. 从控辩冲突的症结中找“点”

辩护律师要学会从控辩冲突的症结中找出争议的焦点。争议焦点往往隐藏在争议的问题之后，是导致冲突发生的“症结”，不是浮在表面上的争议问题，也不是如何缩小争议差距的问题。具有一定实际辩护经验的辩护律师，一般在听取了检方的指控和犯罪嫌疑人的陈述、答辩后，就能很快找出双方冲突发生的“症结”，并能够在听取法官归纳争议焦点之后，对法官归纳的争议焦点进行补充或纠正。

如何找到通向胜点的疑点，有一个十分重要的因素就是辩护律师要善于总结，不断总结以往的辩护经验或类似案例，对于寻找冲突症结是十分有利的。经验多了，解决问题的能力自然就提高了，“争议焦点”或案件疑点自然找得准。

典型案例二十八：辛普森杀妻案

入选理由：警察收集证据与现场收集证据的隔离

在辛普森杀妻案的庭审中，控辩双方对于抽取辛普森血样的警察没有将血样直接送检验中心，而是带到了案发现场，这样是否足以构成怀疑其作案的事实产生了冲突。由此辩方律师自然会提出：不能排除现场所采集的血样是警察不小心或有意从抽取辛普森的血样中滴洒的。警察疏忽的实质是让辩护方从控辩双方冲突的症结中找到了疑点，而在刑事诉讼中，疑点无解即为胜点。

3. 从法官的释明中寻“点”

在诉讼过程中，法官在指控方控诉、抗辩方答辩的意见或提供的证据不正确、不清楚、不充分、不适当的情形下，依职权会对相关人员进行询问、启示、提醒或要求相关人员对其做出解释、澄清或予以修正、补充，这就是法官的释明权。释明权是法院（法官）特有的权力，是法官履行审判职责所必需的，其他任何人无权行使，更重要的是释明也是法院（法官）应尽的义务，不可随意舍弃。辩护律师应当从法官的释明中发现双方争议的焦点。因为法官对控辩双方的释明，往往体现了法官对案件的初步认识，辩护律师就要及时捕捉这一信息，从而更准确地寻找到双方争议的焦点。有时，法官会通过释明权改变案件的定性。

4. 从证据链中切“点”

辩护律师在接受当事人的委托后，就要积极做好证据链的准备工作，而形成证据链的目的就是要围绕指控方的主张、请求等，通过已掌握的证据和证据线索理出其证明开示的先后与重点。同时说明每一证据的来源、证据方向，做到环环相扣，无懈可击。而证据的来源、证明方向及证明重点等往往会形成双方争议的焦点。这就要求辩护律师能够从证据中切“点”，从而完善自己的辩护思路。

典型案例二十九：谢某抢劫案

入选理由：病理性醉酒不入刑

2009 年年末，谢某因参加同事婚礼，在醉酒状态下进入附近一单元楼，当发现被害人房门没关时，随即进入，并在受害人床上呼呼大睡。晚上 10 点多被害人进入自家卧室发现谢某时，双方发生了争执，并进行了拉扯，随后被害人逃出房间并报案，赶来的民警将又入睡的谢某带离现场，检方以抢劫罪向法院提起公诉。

在 2010 年 1 月，接受谢某家人委托后，辩护律师经分析认为公安机关认定犯罪嫌疑人谢某的行为构成抢劫罪并予以立案侦查的定性不准确，谢某不具备抢劫的犯罪故意，缺乏抢劫罪所必备的主观要件，同时犯罪的主客观要件不相统一，不构成抢劫罪。同时认为：尽管处于醉酒状态，但是谢某依法应对掐被害人脖子的行为及其非法侵入他人住宅的行为承担相应的法律责任，但该行为也应区分不同情况予以认定。

经调查，案发前谢某曾大量饮酒，虽然醉酒的人要负刑事责任，但是病理性醉酒却不在此列。为证明谢某在案发时处于病理性醉酒状态，律师将证据做足、做细，调取了谢某参加婚礼当天的照片，寻访了当时出席婚礼的证人，最终筛选出谢某大量饮酒的照片，并让在场若干证人出具了谢某大量饮酒的证人证言。这些证人证言看似无足轻重，实际上多方收集的醉酒证据加上谢某犯案时的行为方式，都成为谢某无抢劫犯罪故意的有力证明，为辩护的成功奠定了重要基础。

在出具的辩护意见中，律师认为综观谢某的精神状态和行为表现，谢某抢劫故意不明显。谢某擅闯被害人房间并伤害被害人是深度醉酒时的无意识行为，他只想找地方睡觉，并没有入户抢劫的故意。案发前，谢某曾大量饮酒，案发时谢某处于深度醉酒状态，其主观上缺乏认知和辨别的思维能力。谢某被抓捕时在被害人床上熟睡的事实，又无携带工具等犯罪预备，不仅证明谢某主观上没有抢劫被害人的故意，而且证明谢某没有抢劫被害人的犯罪动机和目的。再从行为的条件和性质，行为的内容和目的，以及现场勘验情况上分析，谢某入户抢劫有悖常理，抢劫的目的和动机难以成立。既然谢某不具备抢劫罪的主观要件，那么根据主客观相统一原则，对于掐被害人脖子的客观行为不应认定是为抢劫他人财物而实施的暴力行为。虽然客观上谢某实施了掐被害人脖子的行为并对被害人的身体构成一定的威胁，但是根据犯罪构成的主客观相统一原则及刑法关于抢劫罪的规定，不能认定谢某构成抢劫罪。

同时指出指控方的证据存在以下疑点：

其一，有且只有被害人的陈述证明谢某实施了抢劫行为，而且其陈述既无客观真实的证据予以证明，又有悖于常理，不能作为定案依据。一方面，被害人的陈述没有痕迹证据予以证明。侦查机关未提取汗迹、皮屑等痕迹，不能证明谢某将被害人按在桌子上。被害人陈述既无目击证人证明也无监控录像证明。另一方面，被害人关于抢劫经过的描述前后不一致且有悖常理，不可采信。如当被害人说“钱放在包里”时，谢某不是去拿钱，也不是拿钱逃走，而是继续掐被害人的脖子。

其二，案发时谢某深度醉酒，对自己的行为根本无法回忆，也未供认有抢劫财物。谢某的症状符合病理性醉酒的特征，即饮酒时或其后不久，出现激越、暴怒、冲动以及攻击或破坏行为，醒后对发作过程不能回忆。他并非拒不承认，而是因为确实对案发过程无法回忆。因此，被害人遭人抢劫的单方言词证据属于孤证，不能作为谢某定罪的证据加以采信。

5. 从预期结论所应具备的条件中定“点”

一般的逻辑思维推理是根据已知的条件推出结论，但辩护律师更多的是对案件的审理有预期的结论，这就要求辩护律师能够根据预期结论推出应具备的条件，以此来确定双方争议的焦点。

对弈的人都懂得对弈最重要的手段是如何找点。起点、阻点、合点、终点，各有作用，可不要轻易落子，否则，一着不慎，则满盘皆输。而抗辩的实质是与控辩方对弈，在对弈过程中，不能轻视交战点，它往往是我们赢取对方的攻击点。更值得注意的是对手的防御点往往就是自己的攻击点，那就是控辩中的要塞之点了。它决定了整个控辩的棋局。

辩护律师要学会通过争议焦点分析案件的胜诉点预期还缺少什么，需要补强什么来定“点”。

四、精辟归纳：将有利的分歧点提升到“争议焦点”

辩护律师要能够对法官归纳的争议焦点进行分析，能够适时地对其归纳的争议焦点提出自己的意见，并尽量将对己有利的辩题提出来，作为新的争议焦点。

这就必须遵循以下几条规则：

一是提出的争议焦点清楚、明确，能够让主审法官听得明、弄得懂。不能含混不清或故弄玄虚让法官反感而不被接受为争议焦点。

二是提出的争议焦点既不能与已经认定的事实和法律相矛盾，又不能违反同一律而偷换辩题概念以避免尴尬的辩论局面。

三是在二审中提出的争议焦点必须有足够的新证据或对原质证过的证据提出新问题来支持论辩，因为二审不同于一审，如果你能够根据争议焦点论辩的展开及时举证、质证将能达到预期的效果，否则，就会无的放矢，影响诉讼的效果。

争议焦点归纳后，应明确焦点群的中心点，因为法官归纳的争议焦点往往不是一个，而是由多个与诉讼相关的辩题构成一个争议焦点群。对于焦点群，应找准其中的中心点。

辩护律师应在争议焦点的固定中把握以下三点：

1. 疑点：从“争议焦点”中发现

主审法官归纳争议焦点后，还要听取控辩双方的意见，问其是否归纳得准确，是否还有未归纳进来的焦点问题。这时就要看控辩各方能否对焦点问题有新的看法，这也是法官试探控辩各方是否已吃透案情的检验方法。

在诉讼过程中，控辩各方陈述意见、证据交换后，辩护律师要能够很快地发现案件疑点，找到双方的争点所在，同时能够引导法官固定对自己有利的争点，处理好相关的争点，并尽快将争点转换成胜点。可想而知，发现争点、固定争点和处理争点不仅是辩护律师的基本技能，而且是反映辩护律师专业水准的尺度。

犯罪嫌疑人及其亲属之所以聘请辩护律师，是因为辩护律师具有法律的专业知识，能够为受托人指点迷津。辩护律师应当善于通过指控方的指控及犯罪嫌疑人的自我辩护，查阅案卷，提前预测归纳出控辩双方争议的焦点，在法庭开庭后，补充、纠正法官归纳的争议焦点。如果辩护律师能够将自己事先确定的争议焦点，补充为法官归纳的争议焦点，那么，就能够在法庭调查阶段围绕双方争议的焦点进行举证、质证及提出自己的辩护意见，因此，争议焦点归纳得是否准确非常重要。

2. 辩点：从“争议焦点”中把握

从案情中发现了疑点，也找到了争议的焦点，辩护律师就要从争议焦点中理出辩点。辩点就是能够在辩论中得出有利于己方结论的论题、论据与论点。

辩点把握得准确，下一步法庭调查就能找到重点，通过层层展开，有条不紊地进行，从中找到胜点。从案件疑点到归纳的争议焦点，再到归纳己方辩点的能力从一个侧面体现了一个辩护律师的业务素质和辩护技巧应用的能力。就寻找辩点而言，辩护律师必须懂得从案件的事实、法律适用与法理应用中抽取关键词，一定要通过随后章节关于关键词抽取内容的领会，加深对争议焦点中辩点的理解。

3. 胜点：从“争议焦点”中转换

辩护律师发现争点的目的就是要寻求胜点，将争议焦点转换成胜点。那么，辩护律师应当如何从双方的争议焦点中寻找胜点呢?

第一，寻找对方要害的攻击点。在庭审过程中，辩护律师要能够及时地捕捉到对方攻击的要害之点，如陈述上的自相矛盾，证据不能相互印证，或者证据有瑕疵等。

第二，寻找己方致命的防御点。辩护律师在整理证据的过程中，就可能已经知道己方的弱点所在，也就是致命的防御点。在庭审中，辩护律师对于弱点所在要注意回避，注意转移辩论重心，学会将辩题集中到有利于己方攻击的点上来，从而在庭审中进能攻，退能守。

第三，寻找己方争辩中的优势点。在争辩过程中，辩护律师要及时发现哪些争辩己方占有优势，并努力去扩大这一优势。这样诉讼才能获得满意的结果。

第四，寻找对方争辩中的回避点。在争辩过程中，辩护律师要及时发现哪些辩题是对方明显占有劣势的，如果暂时难以发现优劣，就要看哪些是对手极力回避的争辩问题，辩护律师要努力去利用对方的回避点，使之转换成对己有利的胜点。

第五，寻找双方的疏忽点。“百密有一疏”，辩护律师在举证、质证后，应当对双方包括主审法官所关注的问题进行梳理，寻找是否有被双方包括主审法官都疏忽的点，而这一疏忽点很可能就属于己方的胜点所在，要及时提出，重点利用。这样往往会起到出奇制胜的效果。

第六，寻找法官极力反复释明的点。在庭审中，由于控辩双方各抒己见，主审法官就会居中要求各方的辩论不能脱离某一主题或辩论焦点，会反复对某一问题或法律适用通过释明权提出新的观点，当这一释明的主题或焦点显然对抗辩有利时，要充分加以利用，使之成为胜点。如果对己方不利时，要提出自己的相反意见，淡化法官先入为主的偏见意识，从而取得胜利。

总之，整个刑事审判的过程，无论是疑点发现，还是辩点寻找，其实都是发现争议焦点、固定争议焦点、处理争议焦点的过程。归纳争议焦点要本着一个原则，从确定的争议焦点上就能看出下一步的审理思路，便于下一步的法庭调查，而发现争议焦点的目的就是要寻找胜点。如果确定的争议焦点，叫人看了不知下一步法庭调查从何处下手，那么这个争议焦点就可能存在问题。

典型案例三十：陈某受贿罪

入选理由：正常借阅图纸是否构成提供图纸的争议焦点

犯罪嫌疑人陈某系上海某水泵厂工程技术人员，先后向无锡某水泵厂提供了某一系列泵的技术图纸，获得人民币××万元。为此，该犯罪嫌疑人所在区检察院以受贿罪向人民法院提起诉讼。控辩双方围绕的争议焦点有两点：一是犯罪嫌疑人是否利用了职务之便，复制了该厂的技术资料；二是无锡某厂向犯罪嫌疑人提供的××万元人民币属劳动所得，还是属受人之托，为其获得不义之财而收受贿赂。

围绕争议焦点，指控方举证说明：

一是犯罪嫌疑人借阅相关资料图纸的记录。

二是犯罪嫌疑人收受钱财的证据。

三是相关泵业公司对犯罪嫌疑人提供图纸与借阅资料是否存在一致性的鉴定结论：一份为本水泵厂鉴定结论有一致性，另一份为无关第三方的鉴定结论，认为属经本人劳动的改型产品，并无一致性。

抗辩方围绕争议焦点从两大方面来质疑指控罪名的成立。

1. 代理律师首先说明了受贿罪的特点：

其一，行为人必须是国家工作人员。

其二，必须得到钱财或利益。

其三，行为人得到的钱财和利益必须是利用了职务之便。

其四，这种利用职务之便获取钱财和利益必须是法律所禁止的。

接着承认犯罪嫌疑人符合受贿罪的主体资格，也获得了一定数额的钱财。

接着话锋一转说：但这种钱财的获取是否利用了职务之便，并且为刑事法律所禁止？

2. 代理律师指出借阅图纸不是利用职务之便。理由是：

一是该图纸并非专利技术也没划入该厂保密范围。

二是该图纸的借阅范围是该厂的任何技术人员，而非特定人员，犯罪嫌疑人也不是图纸的保管人员和原设计人员。

三是犯罪嫌疑人没有利用工作时间，都是业余时间，符合国家鼓励知识分子业余时间兼职的相关规定。

四是犯罪嫌疑人绘制图纸并没有花费企业的资金及资源，都是自己从市面购买的，有发票为证。

五是犯罪嫌疑人借阅的技术图纸所含内容并非该厂所独有的创造、发明或该厂专有技术，是为本案提供鉴定结论的第三人组织全国行业共同研制的成果，并向全国推广。而犯罪嫌疑人也只是为推广作了一些特殊的贡献。

显然犯罪嫌疑人获得的利益不是利用职务之便，没有复制本厂的技术图纸，其所含技术是借鉴或参考了泵业行业协会推广应用的技术，通过自己的付出和智力劳动获得的利益，是劳动所得，不构成犯罪。

第 14 章
强枝效应：通过抽取“关键词”抢占控辩制高点

在东北的原野上，我们看到孤零零的树枝上有很多鸟巢，无论刮风下雨，很多鸟巢都岿然不动，甚是牢固。通过观察，你可以发现，构筑鸟巢所选择的树枝都是主枝、强枝，而非弱枝或侧枝。这给我们一个启示：在刑事诉讼抗辩过程中善用强枝效应，特别是在举证、质证的过程中，一定要有强枝效应的博弈策略。而抽取“关键词”就是有效地利用了强枝效应，也就是抢占到了辩护的制高点。

一、抽取关键词：熟悉掌握战略制胜的法言法语

在刑事辩护中，作为辩护律师应善于通过抽取“关键词”来抢占控辩的制高点。关键词可以说是控辩审三方的共同性语言，属法人法语。也就是说无论是控方，还是辩方，抑或居中裁判的审判方对于刑事诉讼的刑法理论和刑事诉讼的程序理论都是相通的，尽管在刑事诉讼中各自的诉讼地位不同，但其法律应用是一致的。

下面重点谈谈“关键词”在刑事诉讼中的作用与技巧。

作为辩护律师能够正确从刑事法理的专业角度提取体现抗辩方吃透案情的关键词，是其专业技能突出所在。因为关键词在刑事诉讼各个环节都起着十分重要的作用，尤其对争议焦点的化解起着举足轻重的作用。

1. 关键词是辩护律师刑法理论掌握熟练程度的标识

在刑事诉讼中，辩护律师应当通过控方指控的罪名和罪状，想到如何适用

刑法条文及其司法解释，如何适用具体的刑法分则条款或相应条款的司法解释，从而通过刑法理论知识抽取出最具代表性的关键词。例如，伤害致人死亡案中能够通过事实的辨识与法律的检索，抽取出正当防卫作为关键词，以说明犯罪嫌疑人出于正当防卫而实施了伤害受害人的行为。无论控方、审方还是抗辩方都知道正当防卫所隐含的法理意义。因此，可以说关键词是辩护律师刑法理论、民商法理论掌握熟练程度的显著标识。

典型案例三十一：张某诈骗案

入选理由：通过民法中的“表见代理”这一关键词来否认诈骗行为成立

2011 年年初，乙单位按照合同约定将数额较大的预付款汇入甲单位业务员张某指定的账户，但甲单位一直没按照合同约定供货。在双方发生纠纷后，甲单位主张对张某的授权委托不明，不予承认张某的行为。随后乙方到当地公安机关报案，公安机关以张某涉嫌诈骗罪立案并展开调查。犯罪嫌疑人张某随之聘请了代理律师，将以往的业务手续提交公安机关及其代理律师。经过律师分析认定，犯罪嫌疑人一直从事该业务，并且实际往来账号属于甲方的真实账户，也是与其他单位往来的财务账户，并通过甲单位财务往来账务凭证得到验证，且甲单位不予交货的根本原因是药品价格上涨较高，不想依照合同约定供货。犯罪嫌疑人的行为不符合诈骗罪的构成，犯罪嫌疑人张某的行为完全符合民商法中表见代理的相关规定，代理律师为此向公安机关出具了相关法律意见。最后，公安机关撤销立案，建议乙方按照民商纠纷到民事庭立案。显然，该案律师抽取的关键词是属于民商法调整的表见代理。如果张某的行为不属表见代理行为，就可能被以诈骗罪提起公诉，可见表见代理成为该案张某有罪与无罪的关键词。

2. 关键词是辩护律师在法庭论辩中形成思维线索的联结点

进入法庭论辩后，由于在诉讼中需要弄清的问题很多，而开庭时间往往有限，一般都限定在半天时间，这就要求辩护律师能够通过关键词作为联结点，形成自己的思维线索，以此简洁明了说明案情，把握案件的性质，让法官理解、接受自己的辩护观点。由于刑事抗辩与民事辩护不同，刑事抗辩只要对指控方其中的要害进行推翻，就可认为抗辩成功，而无须对指控逐一反驳。这就要求辩护律师善于在法庭论辩中形成思维线索，找到最有力的辩点。在法庭论辩阶段，无论是举证、质证，还是询问证人，以及发表辩护意见，都要反复强调对于控辩方来讲是七寸要害的关键词，以此来加深法官对案件的印象，让法官容易认同自己的辩护意见。

典型案例三十二：朱某故意伤害案

入选理由：用“下意识”的条件反射来解释非故意犯罪行为

犯罪嫌疑人朱某与被害人桂某原是友好邻居，一天，两人忽然因为晒场过界的小事发生口角，进而相互辱骂、厮打，以至于桂某右手食指指尖被咬断。检方以“故意伤害罪”对朱某提起公诉。朱某的辩护律师精心辩护，最终人民法院宣告犯罪嫌疑人朱某无罪。

检方指控的重点是朱某、桂某两人在厮打中朱某故意将桂某手指咬断，构成故意伤害。而辩护律师认为，桂某手指被朱某咬断是事实，但不是朱某有意识的行为，对于桂某手指受伤大家都表示同情，犯罪嫌疑人朱某也不例外。其从以下几点进行了辩护：第一，被害人桂某指控她的食指指尖是被朱某拉到嘴中咬断的，该说法是不可信的，不符合事实。因为桂某被咬断的是右手食指，而根据当时双方所持位置来分析，朱某如果要拉对方的手，只可能拉到对方的左手，而不可能拉到对方的右手。第二，退一步说，即使朱某在与桂某的推拉中无意间拉到了对方的右手，并且就算桂某没有丝毫反抗，那么，出于人体器官本能的生理自卫反应，桂某的手指也必然会卷曲握成拳头。朱某即使咬也只能咬到桂某的手背或手指末节，绝不可能咬到她的指尖。第三，再退一步说，就算桂某的手指是桂某主动伸出去让朱某咬，如是横拉过去的，只能咬到小拇指；如果是直拉过去的，那也只能咬到最长的中指，或者连中指、无名指一起咬才可能咬到食指，绝不可能只咬到食指而丝毫没有伤及其他手指。因此不论从哪方面来分析，桂某所谓她的食指指尖是被朱某拉过去咬断的说法都是完全站不住脚的。

接着辩护律师从另一个角度合理地解释了桂某食指被咬断的真正原因：一是桂某在与朱某的骂战中感到吃亏，按照某些农村地区骂人与还手反击的习惯，认为要对骂人者抠嘴巴。桂某基于这一心理，在抠朱某嘴巴的情况下才会将右手食指伸入对方的嘴巴里。二是嘴唇和牙齿的神经是紧密相连的，古谚云："唇亡齿寒"，所以，当一个人处于极度紧张、兴奋或愤怒时，体内所释放的能量，往往超过正常情况下数倍甚至数十倍。再加上桂某抠朱某嘴巴时，必然将右手食指指尖置于对方左嘴角上下的大牙之间。这就能使她自己的指尖处于最有力的夹击地位。因此，当朱某由于条件反射而下意识地将牙齿猛一紧闭时，瞬间所产生的力量是非常可怕的。这就是桂某的食指指尖被咬断的真正原因。

接着辩护律师进行了综合性分析：根据以上分析，不但可以看出谁说的是真话，谁说的是假话，而且有助于法庭澄清本案的事实、性质和情节。辩护律师认为桂某指尖被咬断，固然是由于朱某牙齿猛力紧闭的行为造成的，然而，导致朱某牙齿猛力紧闭则是由于桂某抠她嘴巴的行为引起的。因而，朱某牙齿猛力紧闭既是桂某指尖被咬断的原因，又是桂某抠她嘴巴的结果。如果桂某不抠朱某的嘴巴，她的指尖绝不会被咬断。归根结底，桂某抠朱某嘴巴的行为是她指尖被咬断的主要原因，而犯罪嫌疑人朱某咬断桂某指尖则是在桂某抠她嘴巴这一行为的条件反射下，由于人体器官的自卫生理本能，导致她牙齿猛力紧闭因而才产生的不幸结果。这纯属一种下意识的动作，并非出于直接故意伤害他人的动机。公正地说，当天的不幸事件，双方都有一定的责任，而不幸发生后，犯罪嫌疑人积极联系医院治疗，主动偿付医疗费用等都说明朱某没有伤害桂某的故意。

该辩护意见的高明之处体现在以下几点：一是有一个好的开场白，对事故发生的伤害表示同情，同时说明谁都不愿发生这一事件，缓解了各方情绪；二是否定案情产生的表面原因，指出实质原因是"一场误会"，客观上说明犯罪嫌疑人无端受到被害人抠嘴巴的报复行为，值得同情，为下一步辩护作了铺垫；三是抓住了关键情节，分析了被害人的右手食指指尖被咬断，其直接原因不是朱某故意所为，而是被害人抠犯罪嫌疑人嘴巴的必然结果，这样就推翻了指控的故意伤害之主观因素，没有故意的主观意识，故意伤害罪也就自然不成立。特别是从心理、生理上进一步说明被害人手指被咬断的真正原因在于"由于条件反射而下意识地将牙齿猛一紧闭"，对于"条件反射"这一关键问题科学严谨，透辟而又精彩。

尤其需要指出的是辩护人没有用正当防卫、防卫过当，而是用了“下意识”条件反射、唇亡齿寒等通俗易懂的词语使得辩护十分有力，语言组织准确、严格，思维严密、清晰。可以说是确切的关键词成了辩护律师制胜的思维节点。

3. 关键词是辩护律师向法官简单明了陈述案情的专业术语

无论是开庭前还是庭审中，辩护律师要善于用最简单明了的专业术语来向法官陈述案情，尤其是法律术语，让法官一听见辩护律师所陈述的术语，就能把握案件的性质，并能够进一步归纳出双方的争议焦点。辩护律师也可以此来引导证据的开示，从而寻找案件的突破口。而辩护律师所选择的专业术语就是办案的关键词。即使庭审结束，辩护律师也要利用一切与法官接触的机会来说明自己的关键词，让法官完全接受自己的辩护意见，加大对法官即将开始的判决文书撰写的影响。

典型案例三十三：天价葡萄盗窃案

入选理由：对赃物的价值认定适用市场价格，而不是个别的投入成本

2003 年 8 月 7 日晚，农民工李某等 4 人来到一葡萄园偷偷摘食葡萄，临走时又偷了一编织袋葡萄，后被警方抓获。警方于 9 月 12 日以涉嫌盗窃罪对李某等 3 名民工执行逮捕（另外 1 名被处 15 日行政拘留）。经查 4 名嫌疑人所摘食的葡萄竟是林果所投资 40 万元、历经 10 年培育研制的新品种。经物价局评估，涉案的 23.5 公斤葡萄价值为 11220 元。该葡萄一时被人们称为天价葡萄，该案也因此被称为“天价葡萄盗窃案”。

在该案审查起诉期间，提前介入的代理律师提出的葡萄的市场价格与葡萄培植成本哪一个应作为论罪的事实依据成为抗辩的关键词，抗辩方认为投入成本属于间接损失，不能作为论罪的依据，市场价值应以同类型的物品的市场流通价格作为参考，而不是各个商品的各自成本作为评估依据。这也涉及犯罪嫌疑人对犯罪对象的认知问题。

由于该案存在较大争议，公诉机关将此案退回公安机关补充侦查。侦查机关听取代理律师及社会专家的意见后，决定对葡萄价格进行重新鉴定。鉴定机

关按照“市场法”对葡萄价格的鉴定结论为376元。2005年2月21日，3名农民工先后收到了北京市海淀区人民检察院的不起诉决定书。

天价葡萄案中，市场价法与间接成本都属于财经上的专业术语，在抗辩过程中起到了较好的作用。

4. 关键词是辩护律师辩护的灵魂

辩护律师的一切工作都是围绕关键词展开的，无论是接见犯罪嫌疑人，还是在庭审中询问证人，抑或对于控方证据的质证，以及辩护意见的组织都不能离开抽取出的关键词。关键词指导着办案律师的工作思路及工作方法，可以说关键词是辩护律师辩护的灵魂。

典型案例三十四：天价手机盗窃案

入选理由：“犯罪对象认识的错误”否认对赃物的价值评估

2011年10月，张某经熟人介绍，到苏先生家做保姆。12月的一天早上，因为对雇主拖欠工资不满，张某做完早饭就顺手把门口鞋柜上的银灰色手机偷走了。之后，张某又把手机藏在楼下的地窖里，找不到手机的苏先生立即报了警。经过警方调查，张某承认了偷盗的事实，但使张某没有想到的是，这款手机居然高达6万多元。

一审法院认定张某所偷的手机属“数额巨大”，判处有期徒刑10年，并处罚金2万元。

同月28日，该案重审宣判，法院判其有期徒刑2年，并处罚金3000元。

在庭审中，犯罪嫌疑人张某辩称她当时想的是：东家不给我工资，我就不给他手机。

在法庭上尽管张某声称遭雇主拖欠工钱，并且也不知道偷窃的手机价值6万多元，但张某的辩护律师在法庭上抗辩的理由正是主要基于“犯罪对象认识错误”这一点，并辩称犯罪嫌疑人拿被害人的手机时心里想的不是偷，而是东家不给工资，就拿他的手机作为抵押，目的只是讨回工资——合法的劳动报酬。作为一名农民她不可能意识到这是一部价值非常昂贵的手机，在盗窃手机的时候，她对手机的价值做出了错误的判断。所以从刑法上，这是犯罪对象认知错误。法院一般是按她在盗窃时的主观故意，也就是拿走手机想得到的价值，而不是以它实际的价值对数额进行认定。这是抗辩方抗辩最重要的一点，也得到了法院的认同。

5. 关键词是化解控辩双方争议焦点的良方

在刑事诉讼辩护过中，控辩双方总是处于相对对立的状态，当控辩双方的诉讼进行到一定时期，法官会总结出控辩双方的争议焦点，而辩护律师通过向法官建议将自己精心抽取的关键词作为争议焦点，往往能够达到胜诉的目的。

二、通过关键词抽取拆解对手的破绽

辩护律师在办理刑事诉讼案件过程中，应当养成抽取关键词的习惯，将培养提取关键词作为一项必修的基本功。关键词不仅可以强化己方的抗辩意见，还可拆解对手的破绽。也就是说，在案件办理的过程中，能够较好地抽取到恰当的关键词，就等于寻找到了辩护制胜的捷径。

下面从六个方面提供寻找关键词来拆解对手的破绽的思维线索，供借鉴参考。

1. 从对犯罪构成的分析中寻找关键词

犯罪构成是控方指控犯罪嫌疑人犯罪成立的基本要素，抗辩方如果能够从中找到有利于己方的关键词从而证明获罪构成不成立（只要其中之一），就可作为抗辩的方向与重点。

典型案例三十五：林某绑架罪

入选理由：以行为人勒索财物前后杀害“人质”作为认定一罪与数罪的抗辩理由

2006 年 11 月 4 日，林某因琐事受到嫂嫂言语的责备，当晚就想杀死哥哥的儿子郑某予以报复。但林某想到杀人要偿命，如果自己偿命，其母亲生活将无着落，遂预谋绑架郑某将其杀死后，再谎称人质在手向其哥嫂索要7万元，以供母亲生活。7日上午7时20分许，林某在一小吃店门口等到了来学校上课的郑某，骗说要带其去拿东西，用摩托车将郑某载至一荒废的果林处，将其杀害。之后，林某打电话给其哥哥，骗说郑某在其手上，要7万元来赎人。8日案发，林某被抓获。

本案在审理过程中，对被告人林某是犯一罪还是数罪，持有不同看法，代理律师的代理意见为：

林某的行为构成一罪，即绑架罪。理由是：林某是在将郑某绑架后将其杀害的，根据《刑法》第239条关于“绑架罪”的规定，在绑架罪中又故意杀人的，仍应认定为绑架罪，只不过在量刑时适用死刑。绑架罪在客观方面只需单一的绑架行为即构成，至于绑架后是否勒索到财物，则在所不问，只是在量刑时予以考虑。

林某的行为构成一罪，即绑架罪。因为绑架罪在主观方面的故意属于概括的故意，既包括勒索财物的故意，也包括杀害“人质”的故意。这种概括故意的犯罪只要求行为人对犯罪的事实有概括的认识就可构成，至于在勒索财物以前还是在勒索财物以后将“人质”杀害，并不影响犯罪性质的认定。所以，不能以行为人勒索财物前后杀害“人质”作为认定一罪与数罪的标准。

2. 从事实的认定与因果关系上寻找关键词

在刑事诉讼中，讲究犯罪嫌疑人的行为与产生的结果是否存在因果关系，包括事实的认定与法律条文的检索是寻找关键词的有效手段。特别是对于有疑义的事实如果能够形成关键词，那对于抗辩是十分有利的。

3. 从基本的刑事法理中抽取关键词

辩护律师一般都有较深的法理功底，任何一个刑事案件，都会涉及相关的法理知识，否则，就不可能提出有说服力的抗辩意见。

4. 从刑法总则的原则性规定中寻找关键词

在刑事抗辩过程中，离不开对刑法总则的理解，因为刑法总则属法理性规定。从刑法总则的原则性规定中辩护律师很容易抽出相关的关键词，如从基本原则出发抽取：疑罪从无，罪刑法定，罪罚相当等。

5. 从证据开示中抽取关键词

刑事诉讼案件在开庭中，会对证据进行开示，在质证过程中，会涉及法律的应用，对于辩护律师来讲，就要抓住这一过程中有利的法理，并抽取出容易理解的关键词。

6. 从法官归纳的争议焦点中寻找关键词

在法官归纳争议焦点后，优秀的辩护律师会马上意识到案件的胜点所在，这一胜点就是抽取出一个能够说服法官的关键词。

典型案例三十六：周某合同诈骗案

入选理由：一个公司犯合同诈骗罪的认定

2008 年 2 月至 2009 年 4 月，犯罪嫌疑人周某在担任一人有限责任公司甲公司、乙公司法定代表人并直接负责生产经营期间，先后与多家单位发生玩具原材料买卖或加工合同业务，上述单位按约为周某所在公司供货或完成加工业务，周某经自己公司再生产加工、通过丙公司等单位予以销售并收取货款后，采用将上述自己公司账户内的资金转入个人账户或以差旅费等名义提取现金等方式转移公司财产，却以尚未收到货款为由拒不支付各被害单位合计价值人民币 90 万余元的原材料货款及加工费等。在被害单位多次催讨后，犯罪嫌疑人周某采用隐匿等手段逃避，于 2009 年 6 月 15 日因涉嫌合同诈骗犯罪被刑事拘留，2009 年 7 月 22 日被逮捕，2010 年 3 月 12 日被取保候审。案发后，周某支付部分货款后仍造成被害单位直接经济损失合计 89 万余元。法院审理期间，周某积极筹款 89.4 万元退赔被害单位的经济损失。

法院认为，犯罪嫌疑人周某身为单位直接负责经营管理的人员，在本单位与被害单位发生货物买卖或加工合同业务并收受被害单位交付的数额巨大的货物后，转移本单位财产并隐匿，其行为已触犯刑律，构成合同诈骗罪。经查，现有证据不足以证明周某在收取货款后系用于其个人开支，因此，公诉机关指控周某系个人犯罪的证据不足。人民法院认为犯罪嫌疑人周某的行为符合单位犯罪的特征，属单位犯罪。

一审判决犯罪嫌疑人周某犯合同诈骗罪，判处有期徒刑3年，宣告缓刑5年，并处罚金46万元；犯罪嫌疑人周某的犯罪所得予以追缴并发还被害单位。判决后，犯罪嫌疑人没有上诉，检察机关没有抗诉。

法官归纳的争议焦点为：周某的行为是个人犯罪，还是单位犯罪，是履行职务，还是纯属个人谋取利益行为。

犯罪嫌疑人在刑事审判中往往主张自己的行为系单位犯罪中的行为。因此，在单位经集体研究决定或者由负责人员决定为单位利益而实施犯罪的场合下，判断是否构成单位犯罪往往是司法审判中的焦点问题。

根据我国法律规定：公司、企业、事业单位、机关、团体实施的危害社会的行为，法律规定为单位犯罪的，应当负刑事责任。单位犯罪的，对单位判处罚金，并对直接负责的主管人员和其他直接责任人员判处刑罚。两者之间在刑罚上的差别主要有：第一，单位犯罪以采用双罚制为原则，以单罚制为例外；而个人犯罪只处罚个人。第二，一般情况下单位犯罪对个人的处罚比自然人犯罪处罚要轻。单位犯罪定罪数额起点较高，一般为自然人犯罪数额的2—5倍。在个人和单位都可以成为犯罪主体的罪名中，单位犯罪的直接责任人员的法定刑通常也轻于自然人犯罪的法定刑。

2005年，修订后的《公司法》明确承认了一人公司的法人地位。但一人公司犯罪的能否构成单位犯罪？在何种情况下应当以单位犯罪论处，在何种情况下应当以个人犯罪论处？同时还要考虑犯罪时刑法对单位犯罪的时效性约定。

判断具体犯罪行为中的一人公司是否具有独立人格，应当根据以下几项标准：

第一，是否具有独立的财产利益。公司财产独立性的证明责任应当由股东自己来承担，如果其无法承担证明责任，原则上就应当否定公司的独立人格。

第二，是否具有独立的意志。一人公司的意志是否独立是判断其是否具备单位犯罪主体适格性的实质要件。判断一人公司是否有独立的意志，还要看公司形式是否被滥用。如果一人公司的股东为了偿还个人赌债，以公司的名义实施合同诈骗，好处归个人所有的，则公司在行为过程中并不具备独立意志，而成为个人犯罪的工具，显然不能以单位犯罪来处理。

第三，是否具有公司法所要求的法人治理结构。如果行为是以公司名义实施，甚至在形式上已经过集体决议，但实质上并非追求公司利益或履行公司职责，则不能视为单位行为，不能作为单位犯罪处理。如果行为是以股东个人名义进行的，原则上应当视为股东的个人行为，构成犯罪的，也不能作为单位犯罪处理。

第四，是否依照章程规定的宗旨运转。一人公司的收益首先应对公司所负债务负责，而不是直接转为股东的个人私利。当单一股东或其他成员实施的行为与公司目标完全相反时，就超出了公司的意志范围。

第五，是否依照法定的条件和程序成立。首先，一人公司必须依法成立，经过工商行政管理部门登记注册，依法取得法人地位。

辩护律师的代理意见经简单归纳如下：在本案中，甲公司、乙公司经合法注册成立，犯罪嫌疑人周某是该公司唯一股东和法定代表人。公司依照法律规定的条件和程序登记注册成立，成立之后依照章程规定的营利宗旨进行运转，公司在经营中具有相对独立的名义，具备公司法要求的治理结构。犯罪嫌疑人周某作为法定代表人为了公司利益实施合同诈骗行为，应当视为公司的独立意志。同时，根据法院查明的情况，周某依照法律程序办理手续实际出资，甲公司、乙公司具有独立的财务状况，可以与周某的个人财产明确区分，虽然进行了合同诈骗行为，但是现有证据不足以证明周某在收取货款后系用于其个人开支。因此，公司具备独立的法人人格，具有承担刑事责任的能力。周某作为公司法定代表人为了公司利益而进行合同诈骗活动，应当视为公司的行为，构成单位犯罪。因此，人民法院认定对犯罪嫌疑人周某应依法追究其作为“单位直接负责经营管理的人员”的刑事责任。

第 15 章 刺猬效应：学会与其他诉讼参与人协调

“刺猬效应”来源于西方的一则寓言，说的是在寒冷的冬天里，两只刺猬要相依取暖，一开始由于距离太近，各自的刺将对方刺得鲜血淋漓，后来它们调整了姿势，拉开了适当的距离，不但互相之间能够取暖，而且很好地保护了对方。

一、刺猬效应的原理分析

在刑事诉讼博弈过程中，作为辩护律师，也应懂得这一效应的原理。刑事诉讼博弈过程中，由于涉及代理费及案件胜诉与否的不确定性，有时犯罪嫌疑人及其亲属会对辩护律师的抗辩能力产生怀疑，甚至一些犯罪嫌疑人为争取立功，会检举代理律师的一些不当行为，使得一些辩护律师十分尴尬。辩护人与被辩护人及其亲属之间在日常代理过程中只有保持适当的距离，才能既做好辩护服务工作，又能达到保护自己的目的。

犯罪嫌疑人及其亲属绝不是傻瓜，他们拥有穿透性的洞察力，能够看透复杂事物并且识别隐藏的模式。他们会对律师的行为进行整体的评价。在案件判决前，他们会尽量满足辩护律师的需求和条件，包括高额的代理费用，一旦判决下来，他们同样会对案件判决的满意度及律师的满意度进行综合评价，这时会重新评价高额的花费相对于律师的服务是否值得。

1. 尊重别人的隐私与自我暴露

即便是最亲密的人际关系如夫妻，也应彼此保留一块心理空间。这种尊重表现为不随便打听他人不愿意、不主动告诉你的事，不追问他人的秘密等。过度的自我暴露虽不存在打听别人隐私的问题，却存在向对方靠得太近的问题，容易失去合理的人际距离。对于辩护律师来讲，应当在尊重当事人的隐私与适度自我暴露之间寻求平衡。

2. 要有容纳意识

容纳意识要求我们尊重差异，容纳个性，容纳对方的缺点，谅解对方的一般过错。“水至清则无鱼，人至察则无徒。”清澈见底的水里不会有鱼，过分挑剔的人不会有朋友，没有容纳意识，迟早会将人际关系推向崩溃的边缘。对于犯罪嫌疑人也要有容纳意识，每次会见时，要能够让他们冷静地陈述，不可随意打断对方的思维。

3. 距离产生美

一般来说，提问要比讲述好。但要提有分量的问题并不容易。简言之，提问要掌握以下两个要点：

第一，提出回答式的问题。为充分掌握犯罪嫌疑人的心理及其犯罪事实，代理律师在会见犯罪嫌疑人时要注意提出问题的方式，以回答式的提问方式较为适当。在会见前，应注意抽取简洁明了的问题，要求对方在“是”与“否”之间作选择性回答。

第二，提出引导式的问题。如果感觉到回答式提问难以满足会见要求时，也可适当实施引导式的提问，但引导式提问一定要注意不能引导犯罪嫌疑人作虚假陈述，不能引导对方隐瞒事实，更不能引导犯罪嫌疑人作伪证，而是要通过引导式提问，让犯罪嫌疑人对事实作更清晰的回忆或陈述，以全面了解案情。

对于代理律师来讲，一定要从刺猬效应中把握与诉讼参与人的适当距离，避免负面效应影响依法执业行为。

二、法律对诉讼参与人权利的保障

参与刑事诉讼的主体，既有国家机关，也有个人。国家机关如公安机关、检察机关和法院，都是国家公权力的行使者，在刑事诉讼中从来都处于强势地位，所以提起诉讼，指控犯罪嫌疑人有某种法定罪行和需要依法受到刑事处罚十分容易。进入刑事诉讼之中的个人，相对具有强势地位的国家机关来说就是弱者，但法律又必须保障公民参与诉讼具有自由、平等和尊严的条件，这就有了依法抗辩质疑的可能。

参与诉讼的人具有司法话语权，这就要求国家依法保障参与诉讼的人具有以下权利：

（1）具有独立意志的人，具有独立的人格，即使是受犯罪嫌疑人委托的代理律师，也具有独立的发表自由辩护意见的权利。

（2）无论是控诉方，还是裁判方，抑或抗辩方都能够自由地表达其真实意思。包括言论的自由，特别是对于犯罪嫌疑人来讲，要保障其广泛的辩护权和申诉权，并有权聘请律师代其辩护。

（3）在诉讼过程中，无论是强者还是弱者，都要能够平等地对待，并保障各自论辩的机会均等，符合平等、自由的形式特征。如法庭设置上，应让控方与辩方相对而坐，不能认为辩方是替犯罪嫌疑人说话就可轻视或忽略，保障参与诉讼的任何人不受歧视，不被排挤，更不能限制或剥夺其法定的诉讼权利。

（4）作为辩护律师要时刻意识到辩护律师具有独立的辩护人地位，而不能等同于被代理人，同时要清楚其代理意见或代理行为不能类同于民事代理，而所有的代理责任都应由被代理人承担，独立的辩护人地位就包括独立地承担相应的辩护责任。

（5）要保障参与诉讼的人享有尊严和人格权。

三、罪轻抗辩：从犯罪嫌疑人的最大利益出发

罪轻抗辩，即罪名从轻辩护，是指在刑事案件的审理中，辩护人根据指控犯罪事实选择比指控罪名更轻的罪名进行辩护，而不再仅仅反驳指控罪名不成立的一种辩护形态。

由于无罪辩护面临的种种困境，辩护律师往往选择较指控罪名更轻的罪名

进行辩护，而不再仅仅论证控方指控的罪名不能成立。在法院有权变更指控罪名的制度环境之下，辩护律师选择罪名从轻辩护具有某种不可避免性和有限的正当性，有利于减轻或免除犯罪嫌疑人的刑事责任。

尽管从轻辩护这种辩护形态往往会取得良好的辩护结果，但在理论上却饱受争议，反对者认为：首先，罪名从轻辩护违背了辩护律师维护委托人最大利益的职业操守。其次，罪名从轻辩护使得律师变成“第二公诉人”，容易造成与犯罪嫌疑人及其家属的矛盾和对立。那么，传统的无罪辩护是否能够维护犯罪嫌疑人的最大利益？而罪名从轻辩护究竟是否具有正当性？辩护律师因此而遭受的“第二公诉人”的质疑是否能够成立？如果认为这是一种较为现实的辩护策略因而需要坚持的话，又应对其进行哪些必要的限制，以使其不会损害犯罪嫌疑人的最大利益。有以下四点值得辩护律师注意的地方：

第一，罪名从轻辩护最直接的效果就是通过指出犯罪嫌疑人构成另一较轻罪名引导法官作出有利于犯罪嫌疑人的罪名认定。如果辩方不能为法官提供从轻变更的依据和理由，法官往往倾向于选择从重变更，从而带来对犯罪嫌疑人极为不利的后果。

第二，罪名从轻辩护可以通过引导法官从轻变更指控罪名间接达到限制其量刑裁量权的目的。法务实战中，法官对于量刑问题一般不会当庭发表意见，也无须宣布理由，但对于辩护律师提出的新的罪名是否采纳一般都会提供理由加以说明，一旦辩护律师论证充分，促使法院作出相同的认定，就等于是在量刑问题上为法官设置了一个必要的限度，从而在定罪和量刑两个层面限制了法官的自由裁量权。

典型案例三十七：林某职务侵占罪

入选理由：对银行职员利用看守便利监守自盗行为的认定

某信用社押运员林某从下属各营业网点押钞回信用社，将收回的人民币 70 余万元存进金库保险柜后，利用金库及保险柜钥匙未上交之机，又返回打开金库大门及保险柜，盗走人民币 70 余万元后携款潜逃。检察院以盗窃罪将林某起诉至法院。在审理过程中，辩护人认为，犯罪嫌疑人林某的行为是职务盗窃行为，而不是普通主体的盗窃行为，依法应定性为职务侵占罪，请求法院依照

《刑法》第271条第1款对犯罪嫌疑人林某适当从轻处罚。一审法院认定盗窃罪成立。犯罪嫌疑人林某不服并上诉称，其利用职权侵吞公款，应定性为职务侵占罪。二审公诉机关出庭检察院的意见认为：犯罪嫌疑人林某兼有押钞员及现金出入库的出纳员职责，其利用职务上的便利及所在单位管理制度上的漏洞窃得钱款，请二审法院依法作出判决。二审法院认为，上诉人林某窃取某信用社人民币70余万元的行为应定性为职务侵占罪，并据此改判犯罪嫌疑人有期徒刑15年，并处没收个人财产人民币10万元，并继续追缴其全部非法所得。在本案中，一旦法院认定为盗窃，就会根据盗窃金融机构的条款判处犯罪嫌疑人无期以上的刑罚，但如果辩护律师转换辩护思路，论证其行为构成职务侵占这一较轻的罪名，就会引导法官作出一份在量刑上有利于犯罪嫌疑人的有罪判决，因为根据刑法规定，该罪名即使数额巨大，也只能判处5年以上有期徒刑。辩护律师正是运用了这一辩护策略，最终取得了在量刑上对犯罪嫌疑人极为有利的判决结果，取得了辩护的巨大成功。

第三，罪名从轻辩护还可以通过引导法官从轻变更指控罪名达到在程序上终止诉讼的辩护效果。由于变更后的罪名法定最高刑要小于指控罪名，根据刑法的规定，不同的法定最高刑适用不同的追诉时效。在某些案件中，辩护律师巧妙地利用这一规定，通过引导法官作出从轻变更而实质上达到不再追究犯罪嫌疑人刑事责任的目的，从而化解了指控事实明显成立犯罪既不能作单纯的无罪辩护，又不能代替控方指控犯罪嫌疑人的辩护尴尬。比如，在一起贪污案件当中，犯罪嫌疑人侯某、潘某和田某被指控贪污罪，辩护律师在辩护意见中就明确表示：本案犯罪嫌疑人的行为不构成贪污罪，但本案犯罪嫌疑人在成立公司的过程中，以及在经营或者利润分配过程中存在或此或彼的违法或违纪的行为，三犯罪嫌疑人挪用信息中心5.1万元用作个人注册公司，即使构成挪用公款罪，也因其犯罪已过追诉时效而不应追究刑事责任。因为即使其挪用行为构成犯罪，依法也只应处5年以下有期徒刑，其追诉时效为5年，而三犯罪嫌疑人的挪用行为发生在1996年，距今已逾7年，已过追诉时效。同样，三犯罪嫌疑人最后一次虚报注册资本的行为发生在1998年7月，而虚报注册资本罪的最高法定刑为3年有期徒刑，其追诉时效仅为5年，鉴于三犯罪嫌疑人的虚报注册资本的行为自发生至今已超过5年，因此，即使三犯罪嫌疑人依法构成虚报注册资本罪，其也因已过追诉时效而不应承担刑事责任。

第四，罪名从轻辩护可以通过引导法官从轻变更指控罪名达到不追究犯罪嫌疑人刑事责任的目的。众所周知，已满 14 周岁不满 16 周岁的未成年人只有实施八种特定的犯罪才承担刑事责任，而在这八类罪名之中存在极大的罪名从轻变更的空间。

检察院起诉某甲（15 岁）涉嫌抢劫罪，律师如果能够根据起诉书记载的指控事实将该罪变更为抢夺罪，则因为 15 岁的未成年人不对抢夺罪承担刑事责任而事实上使得法官由于变更罪名而最终放弃对犯罪嫌疑人刑事责任的追究，从而达到犯罪嫌疑人利益最大化的辩护效果，同时又避免了完全否认起诉指控罪名的不合理性和控辩的尖锐对立。除此之外，辩护律师还可以利用公诉和自诉罪名之间的巧妙变更达到同样的诉讼目的。

再以深圳机场发生的梁某侵占案为例。梁某系深圳机场清洁工，由于将乘客暂时遗忘的皮箱隐藏并将其中的黄金据为己有而被当地公安机关以盗窃罪移送检察院审查起诉。该案辩护律师司某利认为该案不构成盗窃罪，而只构成侵占罪，并积极与检察院沟通意见，充分进行庭前辩护活动，最终成功地说服检察院改变对案件的定性，从盗窃罪变更为更轻的侵占罪。而按照法律规定，侵占罪不仅在量刑上要轻于盗窃罪，最为关键的是，由于侵占罪属于告诉才处理的案件，因此作出罪名变更之后，检察院又将案件退回公安机关，并将证据材料转交给了本案的被害人。在此情况下，律师又通过积极的庭外活动与被害人达成谅解，使其放弃自诉，从而使得梁某免予被追究刑事责任，使委托人的利益得到了最大化。

四、律师辩护应尊重委托人或犯罪嫌疑人意见

违背犯罪嫌疑人意志的辩护常见的情况有：犯罪嫌疑人要求作无罪辩护，而辩护人坚持作有罪但罪轻的辩护；犯罪嫌疑人要求作改变定性之辩，而辩护人坚持按起诉之罪作罪轻之辩。

在某些律师看来，律师的辩护地位是独立的，可以不受犯罪嫌疑人或委托人意志约束。我认为这种观点是片面的。因为律师的辩护权产生于犯罪嫌疑人

或被告人近亲属之委托（最终得到犯罪嫌疑人确认），而《律师法》第32条规定“委托人可以拒绝已委托的律师为其继续辩护或者代理，同时可以另行委托律师担任辩护人或者代理人”，但“律师接受委托后，无正当理由的，不得拒绝辩护或者代理”；《刑事诉讼法》第45条规定：“在审判过程中，被告人可以拒绝辩护人继续为他辩护，也可以另行委托辩护人辩护。”这就表明，律师要拒绝为犯罪嫌疑人辩护必须要有“正当理由”，而委托人或犯罪嫌疑人拒绝律师辩护并不需要“正当理由”，委托人或犯罪嫌疑人有权以律师辩护不符合本人意志为由拒绝律师辩护。当委托人或犯罪嫌疑人拒绝律师辩护时，律师的辩护权即告终止，所以律师的辩护地位并非完全独立的。

律师为犯罪嫌疑人的辩护，应先征询犯罪嫌疑人的意见，或将律师的辩护思路与犯罪嫌疑人沟通商量，达成共识；律师在开庭前，应草拟辩护词初稿征求犯罪嫌疑人及委托人的意见，在法庭调查质证后对辩护词作重大改变的，应再次交犯罪嫌疑人确认后方可呈送法院。

遇到犯罪嫌疑人与律师辩护意见不一时，要充分与犯罪嫌疑人沟通，绝大多数犯罪嫌疑人都会接受律师的辩护意见，或经反复沟通达成共识。若律师与犯罪嫌疑人对辩护意见有原则分歧，虽经沟通仍无法达成共识，则可建议犯罪嫌疑人另行委托辩护人，切不可在法庭上强行发表犯罪嫌疑人不能接受的辩护意见，否则犯罪嫌疑人在法庭上向审判长表明不同意乃至坚决反对律师辩护意见，甚至当庭拒绝律师辩护，对律师执业声誉也是有害无益的。

五、律师在选择争取时间等战术策略时应注意遵守法庭秩序

作为具有专门职业技能的律师应严格遵守刑事诉讼法所规定的诉讼程序，不能太过任性。特别是在实施诉讼争取时间等路径选择或诉讼战略时，一定要注意社会的时效性与功利性相结合，综合评估自己的行为是否会产生负面效应。否则就可能违反职业操守，无形中伤害其他诉讼参与人的情感或使其产生抵触情绪，甚至触犯律师的执业纪律，因此受到主管部门的严厉处罚。例如，辩护人在对案件管辖权提出异议没能得到法官正面响应时，擅自采取任性退庭

的行为就值得商榷。

律师接受委托后，无正当理由不能拒绝辩护，如果发生拒绝辩护的情况，可能会被给予训诫、公开谴责或者通报批评，甚至会被吊销律师资格。

作为辩护律师有权对管辖权异议提出主张，这符合刑事诉讼程序法。但管辖权异议被法庭驳回后，自行退庭的做法显然未能充分尊重法庭权威，并且也有违律师相关执业规定。

需要指出的是，律师作为辩护人虽然具有独立辩护人的资格，但不意味着有随意放弃为犯罪嫌疑人辩护的权利，所有的权利只能用于维护当事人的合法权益，为当事人谋取法律上可以谋取的利益。从当事人的角度考虑，律师在明知管辖异议不成立，被驳回之后退庭拒绝辩护的方式是否真的为当事人利益着想也值得怀疑。律师以退庭的方式逼迫法庭中止审理或许达到了自己所希望的延期审理的策略，但法庭秩序有法可依，也由不得律师任性。

第 16 章
协和谬误："罪责刑相一致"的抗辩权行使

刑事辩护必须要"以事实为依据，以法律准绳"。不能认为收了当事人的代理费，就一切需要听任当事人的摆布，更不能因当事人给的钱多而"捞人"。做什么工作都得有底线或分寸，如果因事先与当事人承诺官司必赢，法官会放人等而不顾事实在法庭上与指控方一味对抗，甚至要求证人或当事人作伪证，提供与事实不符的假证，必然会受到控方的高度重视。如果法官让法警将辩护律师从法庭强行带离出场，那就达不到辩护的目的了，只会陷入"协和谬误"之中，最后落得个黔驴技穷的下场。

一、协和谬误：认识"一路走到黑"的抗辩误区

20 世纪 60 年代，英法两国政府联合投资开发大型超音速客机，即协和飞机。该种飞机机身大、装饰豪华并且速度快，其开发可以说是一场豪赌，单单是设计一个新引擎的成本就可能高达数亿元。项目开展不久，英法两国政府发现继续投资开发这样的机型，花费会急剧增加，且这样的设计定位能否适应市场还不知道，但是停止研制也是可怕的，因为以前的投资将付诸东流。随着研制工作的深入，他们更加无法做出停止研制工作的决定。协和飞机最终研制成功，但因飞机的缺陷（如耗油大、噪声大、污染严重等）以及运营成本太高，不适合市场竞争，英法政府蒙受了很大的损失。

如果在研制过程中，英法政府能及早放弃，就可以使损失减少，但他们没能做到。最后，英国和法国航空公司宣布协和飞机退出民航市场，才算是从这个无底洞中脱身。这也是"壮士断腕"的无奈之举。

刑事辩护更是一项需要综合运用各种知识、策略、技巧的智力活动，必须仔细谨慎、全面深入、综合考量，这也是检验律师智慧的实验台，更是维护犯罪嫌疑人合法权益的有效途径。有时在辩护过程中，会发现原先的路径选择错误，这时就要思考进退问题。一旦进入骑虎难下的博弈，及早退出是明智之举。然而受晕轮效应的影响，办案人员会难以接受，不愿意另辟蹊径，这就是所谓的当局者迷。这种情形经常出现在刑事抗辩之间，如同输红了眼的赌徒还要继续赌下去以希望返本一样，成了骑虎难下的博弈。

在刑事抗辩过程中，辩护律师往往会陷入在博弈论上称为"协和谬误"的误区：一项代理思路的成功率越高，对它的后续需要收集的关键证据就越多。代理律师在决定是否继续沿着某一代理思路或当初选择的路径进行抗辩时，不仅要分析是否有胜算的把握，而且要关注自己的团队是不是已经在这件事情上费尽了心血。

我们把那些已经发生、不可收回的支出，如时间、金钱、精力称为沉没成本。如果对沉没成本过分眷恋，就会继续原来的错误，造成更大的亏损。继续按照原来的思路，很可能会延续人们无谓的坚持。已经消耗掉的人力、物力与时间应该放弃，可惜大部分人都有赌徒式的心理，相信阿基米德撬动地球的杠杆终将启动，结果他们在爬到足够撬动杠杆的支点之前，已经因缺氧而窒息了。

具体来说，在刑事抗辩过程中，我们怎么才能让自己摆脱沉没成本的羁绊呢？一是在确定抗辩方案与策略之前的决策要慎重，要在掌握了足够证据的情况下，对可能的罪名与刑罚进行全面的评估；二是一旦发现抗辩背离了方向，就必须要承认现实，及时纠正辩护思路，选择回到正确的方向上来，避免造成更大的失误。

在辩护过程中，最大的不确定性恐怕就是罪名及刑罚本身。当你针对不确定性进行了一项不理性的行动后，应该忘记已经发生的行为和实际支付的成本，只需要考虑这项活动之后需要耗费的精力和能够带来的好处，再综合评定它能否给自己带来正效用。比如，进行抗辩时，全盘把握，审时度势，如果发现某项抗辩的路径并不能确保胜算，应该及早停掉，不要惋惜因收集、整理证据已投下去的各项成本：精力、时间、金钱……

一般来讲，针对一个具体的案件，法官要让犯罪嫌疑人、受害人服判，同时又要让旁观者深深感觉到社会的公平、正义，必然要做到罪责刑相适应，也就是符合罪刑均衡原则，通过判决书确立犯罪、责任与刑罚之间的一种等价、相当、均衡的关系。对于辩护律师来讲，自始至终要把握抗辩的路径选择，一旦发现错误，要及时考虑路径的重新选择，而不能“不到黄河不死心”，更不能“面对黄河也不死心”。这就要在抗辩路径的辨识中把握以下三点：

第一，可能的刑罚与犯罪在性质上应当相接近。确认的罪名指向应尽量符合犯罪的本质，抗辩者要重点关注犯罪与刑罚之间的重要连接，并做出初步的评估。这就要求辩护律师学会把犯罪动机、犯罪目的、犯罪行为同受到刑事处罚的报应相比较，委婉地说服委托人“因果报应”的刑法道理，通过说服让犯罪嫌疑人服判，有心理准备，不能让委托人感觉显失公平，从而心生怨气，甚至气愤不已。

第二，可能的刑罚与犯罪在程度上应当相当。辩护律师不仅是辩护人，更要学会充当普法宣传员，评估犯罪嫌疑人可能入刑的处罚与犯罪在程度上应当具有相当性。而刑罚的力度要略微强于犯罪给受害人造成的一种损失或社会大众心理的恐慌，要让正确的刑罚强度足以阻止犯罪冲动的产生，且能够产生足够的威慑力。

第三，可能的刑罚与犯罪在执行上应当相称。这就要求辩护律师对刑法的条款的理解与实际入刑不能产生过大的偏差，要充分评估法官自由裁量权的限度或范围，也可鼓励犯罪嫌疑人通过服法认罪，检举同案犯或自首检方未掌握的新罪，以此来减轻自己的刑罚，要让犯罪嫌疑人认识到犯罪是一定要受到相当严重的处罚的，但合作是可以减轻或免除刑罚的，重拾犯罪嫌疑人对法律的敬畏之心。

虽然当前的刑事审判实践中，律师作无罪辩护被法院宣告无罪的概率比较低，但如果案件不具有社会危害性或者社会危害性不大、不符合犯罪构成等因素，辩护律师就应勇于担当，选择无罪辩护。作无罪辩护，辩护律师要获得犯罪嫌疑人坚持无罪供述的首肯。只有在犯罪嫌疑人和其家属均要求律师作无罪辩护的情况下，律师才可以与犯罪嫌疑人达成统一的辩护意见，实施无罪辩护。

但是，经仔细研究发现，案件符合犯罪构成，而在犯罪嫌疑人坚持作无罪辩护的情况下，律师是不是一定要放弃罪轻辩护呢？笔者认为，可以就无罪辩护和罪轻辩护进行兼顾考量。具体操作上，可以在对案件提出无罪辩护的意见和材料的基础上，描述出轻罪辩护的路径，让法官明确其辩护思路，知道这是对存疑证据取信的基础上的一种假设。这种假设性辩护意见，只有在存疑的证据完全为真时表达辩护人的真实意见，如果法官不能做到去伪存真，也不能保证去疑存真，则这种有罪的辩护就不成立，法官就不能以此认同律师的有罪辩护意见。辩护律师这样做的意图是通过已掌握的有利证据，给法官提出一些可以免予处罚、从轻或减轻处罚的量刑意见。

二、掌握“数罪并罚”的抗辩技巧分析

数罪并罚就是对一人所犯数罪的合并处罚。我国刑法中的数罪并罚是指法院对一行为人在法定时间界限内所犯的数罪分别定罪量刑后，依照法定的并罚原则及刑期计算方法决定其应执行的刑罚的制度。它具有以下三个特征：一是行为人犯有数罪；二是数罪必须发生在判决宣告以前，或者判决宣告以后、刑罚执行完毕以前；三是在对数罪分别定罪量刑的基础上，依照法定的数罪并罚原则及刑期计算方法，决定执行的刑罚。

数罪并罚在我国采取折中原则，即以限制加重原则为主，吸收原则和并科原则为补充，根据这一原则，对不同的刑种，适用不同的并科原则：

第一，数罪中有判处死刑或无期徒刑的，采用吸收原则；第二，数罪中的各罪被判处的刑罚均为有期徒刑或均为拘役或均为管制的，采用限制加重原则。即在数刑的总和刑期以下，数刑中最高刑以上，酌情决定执行的刑期，但是管制最高不能超过 3 年，拘役最高不能超过 1 年，有期徒刑区分不同情形最高不能超过 20 年或 25 年。

在具体执行数罪并罚时，有以下三种情况：第一，判决宣告以前的一人犯数罪的并罚；第二，判决宣告以后刑罚执行完毕以前发现漏罪的并罚，一般适用“先并后减”；第三，判决宣告以后刑罚执行完毕以前又犯新罪的并罚，一般适用“先减后并”。

这样，对于辩护律师来讲，要向犯罪嫌疑人讲清楚对于未被发现的罪行应主动交代，争取判前并罚，而要防止判后并罚。还有要对犯罪嫌疑人讲清楚自首、坦白对判刑的影响及累犯并案加重的原则。

三、罪刑相适应原则的应用

“罪刑相适应原则”适用的应有之义是：每个人都只为自己的行为负责，而不为他人的过错“埋单”。所以，在刑事案件中，被害人过错（故意或过失）应成为一项法定减轻对被告人刑罚制裁的情节。这也是罪刑相适应原则的精髓之一。

罪刑相适应的基本要求是：

（1）有罪当罚，无罪不罚。我国刑法中关于正当防卫、没收财产等规定充分体现了罪刑相适应原则中的有罪当罚，无罪不罚的内容。

（2）轻罪轻罚，重罪重罚。罪刑相适应的另一内容就是罚当其罪。那么衡量轻罪重罪的标准是什么呢？刑事古典学派认为：区分轻罪重罪的标准是犯罪行为造成的客观损害。这种客观主义见解的弊端是显而易见的。实证学派认为，行为人的社会危害性才是区别轻罪重罪的标准。这种观点显然割裂了犯罪与刑罚的内在联系。

（3）刑责与罪责要适应。从基本性质上大体可分为政治性犯罪、经济性犯罪和其他犯罪三类。刑罚从性质上分为生命刑、自由刑、财产刑和政治权利刑四种。不能用罚金折抵服刑期、取保候审，充分贯彻了刑质与罪质相适应的方针。

（4）同罪同罚。不管什么人只要从事了同样或类似的犯罪就应接受同等的刑罚。这是罪刑相适应原则的又一内容，也是法律面前人人平等原则在刑罚上的体现。如果对有地位、有身份的人犯罪姑息纵容，有罪不罚或重罪轻罚，势必导致同罪异罚，罪刑相适应就成了空谈。

（5）一罪一罚、数罪并罚。一个人犯有数罪在处罚上必然要适用较重的刑罚。这是罪刑相适应的必然要求。马克思主义刑法学认为：一个人犯数罪应适用限制加重的处罚方法，以体现数罪与一罪的处罚区别，这真正体现了罪刑相适应。一些资本主义国家采用吸收原则，即重罪吸收轻罪，只处罚重罪，或者简单相加的处罚办法，这都是违背罪刑相适应原则的。

典型案例三十八：邓某娇故意杀人案

入选理由：法医鉴定犯罪嫌疑人杀人时存在心境障碍（双相），可减轻或免除刑事责任

2009 年 5 月 10 日，巴东县邓某大、黄某智酒后陪他人到野三关镇"雄风"宾馆休闲中心"梦幻城"消费。黄某智进入水疗区一包房，黄某智误认为邓某娇是水疗区服务员，遂要求邓某娇提供异性洗浴服务，邓某娇以自己不是水疗区服务员为由拒绝，双方为此发生口角，邓某娇走出包房进入隔壁服务员休息室。黄某智认为邓某娇态度不好，尾随其进入休息室并继续与之争吵。此时邓某大闻声进入该房，亦与邓某娇争吵。邓某大称自己有钱，来消费就应得到服务，同时拿出一沓钱炫耀并朝邓某娇头、肩部扇击。邓某娇称有钱她也不提供洗浴服务。争吵中，休息室内另两名服务员上前劝解，邓某娇即欲离开休息室，邓某大将其拦住并推坐在沙发上，邓某娇又欲起身离开，邓某大再次将邓某娇推坐在沙发上，邓某娇遂拿出一把水果刀起身刺向邓某大。致邓某大左颈、左小臂、右胸、右肩受伤。黄某智见状上前阻拦，邓某娇又刺伤黄某智右大臂。邓某大因伤势严重，经抢救无效死亡。其中具体过程，颇多争议。

2009 年 6 月 16 日，巴东县法院一审判决女服务员邓某娇刺死镇干部的行为构成故意伤害罪，但对她免予刑事处罚，这在常规看来很不寻常，到底是防卫过当还是故意伤害确实值得商榷。巴东县人民法院认为，邓某娇在遭受邓某大、黄某智无理纠缠、拉扯推搡、言辞侮辱等不法侵害的情况下，实施的反击行为具有防卫性质，但超过了必要限度，属于防卫过当。被告人邓某娇故意伤害致人死亡，其行为已构成故意伤害罪。案发后，邓某娇主动向公安机关投案，如实供述罪行，构成自首。经法医鉴定，邓某娇为心境障碍（双相），属部分（限定）刑事责任能力人。最终法院判决：邓某娇的行为构成故意伤害罪，但属于防卫过当，且邓某娇属于限制刑事责任能力，又有自首情节，对其免予处罚。

第 17 章 智猪博弈：弱者求轻的最佳选择是等待时机

在博弈过程中，博弈各方并非都处于平等的地位，显然，相对于指控方来讲，抗辩方总处于弱势地位，但博弈论认为处于强势的一方并不一定在博弈中占有明显的优势。而博弈中利益的相对大小在很大程度上取决于强弱各方所实施的策略与计谋，而智猪博弈最能说明其中的原理。

一、吃透案情：不要过早暴露抗辩意图

在博弈论经济学中，“智猪博弈”是一个著名的纳什均衡的例子。假设猪圈里关着一头大猪、一头小猪。猪圈的一头有猪食槽，另一头安装着控制猪食供应的按钮，按一下按钮会有 10 个单位的猪食进槽，但是谁按按钮就要首先付出 2 个单位的成本，若大猪先到槽边，大小猪吃到食物的收益比是 9∶1；同时到槽边，收益比是 7∶3；小猪先到槽边，收益比是 6∶4。那么，在两头猪都有智慧的前提下，最终结果是小猪选择等待。

实际上小猪选择等待，让大猪去按控制按钮，而自己选择“坐船”（或称为搭便车）的原因很简单：在大猪选择行动的前提下，小猪如果选择等待，小猪可得到 4 个单位的纯收益（吃到 6 个单位食品的同时也耗费 2 个单位的成本，以下纯收益计算相同），而如果小猪行动，则可以获得大猪吃剩的 1 个单位的纯收益，所以等待优于行动；在大猪选择等待的前提下，小猪如果行动，小猪的收入将不抵成本，纯收益为 -1 个单位，如果小猪也选择等待，那么小猪的收益为 0，成本也为 0，总之，等待还是要优于行动。

用博弈论中的纳什均衡矩阵可以更清晰地刻画出小猪的选择：

		小猪	
		行动	等待
大猪	行动	(5，1)	(4，4)
	等待	(9，-1)	(0，0)

从矩阵中可以看出，当大猪选择行动的时候，小猪如果行动，其收益是 1，而小猪如果等待，收益是 4，所以小猪选择等待；当大猪选择等待的时候，小猪如果行动，其收益是 -1，而小猪如果等待，收益是 0，所以小猪也选择等待。

综合来看，无论大猪是选择行动还是等待，小猪的选择都将是等待，即等待是小猪的占优策略。

在刑事诉讼中，指控方相当于大猪，抗辩方相当于小猪，学会如何“搭便车”对一个刑事辩护律师是最基本的要求。在某些时候，如果能够注意等待，让检方将证据收集好，等着到法庭去质证，就是一种明智的选择。如果提前介入，违反了这一规则，就可能提醒检方哪些证据需要补强，或者检方会认为你影响了证据完整性的收集。这时候有所不为才能有所为。

高明的辩护律师要善于利用各种有利的条件来为自己服务。要耐得住寂寞，一切等到庭上相见。等到庭上是防止节外生枝，是防止无端生出是非。“搭便车”实际上是提供给刑事辩护律师面对每一项诉前行动的另一种选择，对它的留意和研究可以给自己节省很多不必要的费用或时间，从而使自己的辩护思路与诉讼技巧得到较大提升。

在这个例子中，无论大猪是否按按钮，对小猪而言不去按按钮总比按按钮好。反观大猪，明知小猪不会去按按钮，但是去按按钮总比不按强，所以只好亲力亲为了。

“智猪博弈”的故事给了处于博弈状态下弱者（小猪）以等待为最佳策略的启发。在博弈中，每一方都要想方设法攻击对方、保护自己，最终取得胜利；但同时，对方也是一个与你一样理性的人，他会这么做吗？这时就需要更高明的智慧。博弈其实是一种斗智的竞争。作为一门科学，博弈论就是研究不同主体之间相互影响行为的一种学问。或者更准确地说，博弈论是研究决策主体行为发生直接相互作用时的决策以及这种决策的均衡问题的学问，因此也有人把它称为“对策论”。

“智猪博弈”毕竟是有前提条件的。在生活中，不管是先发制人还是“智猪博弈”中的后发制人，不过是一个策略的选择，而非根本的原则分歧。到底是选择先发还是后发，在博弈论中，就要先分析形势，按照风险最小利益最大的原则，把风险留给对手，把获益机会把握在自己手中。

总而言之，在博弈中既有先动的优势策略，也有后动的优势策略。至于在具体的博弈中究竟选择先动还是后动，都是由博弈参与者的各方具体情形所决定的。

首先是静观其变。公安机关、检察机关有国家做后盾，在证据采集方面具有优势，特别是现场勘验、专家鉴定等。要听取检察机关的全部举证意见。

其次是不要一味对抗，不要将“大猪”挤到墙角。在质证中要有重点，不能一概否认。该认同的要认同，要让对方及法官对你的质证行为产生好感，而非总是排斥对方。

在“智猪博弈”的情景中，大猪是占据比较优势的，但是，由于小猪别无选择，使得大猪为了自己能吃到食物，不得不辛勤忙碌，反而让小猪搭了便车，而且比大猪还得意。这个博弈中的关键要素是注意次序，明白对方的意图。

二、罪重罪轻：控辩双方抢占的制高点

无罪辩护固然激动人心，但是倘若辩护律师经过分析证据和所适用的法条，明知不恰当而强行为当事人作无罪辩护，不仅无罪辩护不能成功，还可能损害当事人获取一个罪轻辩护的权益。在当事人行为构成犯罪的情况下，选择罪轻辩护不失为一个务实的辩护方案，也能在法律范围内最大限度地维护当事人的合法权益，这同样是刑事辩护律师的价值体现。我国《刑法》第 5 条规定：“刑罚的轻重，应当与犯罪分子所犯罪行和承担的刑事责任相适应。”这条规定就是罪责刑相适应原则的具体表现。因此，辩护律师在犯罪嫌疑人罪重与罪轻的抗辩过程中，与指控方抢占的制高点就是罪责罚是否相适应。

（一）找到确立轻罪的路径入口

如何判断犯罪嫌疑人的罪重罪轻，一般来讲，应从以下几个方面展开：

1. 从犯罪的心态来分析

犯罪心态主要体现在犯罪嫌疑人的主观表现上，一般有故意与非故意之分。对于故意犯罪要分清是主观原因还是客观原因；对于非故意犯罪要弄清是属于法定不作为，还是社会道德所要求的不作为；对于非故意的还要区别是希望放纵还是因为疏忽，疏忽一般指是忽略了其法定的职责或忽略了对周围环境的认识。如将某一年幼的未成年人独自放在一山洞，并用石块将洞口堵住，以防受到大型动物的侵害，不料突遇暴雨，山坡上的大雨全部灌进洞中，由于洞口被堵，未成年人难以脱险，大水将未成年人吞没。这就属于对周围环境存在认识上的疏忽。

2. 从故意犯罪过程中的停止形态来分析

故意犯罪过程中的停止形态，是指故意犯罪在其发生、发展和完成的过程与阶段中，因主观原因而停止下来的各种状态。包括犯罪完成形态和犯罪未完成形态两种，前者即犯罪的既遂形态，后者包括犯罪的预备、犯罪的未遂和犯罪中止三种形态。

显然，犯罪既遂属于重罪，犯罪的预备、犯罪的未遂和犯罪中止就属于轻罪。分析是否存在故意犯罪的停止形态，有助于正确定罪量刑，亦有助于深入地认识和科学地把握故意犯罪的复杂层次和危害程度，从而正确分析犯罪嫌疑人所犯罪的罪重与罪轻问题。

对于犯罪既遂还要进一步分析其既遂认定的不同类型：

（1）结果犯。是指不仅要有犯罪的构成客观要件的行为，而且必须发生法定的犯罪结果，才构成既遂的犯罪。如果没有出现法定的犯罪结果，就可以按照未遂来抗辩。

（2）行为犯。是指以法定的犯罪行为的完成作为既遂标志的犯罪。如果没有实施某一行为，就可按照未遂来抗辩。

（3）危险犯。是指以行为人实施的危害行为造成法律规定的发生某种危害结果的危险状态作为既遂标志的犯罪。如果这种危害不具有法定的社会危害性，或者说危险没有达到一定程度，都可按照未遂来抗辩。

（4）举动犯。是指按照法律规定，行为人一着手犯罪实行行为即告犯罪完成和完全符合构成要件，从而构成既遂的犯罪。如果行为人并没有完成或完全不符合构成要件，即可按照未遂来抗辩。

3. 从共同犯罪形态来分析

依照我国刑法规定，共同犯罪是指二人以上的共同故意犯罪。构成共同犯罪，必须具备下列条件：

（1）必须是二人以上。一是两个以上的自然人所构成的共同犯罪；二是两个以上的单位构成的共同犯罪；三是有责任能力的自然人与单位所构成的共同犯罪。

（2）共同犯罪的客观要件。共同犯罪是指各犯罪嫌疑人为追求同一危害社会的结果、完成同一犯罪，而实施的相互联系、彼此配合的犯罪行为。有三种情形：一是共同作为、共同不作为、作为与不作为的结合；二是共同直接实施犯罪；三是存在分工的共同犯罪行为。

按照共同犯罪嫌疑人在共同犯罪中的作用。共同犯罪嫌疑人主要有三种分类方法：一是按照共同犯罪嫌疑人行为的性质和犯罪分工，将共同犯罪嫌疑人分为组织犯、实行犯、帮助犯和教唆犯；二是按照共同犯罪嫌疑人在共同犯罪中的地位和作用将共同犯罪分为主犯和从犯；三是按照共同犯罪嫌疑人的分工和在共同犯罪中的作用，首先分为组织犯、实行犯、帮助犯和教唆犯，再分为主犯和从犯。

我国刑法以共同犯罪嫌疑人在共同犯罪中的地位和作用为主并适当考虑共同犯罪嫌疑人的分工情况，将共同犯罪嫌疑人分为主犯、从犯、胁从犯和教唆犯。

显然，在共同犯罪中不同的犯罪情形与犯罪形态认定其罪重与罪轻的抗辩思路是不一样的。

（二）确立轻罪：找到质疑重罪的抗辩着力点

1. 从轻、减轻或免除处罚辩护的法定理由

在犯罪主体刑事责任能力方面的有：年龄方面已满 14 周岁未满 18 周岁的；

精神方面间歇性精神病人；生理方面又聋又哑的人、盲人等。在主观方面恶性程度较小的有：防卫过当、紧急避险过当、预备犯、未遂犯、中止犯等。在犯罪作用方面较小的有：从犯、胁从犯。在犯罪后将功折罪的表现有：自首、立功等。此外，还有一些特殊规定。例如，《刑法》第 10 条规定在外国受过刑罚的可以免除或减轻处罚；《刑法》第 37 条规定犯罪情节轻微不需要判处刑罚的，可以免除处罚；《刑法》第 49 条规定犯罪时未满 18 周岁的人或审判时怀孕的妇女，不适用死刑等。

2. 罪轻辩护的法定理由

通过此罪与彼罪之辩改变定性，将重罪辩成轻罪，最终提出罪轻辩护观点。主要有：一是主观上的重罪变轻罪，如将故意杀人罪辩成过失杀人罪；二是单一主体上的重罪变轻罪，如将公职人员的贪污罪辩成非公职人员的职务侵占罪；三是单一主体变双重主体，如将自然人犯罪辩成单位犯罪，我国对单位犯罪的处罚是对单位适用财产刑，对自然人则刑减一等；四是时间差上的罪轻，《刑法》第 12 条规定，以修订后的《刑法》实施日 1997 年 10 月 1 日为界，在此前所犯罪行，按从旧兼从轻原则处理；五是多人犯罪中的罪轻，如前所述共同犯罪或犯罪集团中的从犯、胁从犯；六是多罪中的罪轻，根据数罪并罚原理，将数罪辩成一罪，以达到罪轻而从轻、减轻处罚的目的。

3. 几种常见的罪轻辩护方法

（1）刑事责任能力辩护。主要从限制刑事责任能力，刑事无责任能力，职务犯罪主要从无法定职责方面去抗辩。

（2）主观恶性辩护。主要有：防卫过当、假想防卫或紧急避险；出于义愤惩治严重违法者；犯罪预备、未遂、中止；初犯平常学习、工作表现良好；因民事纠纷等偶发 × × 刺激下的 × × 犯罪或突发性犯罪；被教唆犯罪。

（3）过失犯罪辩护。

（4）从犯罪结果与社会危害性上去辩护。重点强调得到受害人谅解，给予受害人合适的赔偿等。

▶典型案例三十九：张甲故意伤害（致人死亡）案

入选理由：受害人的过错影响正当防卫性质的认定

犯罪嫌疑人张甲在组织民工修整本村道路时，因修砌张甲的哥哥张乙家门前的阴井时两人发生争执，张乙提出其家污水无法外排，要求埋管，张甲不同意埋管，两人发生打斗，在打斗的过程中，犯罪嫌疑人张甲手持随身携带的杀猪刀刺中张乙胸部，张乙在被他人送往医院的途中死亡。经法医鉴定显示，张乙系被他人用尖刀类锐器刺破心脏致失血性休克而死亡。检察院以故意杀人罪向法院提出指控。

辩护时可按照如下思路进行。

1. 犯罪嫌疑人张甲的行为属防卫过当。

2. 被害人在本案中具有明显的过错，是导致本案发生的直接原因。

3. 犯罪嫌疑人张甲同时还具有以下酌定从轻情节：

(1) 犯罪嫌疑人及其亲属积极赔偿被害人的损失，已得到被害人近亲属的谅解，被害人近亲属已书面申请对犯罪嫌疑人减轻或免除处罚。

(2) 犯罪嫌疑人一贯表现良好，在生活中因正直和大公无私被送外号“老包”，此次触犯法律完全是为了集体利益，并非个人私利，全村人和村委会共同恳请对犯罪嫌疑人减轻或免除处罚。

(3) 犯罪嫌疑人认罪态度好，且能积极配合司法机关办案。

综上，为了犯罪嫌疑人或被害人的家庭，为了给社会减轻负担，为了民声，请求合议庭从宽处理。

三、质疑重罪，确立轻罪的抗辩着力点

无罪辩护固然理想，但是经过分析证据和法律，明知不可为而强行为当事人作无罪辩护，不仅无罪辩护不能成功，还可能损害当事人获取一个罪轻辩护的权益。在当事人行为构成犯罪的情况下，质疑重罪，确立轻罪辩护不失为一个务实的辩护方案，也能在法律的范围内最大限度维护当事人的合法权益，这

同样是刑事辩护律师的价值体现。当然这得事先与当事人进行沟通，在得到当事人同意的情况下，审慎选择罪轻辩护，追求最大限度维护当事人的合法权益。

1. 选择罪轻辩护的前提

（1）根据案件证据和刑法的具体规定，无罪辩护不具有可行性。辩护方案必须是建立在案件证据和刑法的具体规定之上的（程序性辩护还需要考虑刑事诉讼法的相关规定），任何脱离案件证据和法律的辩护方案均是空中楼阁，最终将无法得到法律支持。如果根据案件证据和法律的具体规定，可以作无罪辩护或者说无罪辩护具有可行性，辩护律师应该坚持为当事人作无罪辩护，而不能作罪轻辩护。

（2）得到当事人的同意。律师作罪轻辩护，涉及当事人自由或者财产这样较高的权益，一定要征求当事人的意见，若不能达成一致，即使律师有独立的辩护权，也要以退出辩护为宜。作为当事人，也应该正视现实，强行要求律师不顾现实作无罪辩护并非明智的选择。

2. 如何进行罪轻辩护

（1）从行为的性质入手。罪轻辩护也就是从行为的性质着手，指出当事人的行为不符合公诉机关指控罪名的犯罪构成，而可能符合一个处罚更轻的罪名。比如，公诉机关指控当事人构成故意杀人罪，但是根据案件证据和刑法的具体规定，当事人行为不符合故意杀人的犯罪构成，而可能涉嫌故意伤害致人死亡。当然，这种抗辩是建立在证据和法律之上的，而不能在缺乏证据与事实法律的基础上一味地胡搅蛮缠。

（2）从行为对社会的危害性入手。犯罪情节，犯罪手段在一定程度上可以反映犯罪行为对社会的危害程度、主观恶性和社会危险性，从而对量刑有着重要影响，犯罪情节或者影响着量刑入罪的层次及幅度。所以刑事辩护律师在选择罪轻辩护之后，就要认真研究案件的犯罪情节，提出案件中对犯罪嫌疑人有利的情节，从而争取在量刑上获得从宽。

（3）量刑入罪的情节。既然犯罪嫌疑人被指控受审，审判的最终目的就是要依据法律量刑入罪，而量刑情节又对量刑起着影响作用，以法律是否明确规定为标准，量刑情节可以分为法定情节和酌定情节。辩护律师不应仅满足于提出具体的从宽情节，而且应该具体地提出该从宽情节对量刑的具体作用，比如从宽的幅度。酌定情节法律中虽然没有明确规定，但是在罪轻辩护的过程中不可忽视，对于轻罪而言，悔罪态度良好、被害人谅解等情节对是否能适用缓刑有着重大意义，对于死刑案件而言，被害人是否谅解这样的酌定情节也会起到重要作用。

（4）量刑的层次与幅度。如果量刑有较多层次，应尽量选择较低层次的量刑认罪，如果刑罚属于拘役、3 年以下有期徒刑，辩护律师就应该认真地分析能否对犯罪嫌疑人适用缓刑。

3. 罪轻辩护的主要思路

（1）指出触犯的是轻罪。这是直接针对定性提出异议，比如控方指控的故意杀人，但是根据证据和法律应该定性为故意伤害致人死亡罪。

（2）指出案件具有法定或者酌定从宽情节，从而争取减轻或者免除刑事处罚。这是罪轻辩护中最常见的一种思路。我国刑法中规定了相当多的法定从宽情节，如犯罪嫌疑人属于未成年人、自首、立功、未遂、中止从犯等；在司法实践中，许多情节也都被认定为酌定从宽情节，如退赃、退赔、初犯和坦白等。只要细心研究，每个案子基本都存在一定的从轻情节，将这些情节提出来，供法院在量刑的时候考虑。

辩护律师的职责是在尊重事实和法律的前提下，依法为犯罪嫌疑人作无罪和罪轻的辩护，但作为执业律师，我们都非常清楚，对同一犯罪嫌疑人，作了无罪辩护就必须放弃罪轻辩护，作了罪轻辩护就不能再作无罪辩护，这两者不可兼得。而大家也很清楚刑事审判的无罪判决率极低。这一现状在律师业内已司空见惯、不足为奇了。但社会上普通百姓往往并不知晓，他们对中国司法的了解往往只限于从电视、报刊等媒体上看到，因此，当他们遇到家庭成员发生刑事案件需找辩护律师时，对律师的要求往往首先是作无罪辩护，对于从未接触过刑事司法的百姓来讲，这无可厚非。但作为办案多年的执业律师，当面对这样的客户，而我们又了解了一定的案情，如果确定无罪，我们当然好办，坚持无罪辩护即可。如果有罪，而客户也能认可时，我们自然会作罪轻辩护。但以我们的知识和经验判断，该案应是有罪的，实在无法也不应该作无罪辩护，而客户又执意坚持时，我们应该为客户做好普法工作，向他们真诚如实阐明无罪辩护需要具备的法律依据，争取获得他们的理解和支持。

典型案例四十：李某合同诈骗罪

入选理由：合同纠纷的认定影响合同诈骗罪的成立与否

李某作为设备有限公司的区域销售经理，与设备有限公司签订了区域销售分销合同协议。后来，犯罪嫌疑人李某、文某在履行设备有限责任公司与电器设备总厂的购销合同过程中，在合同约定的期限内，李某已收到客户货款，却没有将货款支付给电器设备总厂，而是将货款转移至个人账户，区域经营场所变更后又不到工商部门办理登记。后检方指控李某等二犯罪嫌疑人在主观上并无履行合同的意图，而是以逃避债务，非法侵吞设备有限公司货款为目的，非法骗取电器设备总厂货款，数额特别巨大，其行为已构成合同诈骗罪。

1. 辩护律师的基本观点如下：

辩护律师认为：设备有限责任公司拖欠电器设备总厂的货款的性质属于民事纠纷，李某的行为不构成犯罪。其在辩护词中提纲挈领地直接指出：一是上诉人李某没有合同诈骗的犯罪故意，二是上诉人没有“骗取货款”后的“逃匿”及其他逃避债务的行为。以说明双方的合同纠纷属于民事法律关系，上诉人李某的行为不构成犯罪。后指控方不服一审判决提出抗诉。

在李某拖欠货款被控合同诈骗案的二审代理意见中就用了“二个没有”和一组与业务单位往来的证据说明李某不具有诈骗的事实。

2. 相关法理分析：

诈骗罪（既遂）在客观上必须表现为一个特定的行为发展过程：行为人实施欺骗行为—对方产生或者继续维持认识错误—对方基于认识错误处分（交付）财产—行为人获得或者使第三者获得财产—被害人遭受财产损失。

3. 合同诈骗罪抗辩质疑的切入点：

第一，是否属于民事纠纷；第二，犯罪主体资格问题，是否以公司名义签订合同，单位犯罪与个人犯罪的隔离；第三，诈骗罪的客体是否可以“移动、藏匿、携带、控制”的物品，显然一般不动产、土地使用权等不能成为诈骗罪的客体；第四，是否存在违约等问题，是否双方有违约的过错；第五，是否有没有结清的账务往来；第六，是否具有合同履约能力和履行合同的意思。

第 18 章
斗鸡博弈：用实力奠定无罪抗辩的基石

一旦选择无罪抗辩的路径后，辩护律师就要时常提醒自己，不要轻言放弃，同时要注意是否存在被法院判有罪而丧失罪轻辩护的风险。无罪抗辩最难，也最能体现辩护律师智慧与勇气的路径选择。选择了就要如同不服输、不气馁的公鸡，始终保持斗士般的精神。

一、斗鸡效应：领悟无罪辩护的精髓

在斗鸡场上，两只好战的公鸡狭路相逢，勇者胜，强者胜，但双方实力相当时就可能斗得你死我活，这时，为避免较大的伤害，公鸡有两个行动可供选择要么退下来，要么继续保持进攻的态势。

如果一方坚持不住选择退下来，而对方没有退下来，则对方获得胜利。退下来的公鸡则可能成为主人的盘中之餐；如果对方也退下来双方则打个平手；如果自己没退下来，而对方退下来，自己则胜利，对方失败；如果两只公鸡都选择进攻，那么则两败俱伤。

因此，对每只公鸡来说，最好的结果是，对方退下来，而自己不退，但是此时面临着两败俱伤的结果。

不妨假设两只公鸡均选择“前进”，结果是两败俱伤，两者的收益是 -2 个单位，也就是损失为 2 个单位；如果一方“前进”，另一方“后退”，前进的公鸡获得 1 个单位的收益，赢得了胜利，而后退的公鸡获得 -1 的收益或损失 1 个单位，输掉了面子，但没有两者均“前进”受到的损失大；两者均“后退”，两者均输掉了面子获得 -1 的收益或 1 个单位的损失。当然这些数字只是相对的值。

如果博弈有唯一的纳什均衡点，那么这个博弈是可预测的，即这个纳什均衡点就是一事先知道的唯一的博弈结果。但是如果一博弈有两个或两个以上的纳什均衡点，则无法预测出一个结果来。斗鸡博弈则有两个纳什均衡点：一方进另一方退。因此，我们无法预测斗鸡博弈的结果，即不能预判谁进谁退，谁输谁赢。

		A 公鸡	
		前进	后退
B 公鸡	前进	（-2，-2）	（-1，1）
	后退	（1，-1）	（-1，-1）

由此看来，斗鸡博弈描述的是两个强者在对抗冲突的时候，如何能让自己占据优势，力争得到最大收益，确保损失最小。斗鸡博弈中的参与者都是处于势均力敌、剑拔弩张的紧张局势。这就像武侠小说中描写的一样，两个武林顶尖高手在华山之上比拼内力，斗得难解难分，一旦一方稍有分心，内力衰竭，就会被对方一举击溃。

斗鸡博弈在刑事诉讼抗辩过程中也时常发生。例如，十分强势的辩护律师与十分强势的公诉方相遇，如果强势的辩护律师不知退让，不知轻重缓急，甚至伪造证据、妨害作证，就可能被公诉方以《刑法》第 306 条的规定，指控为律师伪证罪。

战国思想家庄子讲过一个故事，说斗鸡的最高状态，就是好像木鸡一样，面对对手毫无反应，既可以吓退对手，也可以麻痹对手。这个故事里面就包含着斗鸡博弈的基本原则，就是让对手错误估计双方的力量对比，从而产生错误的期望，再以自己的实力战胜对手。

然而，在实际生活中，两只斗鸡在赛场上要作出严格优势策略的选择前，需要通过反复的试探，甚至是激烈的争斗后才会作出严格优势策略的选择。一方前进，另一方后退，这也是符合斗鸡定律的。因为哪一方前进，不是由两只斗鸡的主观愿望决定的，而是由对双方实力预测所决定的，如果两方都无法完全预测对方实力强弱的话，那就只能通过试探才能知道了，当然有时这种试探是要付出相当大的代价的。

在刑事诉讼博弈中，以这种形式运用斗鸡定律，却比直接选用严格优势策略的形式要常见得多。这也许是因为人有复杂的思维、更多的欲望和随机应变的策略。一旦进入骑虎难下的博弈，尽早退出是明智之举。然而当局者往往是做不到的，这就是所谓的“当局者迷，旁观者清”。这种骑虎难下的博弈经常出现在具有影响的刑事诉讼控辩过程中，特别是所谓的知名律师抱着“捞人”思想，或者抱着关系厚重思想进行抗辩，往往会陷入斗鸡博弈之中。

在抗辩过程中，就犯罪嫌疑人，罪与非罪方面，此罪与彼罪控辩双方常常会在以下两个方面产生分歧。辨识了分歧，抗辩方就有了质疑的方向，也就能够从犯罪构成角度反驳控方的指控。

（一）从刑法谦抑性角度制新行为的社会危害性

是否具有社会危害性是衡量罪与非罪的重要因素，一般来讲，只有当犯罪嫌疑人的行为产生相当的社会危害性才会受到刑事犯罪指控。

如若犯罪嫌疑人的行为仅是危害了犯罪嫌疑人所在单位相应的管理制度或行政治安管理处罚法规，或党纪党规或犯罪嫌疑人对于其他单位或个人造成的损害纯属经济行为，那么对该犯罪造成的社会危害性指控并非要上升到刑法保护层面，才足以消除危害。

辩护律师应重点分析犯罪嫌疑人的不当行为所造成的社会危害性相对较小，分析其行为应受相关的管理制度约束或已受到了相关机关的处罚，或建议相关机关依照管理制度或党纪党规进行处理，或建议依照民事法律到民商法庭提起民商诉讼解决相互的经济纠纷，而不必上升到刑事诉讼层面。

（二）对于法律的解释过于扩张

法律的解释不仅在于法律的宣传，还在于法律的适用，刑法的解释权在最高立法机构，指控方不能任意行使法律适用的解释权。抗辩方可质疑指控方解释的扩张违反了刑法的严肃性或最高立法机构的权威性以此达到无罪辩护的目的。

典型案例四十一：汪某职务侵占罪

入选理由：对犯罪事实进行扩张解释与类推适用的理解

汪某系某有限公司员工，负责管理该公司仓库。其间，汪某利用管理仓库的职务之便，将公司存放在所主管仓库内价值××万余元的各类服装私自卖给潘某，获利××元。之后，该公司委派他人管理仓库，在进行盘点时发现物品丢失，遂向公安机关报案。后法院查明，涉案赃物的所有人为黄某，其事前经该公司负责人孙某同意后将其个人经营的服装存放于公司仓库。

根据《刑法》第 271 条第 1 款的规定，职务侵占罪对象为公司、企业或其他单位的财物。“本单位财物”应当解释为不仅指本单位“所有”的财物，而且指本单位“持有”的财物。具体而言，不仅包括已经在本单位占有、管理之下并为本单位所有的财物，也包括虽然本单位尚未占有、支配但属于本单位所有的债券，同时还包括由本单位依照法律规定和契约约定临时管理、使用或者运输的他人财物。因为如果单位人员侵占了这些财物，行为人所在的单位依法应当承担民事赔偿责任，实质上仍然侵犯了本单位的财产所有权。事实上，本案裁判正是基于上述对法条的扩张解释而作出的。

从司法实践情况看，扩张解释可以把握以下两点：其一，从刑法条文的字面含义看，现行法条文字的一般含义明显狭窄，据此掌握定罪处罚的标准势必导致放纵犯罪或处刑不公。例如本案中，如果将上述“本单位财物”仅仅解释为本单位“所有”的财物，则只能将犯罪嫌疑人汪某的行为按盗窃罪或者侵占罪论处。而职务侵占罪、盗窃罪与侵占罪三罪的起刑点数额、法定刑轻重等均有不同，由此导致的裁判不公也就不难想象。其二，从有待扩张解释包容的事实分析，已经或可以预见将会大量发生的事实与法条字面含义所指的事实具有本质上相同、所致社会危害程度基本相当的特点。

（1）扩张解释的动议应当基于已经或可以预见将会大量发生的事实，不可单纯地根据推测甚至臆想的事实启动扩张解释。如本案中对“本单位财物”所作的扩张解释，就是以现实生活中已经发生的案件事实为基础的。

（2）从犯罪构成和社会危害程度方面作比较，待扩张解释包容的事实与法条字面含义所指的事实并无实质性差异。如库管员利用职务上的便利，无论是侵占本单位“持有”的财物还是“所有”的财物，实质上仍然侵犯了本单位的财产所有权，对其主客观行为特征和社会危害性程度均可作同一评价。总之，只有按照刑法条文的字面含义理解、适用法律明显不能满足惩治犯罪的实际需要时，扩张解释才可能被适用。

(3) 扩张解释如何进行？这一问题可以从两个方面考虑。从内部关系看，扩张解释应以法条文字的逻辑含义能包容为限度。以本案为例，将“本单位财物”扩张解释为本单位所有、占有、管理的财物、债券以及由本单位依照法律规定和契约约定临时管理、使用或者运输的他人财物，是能够为该法条的逻辑含义所包容的。

特别需要说明的是，从外部关系看，扩张解释应当特别注意与类推解释划清界限。扩张解释所包含的事实与法律条文字面含义所指的事实具有共同的本质，即扩张解释所包含的事实没有超出一般人通过法条字面通常能够预见的范围。而类推解释所包含的事实与法律条文字面含义所指的事实在相关语境中并不具有同质性，往往超出一般人通过法条能够预见的范围。在具体的刑法司法解释实践中，在进行具体的解释时，应根据社会相当性标准去具体把握，防止在扩张解释的名义下解释为罪刑法定原则所排斥的类推解释。因此，将汪某侵占本单位代他人保管的财物的行为定性为职务侵占罪，符合关于职务侵占罪的立法目的，也符合罪刑法定原则。

（三）对于证据方面的适用扩大了社会危害性的解释

社会危害性的扩大解释是指如果有证据明示指控方扩大了社会危害性的解释或证明方向，抗辩方完全有抗辩着力点。分析是否扩大社会危害性，目前主要从以下四方面把握：第一，是否因家庭成员间的矛盾激化引起。第二，是否因人为以外的因素引起或扩大了损害结果。第三，是否是犯罪嫌疑人所希望或放任的结果。第四，是否因人所不能控制的因素引起，这些都可成为质疑的辩点。

（四）其他方面的质疑方向

代理律师还需要掌握的几个常用的质疑方向，包括以下七点：一是违反了罪刑法定原则；二是证据不足以证明犯罪嫌疑人的犯罪事实；三是犯罪嫌疑人不符合特定犯罪的身份；四是犯罪动机与目的不明确；五是存在单一的客观定罪或主观定罪；六是客观行为不符合犯罪的构成要件等；七是指控的对象可能扩大了打击面，使法律失去严肃性。

总之，指控方一般依据行为人的犯罪行为分析是否构成犯罪，再确定构成何罪，而抗辩方则依据何罪就有何犯罪构成的思维进行分析，这样的思维总会分析出指控的牵强，从而找到质疑的方面和重点。

对于辩护律师而言，单就行为本身来讲：一是要弄清犯罪行为与犯罪结果之间是否存在因果关系；二是要弄清犯罪对象认识上的错误；三是要弄清是否存在对行为犯的扩大解释；四是要弄清是否存在犯罪嫌疑人对受害人本身行为违法阻却的忽视；五是要弄清是否存在从犯罪构成中推出荒谬或有违伦理的结论。

二、无罪抗辩：寻找罪名不当的突破口

无罪辩护是指犯罪嫌疑人和其辩护律师在庭审中为犯罪嫌疑人作无罪的辩解，结果只有两个：一个是公诉人得到法院支持，犯罪嫌疑人被判决有罪；另一个是辩护观点被法院采纳，犯罪嫌疑人被判决无罪。

（一）无罪辩护应遵循的原则

1. 熟悉案情

熟悉案情要求律师特别熟知和掌握案件整个情况，熟悉其发生、发展和结果，熟知犯罪嫌疑人具有哪些无罪的事实和情节。只有在熟悉案情的基础上，才能结合法理和法律对案情进一步地研究分析，决定是否为犯罪嫌疑人作无罪辩护，如果决定为犯罪嫌疑人作无罪辩护，那么就要进一步分析如何为其作无罪辩护。熟悉案情除了要求律师仔细查阅案卷，会见犯罪嫌疑人之外，还特别强调律师要认真进行调查取证，调取相关能证明犯罪嫌疑人无罪的物证、书证、证人证言或鉴定结论等有利的证据。但律师尽量不要亲自调查，最好是申请法院或检察院调取，同时要对法院或检察院持合作的态度，而非你死我活，这样才会有利于辩护律师降低执业风险。

2. 证据充分

证据充分，是指律师对犯罪嫌疑人无罪提供充分的证据。无罪辩护不容易，只有证据充分，辩护才有保障，才能从根本上否定检控方起诉的事实和理由，使辩护律师的无罪意见被法官采纳。因此，除了在辩护词中明确指出犯罪嫌疑人无罪的意见、写明无罪的事实和情节之外，更重要的是提供确实充分的无罪证据，结合有关法律、法规或司法解释进行论证和阐明。特别是在法庭辩论阶段，针对公诉人提出的证据，应用已经收集的证据实施有力抗辩。

3. 慎重态度

律师决定为犯罪嫌疑人作无罪辩护要特别慎重。要知道，作无罪辩护往往要冒很大的败诉风险，而无罪辩护案件又往往比较复杂，事实和证据往往盘根错节，很难在短期内作出准确的判断。在现有法制环境下，无罪辩护的成功率呈逐年下降的趋势，所以要特别慎重。如果委托人执意要作无罪辩护，代理律师也不假思索地接受，反而会适得其反，达不到抗辩效果，甚至会损害犯罪嫌疑人的合法权益。大多数无罪辩护案件中犯罪嫌疑人被诉有罪，是因为检察人员掌握了比较充足的证据，这些证据既充足又不易驳倒，所以律师不能轻易向犯罪嫌疑人作无罪辩护的承诺。为了谨慎起见，应当与同行或律所主任进行商量；必要时，还可以通过律所主任，集体开会，共同商定是否为犯罪嫌疑人作无罪辩护。

4. 规避风险

注重沟通要求律师决定为犯罪嫌疑人作无罪辩护时还要注意与法院、公安机关和检察机关沟通，体现充分合作的诚意。律师在执业过程中可能会受到来自各方面的干扰，甚至会因为某些工作瑕疵被相关司法机关抓住把柄，严重时还会引来牢狱之灾。因此，律师在进行无罪辩护时要注意保护自己，要懂得同上述司法机关沟通，以消除误会，避免不必要的麻烦，进一步维护犯罪嫌疑人的合法权益。如果犯罪嫌疑人的行为确实构成了比较严重的犯罪，只是在证据上有所欠缺或存在不完善的地方，这时不宜作无罪辩护，可以考虑作罪轻辩护，适当为犯罪嫌疑人争取从宽的处罚结果，这是由当前法制环境所决定的。

（二）无罪辩护的技巧

作为辩护律师，一旦选择无罪辩护，就要注意以下几点方法技巧。

首先，认真查阅案卷，熟悉案情。律师进行无罪辩护首先要查阅案卷，了解案情，这是无罪辩护的前提，一定要认真细致。针对复杂的案情，堆积如山的卷案材料律师都必须认认真真地阅读，可以先粗看一遍，找出重点和疑点，然后摘抄或复印，必要时可列一览表对言词证据进行比较。

其次，认真查阅相关法律依据，找出无罪或不负刑事责任辩护的法定理由。看看当事人的行为是否符合我国刑法规定的"无罪辩护"或不负刑事责任辩护的情形，包括：是否具备《刑法》"情节显著轻微危害不大的"不为罪情形；"证据不足"的无罪推定情形；"不可抗力"或"不能预见"原因造成的危害行为不为罪情形；完全性精神病人犯罪或间歇性精神病人在精神不正常时犯罪的不负刑事责任情形；未满 14 周岁的人犯罪的一般不负刑事责任，已满 14 周岁未满 16 周岁的犯故意杀人、故意致人重伤或死亡、抢劫、贩毒、放火、爆炸、投放危险物质八项罪名以外的不负刑事责任情形；正当防卫不负刑事责任情形；紧急避险不负刑事责任情形；已过追诉时效的不再追究情形；自诉案件受害人不起诉或撤回起诉的，不予追究情形。

需要指出的是，辩护律师接触到检方提供的卷宗材料后，不要向犯罪嫌疑人透露，更不要作引导性否认的提示，即使有必要会见犯罪嫌疑人，也要在十分智慧的情况下，按照代理思路去询问犯罪嫌疑人，而不要有意无意地向犯罪嫌疑人透露案情。一旦决定为犯罪嫌疑人作无罪辩护，就应注意从以下方面收集证据：

控诉方或抗辩方提供的证据，能证明属于下述情况，依据法律应当认定犯罪嫌疑人无罪的：犯罪嫌疑人行为情节显著轻微，危害不大，不认为是犯罪；犯罪嫌疑人行为系合法行为；犯罪嫌疑人没有实施控诉方指控的犯罪行为；控诉方指控的证据不足，不能认定犯罪嫌疑人有罪；其他依法认定犯罪嫌疑人无罪的情况。

另外，被害人、证人"翻供"时，不要贸然进行无罪辩护。律师遇到被害人、证人"翻供"的情形，最好申请法院或者检察院调取证据，如果申请不成功，最好申请被害人或者证人当庭出证。曾发生过一宗强奸案件，犯罪嫌疑人的家人通过贿买利诱事先说通了被害人，被害人改口称与犯罪嫌疑人是恋爱关系，只是一时之气将犯罪嫌疑人告发。律师经法官同意进行了调查取证，取得了犯罪嫌疑人无罪的证据，当庭作了无罪辩护。但开庭后，控方随即传唤被害人，被害人遂如实陈述。后来，该辩护律师因为涉嫌律师妨害作证罪受到刑事处罚。

最后，一旦律师决定了作无罪辩护，就要敢于坚持。一些案件，由于犯罪嫌疑人已经被长期羁押，若无罪释放，犯罪嫌疑人将来会要求国家赔偿，如果犯罪嫌疑人及其家人不让律师作无罪辩护，那么可以作出不起诉决定，也可以免予刑事处罚。犯罪嫌疑人及其家人往往会妥协，然后迫使律师放弃无罪辩护。此时律师要敢于坚持。

（三）无罪辩护的思路

无罪辩护的思路主要包括以下几点：

（1）犯罪嫌疑人没有实施犯罪行为。

（2）事实不清，证据不足，指控的犯罪不能成立。

（3）犯罪嫌疑人实施的行为依法不属于刑法规定的犯罪行为。细分又可以分为指控的行为不符合构成要件该当性、指控的行为具有违法阻却事由（如正当防卫）和指控的行为不可规则。

（4）无罪或不负刑事责任辩护的法定理由。

在我国《刑法》和《刑事诉讼法》中，可作“无罪辩护”或不负刑事责任辩护的情形大致有以下三种：

一是刑法不认为是犯罪的，如《刑法》第 3 条规定法无明文规定不为罪，《刑法》第 13 条“情节显著轻微危害不大的”不为罪，《刑法》第 16 条“不可抗力”或“不能预见”原因造成的危害行为不为罪；《刑事诉讼法》“证据不足”的无罪推定。

二是刑法规定不负刑事责任的，如《刑法》第 17 条规定未满 14 周岁的人犯罪的不负刑事责任，已满 14 周岁未满 16 周岁的人除犯故意杀人、故意致人重伤或死亡、强奸、抢劫、贩毒、放火、爆炸、投放危险物质八项罪名外的不负刑事责任，已满 12 周岁不满 14 周岁的人，犯故意杀人、故意伤害罪，致人死亡或者以特别残忍手段致人重伤造成严重残疾，情节恶劣，经最高人民检察院核准追诉的，应当负刑事责任。《刑法》第 18 条规定完全性精神病人犯罪或间歇性精神病人在精神不正常时犯罪的不负刑事责任，《刑法》第 20 条规定正当防卫不负刑事责任，《刑法》第 21 条规定紧急避险不负刑事责任。

三是刑法不予追究的，如《刑法》第 87 条规定已过追诉时效的不再追究，《刑事诉讼法》规定自诉案件受害人不起诉或撤回起诉的，不予追究。

三、罪与非罪：从犯罪构成中寻找突破口

代理律师的辩护一般分为实体性抗辩、证据性抗辩和程序性抗辩三种。而这三种抗辩有时也相互纠缠，难以厘清。从刑事辩护实务方面来讲，这三种划分是学者做学问的智慧结晶，逻辑上无法挑剔。而真实的代理过程有时如同品尝一锅表面撒满辣椒、胡椒的川菜毛血旺，香、色、形俱美，且味道厚重，而又难以说出其是哪种配菜或调味品起了关键性的感观作用。

（一）质疑有罪：找到无罪辩护的路径入口

实体性辩护大体可以分为无罪辩护和罪轻辩护两类。无罪辩护是辩护人运用刑法理论，通过证明犯罪嫌疑人不符合某一犯罪的基本构成要件，或者说明犯罪嫌疑人具备法定的无罪抗辩事由，以促使法院宣告犯罪嫌疑人无罪所进行的抗辩。

犯罪嫌疑人或被告人及其亲属委托辩护律师，其实质都是希望辩护律师通过专业知识帮助其摆脱诉讼指控的困局，总是希望得到减轻或免予处罚的审判。而绝大多数刑事案件从立案到开庭审判，无不含有无数刑侦人员，检方众多专业技术人员夜以继日地辛苦工作，通过定性、定量分析，面对辩护律师时，相关司法人员也不是没有作过无数的推理、假设或事实的澄清或法律的应用适当性分析，无不精心组织，从专业角度严格审查、严格把批。也就是说辩护律师的无罪辩护是冒有很大风险的，特别是全国统一法律职业资格考试之后，通过层层选拔与岗位职业培训，每一位司法人员都希望公平正义地执行法律，也希望将自己的水平发挥到极致，也不希望总把纠错的罪过留给自己。但由于事实本身的多种理解，环境的易变性，法律的解读角度不同，使得一些案

件在定性、定量上因不同的人站的角度不同、视野不同，在理解上也会产生差异，这给专业律师参与刑事抗辩提供了空间。也就是说，既然犯罪嫌疑人或被告人被指控，也不可能是司法人员无端生事，总有其被指控的道理，也就是说相对于有罪抗辩来讲，无罪辩护成功的概率会更小。

记得有一句名言：为死囚祈祷，并不是因为其有功，而是希望他懂得忏悔或死后重生的道理。如果读者在任何资料上都查不到这句名言，那就权作笔者的感悟。对于辩护律师来讲，不能因为抗辩成功的概率小就可拒绝代理，也不能因为无罪抗辩的风险大就甘愿退缩。正因为获胜的概率小，其成功后的成就感会更强烈。有时代理律师需要根据被代理人的意见去抗辩，通过抗辩和自己对案情的理解，最终对被代理人进行法律的解释、说服，让犯罪嫌疑人或被告人对司法判决心服口服，从而安心改造，这可能也是代理律师制度设置的初衷之一吧。这一点恐怕也是当前代理律师受功利思想影响而很容易忘却的职责之一。

目前，随着侦查、检察和审判人员法律素养的提高，也由于刑事法律制度的日趋完善，律师从事无罪辩护的空间的确出现了缩小的趋势。以犯罪主体方面的辩护为例。过去，律师在辩护的时候可以动辄指出“犯罪嫌疑人不是国家工作人员，因而不是玩忽职守、挪用公款、贪污、受贿等罪的犯罪主体”，但现在《刑法》对于这些罪名的犯罪主体已经规定得十分明确，所谓“国家工作人员”或者“国家机关工作人员”的范围也已经基本明确。律师再从这些角度从事无罪辩护，无疑在大多数案件中都没有了可能性。也就是刑法理论的日臻完善和司法人员博弈素质的不断提升，使得律师作无罪抗辩的空间越来越狭小。尽管如此，无罪辩护作为刑事辩护中最为重要的形态，其存在仍然具有重大的现实意义。因为只有在律师作无罪辩护的案件中，法庭审判才能形成真正的控辩对抗，律师业务水平的高低，辩护质量的优劣，法律知识的运用，辩护技巧的展示，最终都淋漓尽致地体现在无罪辩护活动之中。无罪抗辩是代理律师基本功的最好体现，因为对无罪抗辩的把握，也会加深代理律师此罪与彼罪、一罪与数罪、罪重与罪轻等抗辩模式水平的发挥。

辩护律师一旦选择作无罪辩护，公、检、法机关往往会高度紧张，甚至“如临大敌”。因此从这个角度来说，律师作无罪辩护，必须做好充分的准备，要有十分的把握和根据，慎之又慎。

一是要弄清无罪辩护是基于犯罪构成存在明显漏洞，还是指控的行为具有违法阻却事由，抑或对司法机关指控罪名成立的证据存疑。

二是要弄清其他专业人员对本案的观点。对于较大的刑事案件，一般不主张代理律师动辄就对犯罪嫌疑人或被告人指控的有罪质疑，也不能只听犯罪嫌疑人或被告人及其亲属的陈述就断定司法机关的指控有误，更不能无罪包揽。在确定无罪抗辩基调之前要将案件提交所在的团队进行集体讨论，有条件的还可咨询其他司法机关非办案人员或学者专家对案件的定性分析，形成抗辩方向。

三是要弄清犯罪嫌疑人或被告人及其亲属坚称无罪的事实是否可被认定为法律事实，是否存在不能被定罪判刑的法定理由。如可以确认犯罪嫌疑人不在犯罪现场，可以确认有其他犯罪嫌疑人的自认，或者可以确认犯罪嫌疑人与警方出示的证据存在明显纰漏。

四是要弄清社会（主要是周围亲朋、邻里）或媒体对突发事件的评论。既然犯罪成立，必然会影响到社会或媒体对突发事件的关注，因此，它们也会有自己的评判标准，代理律师在决定抗辩模式前，一定要关注社会或媒体的评论，以此决定抗辩策略。

当然，如果从上面的分析中认为司法机关的有罪指控确实存在问题，代理律师就要在充分与被代理人沟通的基础上义无反顾，绝不轻言放弃。

（二）确立无罪：找到质疑有罪的抗辩着力点

作为辩护律师，首先要选择的抗辩模式是对有罪指控的质疑。也就是说要通过犯罪构成分析，确定被辩护人是否有罪，司法机关指控的罪名是否恰当。一般来讲，辩护律师接到当事人委托时，公安机关、检察机关都会对犯罪嫌疑人进行罪名指控，或者说基本认定犯罪嫌疑人涉嫌罪名——明确了嫌疑人犯的是什么罪。

1. 从犯罪客体错乱入手对罪名进行质疑

如前面提到过的典型案例，犯罪嫌疑人韩某系某厂主要负责人，为了收回被某电视大学非法占用的一间教室，组织本厂员工以维修的名义，拆毁了该房屋的屋顶和门窗，运走了拆下的建筑材料，影响了电大教学。该厂所在区检察院以扰乱社会秩序罪起诉，承办律师的辩点主要从以下几个方面展开：

第一，庭审调查证实了电大教室的房屋权属某厂。

第二，用多组证据证明电视大学擅自抢占房屋的事实。

第三，提供多组证据证明某厂与电视大学交涉房屋退还之事，并向法院提出诉讼，但法院一直只是出面调解，而不予立案。

第四，犯罪嫌疑人拆房屋时，向电视大学出具了介绍信，并送达了房屋存在安全隐患，需要利用该校放寒假之机维修的通知。以此说明本案发生的前因后果。

接着，承办律师对起诉书指控犯罪嫌疑人触犯刑法扰乱社会秩序罪，认为是不成立的。

首先，对扰乱社会秩序罪的犯罪构成进行了分析，话锋一转，指出飞纶厂基于维护房屋安全、适用性，采取大修方式，既是维护自己的合法权益，又是希望解决产权的归属问题，主观上不存在扰乱社会秩序的故意。

其次，扰乱社会秩序罪所侵犯的客体是社会秩序，而某厂拆修的是自己的房屋，不存在扰乱社会秩序，同时电大从搬家到开学，也没影响学生的教学秩序，大修房屋是安全维护的需要，并没给国家财产造成损失，因此，无论是从动机、目的，还是从后果来看，都不能以扰乱社会秩序罪论。

2. 从对犯罪主观方面的理解错误方面对罪名进行质疑

如前面提到的典型案例，某公司司机叶某隐瞒自己已与女青年王某办理结婚登记的事实，又对以前的女友陈某进行欺骗玩弄。陈某身心受到严重摧残，又被王某及其家人多次辱骂、扭打，在激愤之下，陈某持斧对叶某实施了报复。所在区人民检察院以故意杀人罪对陈某提起公诉。辩护律师以调查事实和法律依据进行了有力辩护。最后判决陈某犯故意伤害罪，判有期徒刑 3 年，缓刑 3 年。

首先承办律师陈述犯罪嫌疑人是在受到叶某欺骗、多次发生性关系，身心受到摧残，精神极大痛苦的情况下，才对叶某进行报复伤害的。

接着承办律师以犯罪嫌疑人在受到欺骗、欺凌，求助于领导，但没有得到及时处理，在万般无奈情况下的报复，是一种受到沉重打击，不能忍受后的报复行为，将事情发生的原因归于受害人。

关于本案的定性问题，辩护人认为犯罪嫌疑人的行为构成故意伤害罪，理由如下：

犯罪嫌疑人的行为在主观上没有剥夺叶某生命的故意，犯罪嫌疑人的激愤并不是要杀死叶某，从犯罪嫌疑人实施行为的过程来看，第一刀，叶某处在无准备的情况下，犯罪嫌疑人手持利斧完全可以一刀劈下去置其于死地，但犯罪嫌疑人没有劈，而是划（被害人讲当时是触电的感觉，犯罪嫌疑人也在庭上作了划的手势）。这行为事实本身就完全说明了犯罪嫌疑人是伤害而不是杀人。如果是故意杀人，斧刃接触面绝对不止四公分。

辩护人作了进一步的解释：由于本案的特殊情况，犯罪嫌疑人身心遭受巨大痛苦，而出于激愤，对侵害她的负心人进行报复，而这种报复也是一时的伤害，并非故意杀人。认定本案是故意杀人的事实根据和法律依据是不足的。事实上是“划”而不是“剁”，一字之差关系着本案定性，请法庭充分注意。

典型案例四十二：邹某挪用公款罪

入选理由：以犯罪嫌疑人的行为是否违反内部流程和规定来认定职务犯罪

王某因搞房地产开发需要资金，便找到该市农行某营业所主任邹某，要求贷款 25 万元。邹某告知王某只有质押贷款他才有权放贷，王某提出用其主管的国税分局某营业所的存款账户作质押。邹某明知公款账户不能作为个人贷款的质押，仍表示同意并叫信贷员填写了借款借据，在借款借据上注明“以国税局存款为质押”。王某当日即在营业所得到贷款 25 万元。

公诉机关的意见认为，邹某作为国家工作人员，利用职务之便，采取违法质押或虚假质押等手段，挪用公款给他人用于营利活动，其行为构成挪用公款罪。邹某超出权限发放“贷款”的行为不是放贷行为，且发放“贷款”所办理的手续系事后补办，用以掩饰其擅自将公款借出的个人行为，不构成违法发放贷款罪。

辩护律师提出邹某的行为构成违法发放贷款罪，不属于挪用公款罪。

根据我国《刑法》的规定，挪用公款罪是指国家工作人员利用职务便利，挪用公款进行非法活动的，或者挪用公款数额较大、进行营利活动的，或者挪用公款归个人使用，数额较大、超过 3 个月未还的行为。违法发放贷款罪是指银行或其他金融机构的工作人员违反国家规定发放贷款，数额巨大或造成重大损失的行为。

在实务中，金融机构中发生的违法发放贷款行为和挪用公款行为有相似之处，均可表现为采用违法手段将公款借给他人使用，违法发放贷款行为容易被作为挪用公款罪提起公诉；另外，挪用公款的手段多种多样，其中也不乏金融机构工作人员利用发放贷款的职务之便挪用公款（资金）的，一般来讲，可以从以下几个方面加以考察：

第一，考察行为是职务行为还是擅自的个人行为。违法发放贷款行为具有职务性，其虽然违反相关法律规章，往往超出法定权限和违反法定程序，但本质上仍是贷款行为，属于银行或其他金融机构使用资金的职务行为，行为人以金融机构的名义与借款人形成借款关系，由金融机构承担民事法律责任。因此，第一种观点所谓的“发放超出权限的‘贷款’已不是贷款行为”的说法欠妥。挪用公款行为是擅自超越职权的个人行为，即不经合法批准擅自动用公款归个人使用，即使其以单位名义挪用公款借贷给他人使用，该行为亦是个人决定的，单位不承担其法律后果。因此，若银行或其他金融机构的工作人员利用职务之便，挪用公款或资金后，以个人名义或名为单位实为个人借贷给他人的，是挪用公款行为。

第二，考察有无一定的贷款审批手续，以及何时办理的审批手续。根据《商业银行法》《贷款通则》等规定，合法的贷款行为必须严格按照贷款调查、贷款审批、签订贷款合同的法定程序办理齐全的贷款手续。违法发放贷款行为往往未履行全部贷款程序，但本质上属于贷款行为，必须具有一定的审批手续，且审批手续在发放贷款之前或之时即已办理。若审批手续系事后补办，往往属于事前擅自挪用而事后予以掩饰的挪用公款行为。

第三，考察行为是秘密进行的还是公开进行的。违法发放贷款行为因其属于职务行为，往往是公开进行的。而挪用公款行为往往系秘密进行且有掩饰手段，但这也不是必定的，也有公然或半公开进行的。

第四，考察行为的主观方面，以确定是否以贷款之名行挪用公款之实。有的行为具有贷款的一部分形式要件，但实际上是以贷款之名行挪用公款之实，这便需要考察行为的主观罪过系挪用公款还是违法发放贷款。例如，银行或其他金融机构的工作人员冒用他人名义申请贷款，又利用职务之便审批发放贷款，所贷款项归个人使用的；或者事前与贷款人约定所贷款项的全部或一部分由行为人使用的，则即使“贷款”之时履行了一定的审批手续，亦不得认定为违法发放贷款，而是以贷款之名行挪用公款之实。这是因为该行为不具有真实意思表示，从而不是民事法调整的借贷行为，其主观故意是非法取得公款的使用权及其带来的收益。

另外，挪用公款罪与违法发放贷款罪的犯罪客体亦不相同，挪用公款罪的犯罪客体是公共财产使用权和国家工作人员的廉洁性，违法发放贷款罪的犯罪客体是国家金融管理制度，具体而言是国家的贷款管理制度。

综合来看，本案犯罪嫌疑人邹某作为银行的工作人员，违反国家法律规章规定，在借款人未提供担保或提供违法担保的情况下仍发放数额巨大的贷款；在发放贷款时未严格按照贷款法定程序办理齐全的贷款手续，仅填写了借据凭证；且违反贷款分级审批制度，超出权限发放贷款。因此，其行为构成违法发放贷款罪。由于犯罪嫌疑人邹某在放贷时确曾办理了借款借据（证实银行向借款人放贷的凭据），其行为系代表银行或其他金融机构使用资金、发放贷款的职务行为，而非擅自挪用公款的个人行为，故不构成挪用公款罪。这也涉及是否存在挪用公款的主观动机问题，很明显邹某没有挪用公款的动机，只是违反行规让客户从银行贷款借到了钱。

第 19 章
枪手博弈：共同犯罪中的抗辩要点

在代理刑事诉讼案件中，如果遇到团伙作案或存在共同作案的几名被告同时被起诉，这样各辩护人之间就存在推卸责任或因亲情而主动承揽责任的问题，在确定最佳代理路径时，不妨先了解一下枪手博弈原理。

一、共同犯罪：利用枪手博弈的基本原理把握诉讼得益

哈佛大学一位教授提出了这样一个博弈模型：有三个枪手，第一个枪手 A 的命中率是 80%，B 是 60%，C 是 40%。他们同时举枪瞄准并射击另两个人中的一个，要尽可能消灭对手，每个人一次机会，一颗子弹，目标是努力使自己活下来。谁活下来的可能性最大？如果你认为是枪法最准的 A 胜出，那么你就错了。

从分析来看，如果你是 A，你毫无疑问地会瞄准对你威胁最大的 B，而 B 也会瞄准对他威胁最大的 A，而 C 也可能瞄准 A，那么结果是枪法最不准的 C 竟然活了下来。

而假设三个人轮流开枪，其结果也不言而喻。这个故事告诉我们以下 3 个道理：

（1）在多人博弈里，由于复杂关系的存在，常常导致出人意料的结果产生，一个博弈方能否最终胜出，不仅仅取决于自己的实力，还取决于各博弈方的力量对比关系和所选择的策略。例如，在共同犯罪中，有时会出现案情反转，主犯可能是因各种原因由犯罪嫌疑人所在群体中的位置或辈分决定的，而随着案情的揭开，主犯实质是顶锅的，自首也好，坦白也好，其目的都在于保

护真正的有罪之人。

（2）在三人以下的共同犯罪中，如果实际的案件办理中你代理的犯罪嫌疑人恰恰在共同犯罪中是枪手博弈中枪手 B 的身份，你怎么办？在抗辩过程中，若犯罪团体中的第一责任人和第二责任人出现推诿责任的问题，其他在犯罪中起次要作用的人经常会倾向站在第一责任人一方，而第二责任人便会成为众矢之的。在实际案件定性中，虽然不能严格地排列出一二，但最终的刑罚是要区别出第一、第二的，而辩护律师面对案件所处共同犯罪的情形往往也会陷入第一责任人或第二责任人的推诿或抗辩的困局。

（3）我们需要从枪手博弈中得到的启示是：第一，实力最强者未必有绝对优势。第二，实力较弱者未必处于绝对劣势。第三，合作才能确保利益最大化。第四，实力最弱者不要想办法以弱胜强，最好的选择是让自己不陷入相互的推卸责任之中。

对于具体的刑事抗辩来讲，在一个共同犯罪中，检方在向法院提起公诉时必然要确定谁是主犯，谁是从犯，谁是胁从犯，因此对于抗辩人来讲，就一定要透过枪手博弈分析被代理人的罪责刑的问题。

无论是侦查、检察还是审判环节，从犯一般会选择配合司法机关对案件如实陈述，甚至按照公安的提示来回答，认为这样可以减轻对于自己的刑罚，这也是一些案件中数名犯罪嫌疑人能够互相指认的原因。

二、否认指控：从共同犯罪的认定着手

共同犯罪的社会危害性较大，往往会有明显的分工，作案时间长，案情复杂。对共同犯罪的辩护，其所要面临的案件的复杂程度、难度以及所要面临的挑战要远远高于一个人犯罪，对辩护律师的技能提出了更高的要求。

是否有共同故意犯罪的合意对于认定是否构成共同犯罪至关重要。以下 9 种情形，一般可不被认定为共同犯罪：

（1）二人以上共同过失犯罪行为，造成一个危害结果的，不构成共同犯罪。

（2）一人是故意的，另一人是过失的，共同所实施危害行为的，不构成共

同犯罪。

（3）无犯罪意识，行为上起到了帮助他人实施故意犯罪作用的，不构成共同犯罪。

（4）各方并无事前的联络，不构成共同犯罪。

（5）各犯罪嫌疑人事先所指向的犯罪客体并非同一客体，不构成共同犯罪。

（6）实际的犯罪行为并非事先共同所策划的犯意，不构成共同犯罪。

（7）实际犯罪行为超过事先共同犯罪所策划的犯意，对于超过犯意限度的，应由实施人自行负责，不能简单要求其他共犯共同承担。

（8）对事先并无预谋，且在实际犯罪过程有过中止、防止或阻却犯罪结果发生的行为的，应不能认定为共同犯罪。

（9）对于要求有特定身份的犯罪，一定要从不具备特定身份入手，作为有效的抗辩点。比较特殊的有三点：其一，有身份者与无身份者的共同犯罪；其二，不同身份者的共同犯罪；其三，实施构成要件行为的人有身份却无责任。

三、涉及多名主犯的共同犯罪，避免全部适用死刑

（一）主从犯认定是辩护重点

在司法实践中，对从犯一般比照主犯从轻减轻处罚，因此，对被告人是从犯的辩护是共同犯罪案件辩护的首要重点。

我国刑法明确规定，对于从犯，应当从轻、减轻或者免除处罚。其中用词“应当”而不是“可以”。例如，对于共同抢劫致人死亡的，虽然犯罪后果很严重，但对于从犯，法院一般不会判处死刑立即执行。即使是共同抢劫致多人死伤的案件，人民法院对从犯一般也不会判处死刑立即执行。因此，对于被告人能否被法院认定为从犯成为此类犯罪辩护中的重中之重。如果法院采纳了被告人是从犯的辩护意见，那被告人一般就可比照主犯从轻减轻处罚。

在实践中，被告是否属于从犯，常常成为控辩双方在法庭辩论的焦点，也会成为被告人上诉及死刑复核程序中的主要关注点。

主从犯的基本认定原则是：以被告人在共同犯罪中的地位和作用为判断标准。例如，在共同犯罪过程中听从其他人指挥，参与抢劫但没有直接致人伤亡，事后分赃较少的，一般可以构成从犯的角度提出辩护意见。特别要注意的是，对被告人是否适用死刑，应当主要看其罪责的大小，所起作用大小，而不是仅看共同犯罪造成的后果。后果再严重，对从犯也应比照主犯从轻减轻量刑。

从犯包括两类：一种是在共同犯罪中起次要作用的犯罪分子，即次要实行犯；另一种是在共同犯罪中起辅助作用的人。从犯一般只是为共同犯罪的实施准备工具、创造条件，包括犯罪行为实施之前的帮助行为和犯罪行为实施时的帮助行为。

人民法院一般不会仅因为是主犯就全部适用死刑，而要进一步区分主犯中各被告人罪责的大小，只对其中罪责最大的主犯适用死刑。辩护律师要尽可能提出区分各被告人罪责大小的辩护意见，促使人民法院准确量刑。

（二）“一命偿一命”的辩护思维

“一命偿一命”是最传统的辩护思维，在共同犯罪中，尤其要善于应用。特别是对于共同犯罪致一人死亡的案件，在同一起刑事犯罪中人民法院一般情况下只会判处一名被告人死刑。因此，辩护律师要尽可能地提出自己代理的犯罪嫌疑人在共同犯罪中作用相对较轻或有自首情节的辩护意见，为当事人找到免死的有效辩点。

对于共同犯罪致一人死亡的案件，如果致一人死亡，原则上人民法院不会同时判处两名被告人死刑，会进一步区分，综合判定各被告人在共同犯罪中的地位、作用，尽可能区分各被告人罪责大小，对其中地位和作用最突出、罪责最严重者判处死刑，而对其他被告人适用死刑缓期执行及以下刑罚。

当法院认定共同犯罪的嫌疑人都是主犯，地位和作用基本相同，在技术上很难再进一步区分罪责大小时，这就要求辩护律师指出刑罚不能只是一味追求严厉的社会效果，而不分清主次，对犯罪嫌疑人均处以重刑。

要以事实为依据，兼顾其分工，将共同犯罪嫌疑人确定为主犯、从犯、胁从犯和教唆犯四种。对于被指控方指控为犯罪集团的首要分子的，应以没有参与策划的整个犯罪集团的犯罪行为为主线展开抗辩。

在各共同犯罪嫌疑人应对共同犯罪的整体行为及其危害结果负刑事责任的基础上，再根据各共同犯罪嫌疑人在共同犯罪中所起的作用，区分出主犯、从犯、胁从犯和教唆犯，分别按照刑法规定的相应处罚原则，予以处罚。代理律师的主要辩点如下：

（1）不是组织、领导犯罪集团进行犯罪活动的首要分子；（2）在犯罪集团或者一般共同犯罪中能证明没有起主要作用；（3）所指控的首要分子，没有在犯罪集团或者聚众犯罪中起组织、策划、指挥作用。

同时还可指出“聚众犯罪中的首要分子未必都是主犯”，话锋一转可说明自己所代理的被告人不应被归于主犯。

一般而言，否认主犯可以从以下 2 个方面进行抗辩：

从起因出发，能够证明不是犯意发起者；从实行行为上，能够证明不是主要实行者；从因果关系分析，能够证明其行为对犯罪结果的原因力较小，甚至可以忽略；从犯罪收益的分配情况来看，没有实际获得或获得很少。

具体包括：

（1）没有组织纠集共同犯罪嫌疑人。没有证据能够证明共同实施了犯罪行为，这是共同犯罪的最基本条件，也是成立共同犯罪的前提。

（2）没有指挥共同犯罪嫌疑人的行为。如果没有证据能够证明犯罪嫌疑人存在协调各共同犯罪嫌疑人的行为，就不能确认指挥行为的成立，只有当犯罪嫌疑人行使了有效作用于犯罪对象，实施了指挥行为才可确认为主犯。

（3）不是共同犯罪的积极参加者和主要实行者。没有担任组织、指挥、策划的角色，难以认定为主犯。

对于共同抢劫犯罪中造成一名被害人死亡的，一般判处一名被告人死刑。但是法院时常会以“杀人手段特别残忍，情节特别恶劣，被告人主观恶性极深，人身危险性极大，被害人、当地群众和社会舆论反应很强烈”等为理由而判处二名以上被告人死刑。面对这种情形律师应当加强辩护，以达到对这种情况减少、限制的效果。因一人死亡而判处二名以上被告死刑的抢劫案件，法官在作出判决时一定要慎之又慎。

更有甚者，对致一名被害人死亡的抢劫案件，有的法院甚至出现判处三名以上被告人死刑的情况，从刑法理论上这明显不符合罪刑责相适应的刑法基本原则和精神，从我国的刑事政策上既不符合慎重适用死刑的刑事政策，也不符合民众的“一命抵一命”的朴素正义观念。这样滥用死刑，其判决的社会效果与法律效果都不会好，应当义正词严地当庭提出。

然而，对于如果共同抢劫致多人死亡的共同犯罪案件，而多名被告人之间罪责相当、难分大小的，法院则会有很大可能判处多名被告人死刑。对这种情况究竟应判处几人死刑，重点应认真区分各被告人本身罪责的大小。

（三）对于非罪大恶极的犯罪嫌疑人，一般抗辩不适用判处死刑

对于共同抢劫犯罪恶，如果没有造成被害人死亡或者严重残疾的犯罪后果，即使抢劫数额巨大，在通常情况下也不会被判处死刑立即执行。但如果抢劫行为具有其他严重情节，且造成的后果很严重，如导致被害人因惊吓过度而精神失常，则对其中罪责最严重者也会有判处死刑的可能。即使是多次共同抢劫案件，如果被告人作案时犯罪手段有所节制，没有造成被害人死亡，而仅造成一名被害人重伤或者只有轻伤的，如果受重伤人数不多，一般也不会被判处死刑。

例如，被告人张某伙同他人多次抢劫，致其中一人重伤，系主犯，但张某在抢劫时持具有杀伤力的仿真自制手枪却未使用，对暴力行为有一定节制，归案后认罪态度好，最后法院判处其死刑缓期 2 年执行。

但是，对于多次共同抢劫，造成被害人重伤，已经严重影响当地社会治安的案件，人民法院考虑到维护当地社会稳定，争取良好社会效果，对其中罪责最重者有可能判处死刑。

所谓的共同犯罪是指二人以上共同故意犯罪并且犯罪实施成功。在共同犯罪是要区分主犯与从犯的。

一般辩护律师会以被告人在所涉案中起次要或辅助作用，应认定为从犯为由进行辩护。

四、注意共同犯罪中各主犯罪责的轻重，找到合理的辩点

犯罪的具体实行阶段是犯罪的核心阶段，也是区分罪责大小的重要阶段。一般原则是实施抢劫和伤人行为越主动，罪责越大，而使用暴力手段有所节制

者，罪责相对较小。

例如，抢劫犯罪是典型的谋财型犯罪，共同抢劫本质上是通过非法的暴力手段劫取财物的犯罪行为，具有较高的风险，按照“风险与利益相一致”的基本原则，在共同犯罪中承担的责任越重，一般在分赃时也相应会获得越多的财物。由此，可以通过被告人的分赃情况来判断罪责的大小。一般而言，抢劫后分赃越多的，说明其在共同犯罪中的地位越高、作用越大。在预谋和实行阶段地位相当的多名被告人，其中分赃较多者在共同犯罪中有相对较大的支配力，从而罪责也应相对较大。

再如，某市甲某、乙某抢劫案。被告人甲某、乙某共谋抢劫路人，二人共同购买作案工具，共同踩点，共同实施抢劫和杀人行为，罪责基本相同，一、二审法院认定二人均为主犯，罪行均特别严重为由，判处二被告人死刑立即执行。在死刑复核阶段乙某的代理律师向最高法院提出，本案中虽然二人都系主犯，但系甲某首先动手持刀捅刺被害人，甲某分得的赃物也比乙某多，乙某的罪责比甲某相对较小，而在本案只造成一名被害人死亡的情况下，不应同时判处二名被告人死刑，可见罪责相对较小的乙某不应被判处死刑立即执行，最后最高人民法院采纳了辩护律师的意见，对乙某的死刑判决不予核准，而改判死刑缓刑 2 年执行。

在一般情况下，成年人和未成年人共同犯罪的，成年人罪责较大；男性和女性共同犯罪的，男性罪责较大；父子或者兄弟共同犯罪的，父亲或者兄长的罪责较大；有累犯、再犯情节或者犯罪前科的被告人，比过去一贯品行良好的偶犯、初犯的罪责更大。从犯罪之后的表现来看，作案后具有自首、立功、认罪悔罪、积极赔偿、取得被害人谅解的被告人，比不具备这些情节的被告人的罪责要小。

在具体的案件中，以上各个方面的情节是经常同时存在多个的，辩护律师判断当事人罪责的大小需要从不同角度同时入手，而不能仅局限于某一个方面。对被告人最终罪责的认定，均是综合分析判断的结果。对于有些犯罪情节十分恶劣、犯罪后果极其严重的案件，如果被告人在预谋、实施、分赃方面作用明显较大，即使该被告人在犯罪后有自首或者立功等法定从轻情节，有些法院也会认为“功不抵过”，其法定从轻情节不足以对其从轻处罚，而依然对具有这些自首、立功法定从轻的被告人判处死刑立即执行。

辩护律师特别要注意的是，在有的共同犯罪案件中，当罪责相对较大的被告人因具有法定从宽处罚情节，比如罪责较大的被告人犯罪时未成年或者系怀孕的妇女，作案后有自首、立功等，从而不能判处死刑，或者这些罪责较大的被告人在逃时，有些法院会把共犯中罪责相对较轻又没有法定从宽处罚情节的被告人"升格"而判处死刑。面对这种情况，如果辩护律师仅仅是机械地依法辩护，在实践中往往很难取得辩护成功的效果。对于这种情况，辩护律师要做好被告人家属的工作，说服被告人家属，争取法官做好对被害人家属的民事赔偿的调解工作，能够得到被害人家属的谅解，就显得尤为突出和重要，只有获得了被害人家属的谅解，才更有可能达到抗辩的目的。

典型案例四十四：罗某抢劫案

入选理由：积极安抚被害人家属的抗辩策略

在一起抢劫出租车的共同犯罪中，被告人王某提出抢劫出租车，并确定要将司机杀死，被告人罗某、李某（在逃）表示同意。后 3 人骗乘被害人杨某的出租车外出到郊区，途中王某叫杨某停车，罗某从前面将车熄火拔掉车钥匙，从前面按住杨某让其不能反抗，李某从后排座位用背包带将杨某勒死。本案中王某、李某作用比罗某均相对较大，但王某犯罪时未满 18 周岁，依法不能判处死刑，而李某又在逃。被害人家属拒绝赔偿，强烈要求判处被告人王某、罗某死刑，经审理一、二审法院均判决罗某死刑立即执行。在死刑复核阶段罗某的辩护律师，提出罗某不应适用死刑的辩护意见，并劝说罗某家人筹到将近 20 万元的赔偿款，法院经过多次耐心做被害人家属的工作，宣讲我国的死刑政策，罗某死刑复核不予核准。

后　记

继《民商诉讼博弈与律师技能突破》完成其再版篇《赢在博弈：民商诉讼技巧与代理实务精要》的修订，对《对风险说不：非诉博弈与企业法务精要》完成其再版篇《风险博弈：非诉业务技巧与公司法务精要》的修订后，终于完成了《抗辩博弈——刑事诉讼技巧与典型案例分析》一书的创作。这样作者就完成了适用于企业法律顾问、专职律师“非诉法律实务、民商诉讼事务与刑事诉讼实务”三剑客的法律实务用书的创作。这些作品都是在繁重的工作、案件代理之余的伏案深思。这是作者对实用法学的热爱，也包含了领导、同事与朋友们的理解与支持。

为了写好本书，作者对经历的数十宗刑事诉讼卷宗及国内数百宗有影响的刑事案件进行了整理、分类，并逐一进行了法理分析，认为有必要系统地拿出来与同行分享。

本书内容新颖，理念独特，多是作者的切身感受与善于思考的智慧结晶。特别是对于行为经济学理论在批判吸收的基础上提出了情感类聚这一独特理念，并将博弈理念用于诉讼案件的分析之中，对于年青律师较快地掌握刑事辩护实务技巧有较高的实务性指导意义。

作者在写作过程中，不仅注重对法理的把握，更注重对典型案例的剖析，打破一般的法理性教材的干枯无味，将法理、实务、经验与感悟四者融会，以满足不同层次读者的需要。

本书有较高的专业学术价值，可供执业律师、涉诉当事人、法务工作人员、企业职业经理人、企业风险管控人员及谙熟行为经济与博弈理念的法律人士和经济学家参考。本书对法律术语解释浅显易懂，对于一些刚刚走出校门或还坐在课堂没有任何实践经验的法学院校的大学生们来说也是一本有较好启发性的课外读物，能够较好地让其对刑事诉讼代理工作有所了解，通过学习能够很快进入刑事诉讼辩护工作这一角色。

本书从2012年年初开始动笔，到出版，时间跨度较长，其中有一部分引用的案例涉及2012年年初前，而在这么长的跨度期间，相关法律进行了修订，特别是《律师法》《刑事诉讼法》在审稿、校稿期间作了修订。因此，为便于理解与阅读，本书所有引用的法律条款都以当前有效的法律为准，请读者阅读时加以注意。

本书所引用的部分案例不属于作者承办，如有摘录、引用承办人或代理律师的创作成果，请予以谅解，在此承诺本书的创作、出版以传播知识为目的。

《抗辩博弈——刑事诉讼技巧与典型案例分析》一书完稿付梓之前，对我的爱人能够为我的创作辛苦操劳而付出表示由衷的敬意，借此机会对天津津海律师事务所的沈明宇博士多年合作表示感谢，对爱徒石博女士十多年来对我诉讼法律工作的大力支持表示谢意，书中很多案件是与她共同商讨的结果。最后，对所有支持我创作与工作同事、领导、编辑表示感谢。

与大家分享才是初衷，与大家共同提高才是目的，能够让读者产生共鸣才是作者的希冀！

作者　雷彦璋

2020年9月3日于北京市朝阳门内大街全季酒店

图书在版编目（CIP）数据

抗辩博弈：刑事诉讼技巧与典型案例分析/雷彦璋著. —北京：中国法制出版社，2022.9
ISBN 978-7-5216-2726-8

Ⅰ.①抗… Ⅱ.①雷… Ⅲ.①刑事诉讼-案例-中国 Ⅳ.①D925.205

中国版本图书馆 CIP 数据核字（2022）第 102418 号

责任编辑：李璞娜　　封面设计：杨泽江

抗辩博弈：刑事诉讼技巧与典型案例分析
KANGBIAN BOYI：XINGSHI SUSONG JIQIAO YU DIANXING ANLI FENXI

著者/雷彦璋
经销/新华书店
印刷/三河市国英印务有限公司
开本/710 毫米×1000 毫米　16 开　　印张/16.5　字数/208 千
版次/2022 年 9 月第 1 版　　2022 年 9 月第 1 次印刷

中国法制出版社出版
书号 ISBN 978-7-5216-2726-8　　定价：55.00 元

北京市西城区西便门西里甲 16 号西便门办公区
邮政编码：100053　　传真：010-63141600
网址：http：//www.zgfzs.com　　编辑部电话：010-63141663
市场营销部电话：010-63141612　　印务部电话：010-63141606

（如有印装质量问题，请与本社印务部联系。）